U0125883

January 18, 1999

What do I consider my most important Contributions?

- That I early on—almost sixty years ago—realized that MANAGEMENT
  has become the constitutive organ and function of the <u>Society</u>
  <u>of Organizations</u> ;

- That MANAGEMENT is not "Business Management- though it first attained
  attention in business- but the governing organ of ALL institutions of
  Modern Society;

- That I established the study of MANAGEMENT as a DISCIPLINE in its own right;

       and

- That I focused this discipline on People and Power; on Values; Structure and
  Constitution; AND ABOVE ALL ON RESPONSIBILITIES- that is focused the
  <u>Discipline of Management</u> on Management as a truly LIBERAL ART.

                    Peter F. Drucker

我认为我最重要的贡献是什么？

- 早在60年前，我就认识到管理已经成为组织社会的基本器官和功能；

- 管理不仅是"企业管理"，而且是所有现代社会机构的管理器官，尽管管理最初侧重于企业管理；

- 我创建了管理这门独立的学科；

- 我围绕着人与权力、价值观、结构和方式来研究这一学科，尤其是围绕着责任。管理学科是把管理当作一门真正的人文艺术。

彼得·德鲁克

1999年1月18日

注：资料原件打印在德鲁克先生的私人信笺上，并有德鲁克先生亲笔签名，现藏于美国德鲁克档案馆。为纪念德鲁克先生，本书特收录这一珍贵资料。本资料由德鲁克管理学专家那国毅教授提供。

彼得·德鲁克和妻子多丽丝·德鲁克

德鲁克妻子多丽丝寄语中国读者

在此谨向广大的中国读者致以我诚挚的问候。本书深入介绍了德鲁克在管理领域的多种理念和见解。我相信他的管理思想得以在中国广泛应用，将有赖于出版及持续的教育工作，从而令更多人受惠于他的馈赠。

盼望本书可以激发各位对构建一个令人憧憬的美好社会的希望，并推动大家在这一过程中积极发挥领导作用，他的在天之灵定会备感欣慰。

Doris Drucker

注：本页照片和多丽丝寄语原文与亲笔签名由北京光华博雅管理研修学院提供。

面向未来的管理者

[美] 彼得·德鲁克 编

毕崇毅 译

Preparing Tomorrow's Business Leaders Today

彼得·德鲁克全集

机械工业出版社

CHINA MACHINE PRESS

本书两面插页所用资料由彼得·德鲁克管理学院和那国毅教授提供。封面中签名摘自德鲁克先生为彼得·德鲁克管理学院的题词。

如果您喜欢彼得·德鲁克（Peter F. Drucker）或者他的书籍，那么请您尊重德鲁克。不要购买盗版图书，以及以德鲁克名义编纂的伪书。

图书在版编目（CIP）数据

面向未来的管理者 /（美）彼得·德鲁克（Peter F. Drucker）编；毕崇毅译 . —北京：机械工业出版社，2023.12

（彼得·德鲁克全集）

书名原文：Preparing Tomorrow's Business Leaders Today

ISBN 978-7-111-74118-3

I . ①面… II . ①彼…②毕… III . ①企业管理 IV . ① F272

中国国家版本馆 CIP 数据核字（2023）第 221432 号

机械工业出版社（北京市百万庄大街 22 号　邮政编码 100037）

策划编辑：李文静　　　　　责任编辑：李文静　闫广文
责任校对：李小宝　周伟伟　责任印制：刘　媛
涿州市京南印刷厂印刷
2024 年 1 月第 1 版第 1 次印刷
170mm×230mm · 19.25 印张 · 1 插页 · 249 千字
标准书号：ISBN 978-7-111-74118-3
定价：99.00 元

电话服务　　　　　　　　　网络服务

客服电话：010-88361066　机 工 官 网：www.cmpbook.com

　　　　　010-88379833　机 工 官 博：weibo.com/cmp1952

　　　　　010-68326294　金 书 网：www.golden-book.com

封底无防伪标均为盗版　　机工教育服务网：www.cmpedu.com

功能正常的社会和博雅管理

为"彼得·德鲁克全集"作序

享誉世界的"现代管理学之父"彼得·德鲁克先生自认为，虽然他因为创建了现代管理学而广为人知，但他其实是一名社会生态学者，他真正关心的是个人在社会环境中的生存状况，管理则是新出现的用来改善社会和人生的工具。他一生写了 39 本书，只有 15 本书是讲管理的，其他都是有关社群（社区）、社会和政体的，而其中写工商企业管理的只有两本书（《为成果而管理》和《创新与企业家精神》）。

德鲁克深知人性是不完美的，因此人所创造的一切事物，包括人设计的社会也不可能完美。他对社会的期待和理想并不高，那只是一个较少痛苦，还可以容忍的社会。不过，它还是要有基本的功能，为生活在其中的人提供可以正常生活和工作的条件。这些功能或条件，就好像一个生命体必须具备的正常的生命特征，没有它们社会也就不称其为社会了。值得留意的是，社会并不等同于"国家"，因为"国"（政府）和"家"（家庭）不可能提供一个社会全部必要的职能。在德鲁克眼里，功能正常的社会至少要由三大类机构组成——政府、企业和非营利机构，它们各自发挥不同性质的作用，每一类、每一个机构中都要有能解决问题、令机构创造出独特绩效的权力中心和决策机制，这个权力中心和决策机制同时也要让机构里的每个人各得其所，既有所担当、做出贡献，又得到生计和身份、地位。这些在过去的国家中从来没有过的权力中心和决策机制，或者说新的"政体"，就是"管理"。在这里德鲁克把企业和非营利机构中的管理体制与政府的统治体制统称为"政体"，是因为它们都掌握权力，但是，这是两种性质截然不同的权力。企业和非营利机构掌握的，是为了提供特定的产品和服务而调配社会资源的权力，政府所拥有的，则是对整个社会公平的维护、正义的裁夺和干预的权力。

在美国克莱蒙特大学附近，有一座小小的德鲁克纪念馆，走进这座用他的故居改成的纪念馆，正对客厅入口的显眼处有一句他的名言：

有绩效的、负责任的管理是防御和替代极权的唯一选择。

当年纪念馆落成时，德鲁克研究所的同事们问自己，如果要从德鲁克的著作中找出一句精练的话，概括这位大师的毕生工作对我们这个世界的意义，会是什么？他们最终选用了这句话。

如果你了解德鲁克的生平，了解他的基本信念和价值观形成的过程，你一定会同意他们的选择。从他的第一本书《经济人的末日》到他独自完成的最后一本书《功能社会》之间，贯穿着一条抵制极权专制、捍卫个人自由和尊严的直线。这里极权的极是极端的极，不是集中的集，一字之差，其含义却有着重大区别，因为人类历史上由来已久的中央集权统治直到20世纪才有条件变种成极权主义。极权主义所谋求的，是从肉体到精神，全面、彻底地操纵和控制人类的每一个成员，把他们改造成实现个别极权主义者梦想的人形机器。20世纪给人类带来最大灾难和伤害的战争和运动，都是极权主义的"杰作"，德鲁克青年时代经历的希特勒纳粹主义正是其中之一。

要了解德鲁克的经历怎样影响了他的信念和价值观，最好去读他的《旁观者》；要弄清什么是极权主义和为什么大众会拥护它，可以去读汉娜·阿伦特 1951 年出版的《极权主义的起源》。

好在历史的演变并不总是令人沮丧。工业革命以来，特别是从 1800 年开始，最近这 200 多年生产力呈加速度提高，不但造就了物质的极大丰富，还带来了社会结构的深刻改变，这就是德鲁克早在 80 年前就敏锐地洞察和指出的，多元的、组织型的新社会的形成：新兴的企业和非营利机构填补了由来已久的"国"（政府）和"家"（家庭）之间的断层和空白，为现代国家提供了真正意义上的种种社会功能。在这个基础上，教育的普及和知识工作者的崛起，正在造就知识经济和知识社会，而信息科技成为这一切变化的加速器。要特别说明的是，"知识工作者"是德鲁克创造的一个称谓，泛指具备和应用专门知识从事生产工作，为社会创造出有用的产品和服务的人群，这包括企业家和在任何机构中的管理者、专业人士和技工，也包括社会上的独立执业人士，如会计师、律师、咨询师、培训师等。在 21 世纪的今天，由于知识的应用领域一再被扩大，个人和个别机构不再是孤独无助的，他们因为掌握了某项知识，就拥有了选择的自由和影响他人的权力。知识工作者或由他们组成的知识型组织不再是传统的知识分子或组织，知识工作者最大的特点就是，他们独立自主，可以主动地整合资源、创造价值，促成经济、社会、文化甚至政治层面的改变，而传统的知识分子只能依附于当时的统治当局，在统治当局提供的平台上才能有所作为。这是一个划时代的、意义深远的变化，而且这个变化不仅发生在西方发达国家，也发生在发展中国家。

在一个由多元组织构成的社会中，拿政府、企业和非营利机构这三类组织相互比较，企业和非营利机构因为受到市场、公众和政府的制约，它们不可能像政府那样走向极权主义统治，这是它们在德鲁克看来，比政府更重要、更值得寄予希望的原因。尽管如此，它们仍然可能因为管理缺位或者管理失当，例如官僚专制，不能达到德鲁克期望的"负责任地、高绩效地运作"，从而为极权专制垄断社会资源让出空间、提供机会。在所有机构中，包括在互联网时代虚拟的工作社群中，知识工作者的崛起既为新的管理提供了基础和条件，也带来了对传统的"胡萝卜加大棒"管理方式的挑战。德鲁克正是因应这样的现实，研究、创立和不断完善现代管理学的。

1999 年 1 月 18 日，德鲁克接近 90 岁高龄，在回答"我最重要的贡献是什么"这个问题时，他写了下面这段话：

> 我着眼于人和权力、价值观、结构和规范去研究管理学，而在所有这些之上，我聚焦于"责任"，那意味着我是把管理学当作一门真正的"博雅技艺"来看待的。

给管理学冠上"博雅技艺"的标识是德鲁克的首创，反映出他对管理的独特视角，这一点显然很重要，但是在他众多的著作中却没找到多少对这方面的进一步解释。最完整的阐述是在他的《管理新现实》这本书第 15 章第五小节，这节的标题就是"管理是一种博雅技艺"：

> 30 年前，英国科学家兼小说家斯诺（C. P. Snow）曾经提到当代社会的"两种文化"。可是，管理既不符合斯诺所说的"人文文化"，也不符合他所说的"科学文化"。管理所关心的是行动和应用，而成果正是对管理的考验，从这一点来看，管理算是一种科技。可是，管理也关心人、人的价值、人的成长与发展，就

这一点而言，管理又算是人文学科。另外，管理对社会结构和社群（社区）的关注与影响，也使管理算得上是人文学科。事实上，每一个曾经长年与各种组织里的管理者相处的人（就像本书作者）都知道，管理深深触及一些精神层面关切的问题——像人性的善与恶。

管理因而成为传统上所说的"博雅技艺"（liberal art）——是"博雅"（liberal），因为它关切的是知识的根本、自我认知、智慧和领导力，也是"技艺"（art），因为管理就是实行和应用。管理者从各种人文科学和社会科学中——心理学和哲学、经济学和历史学、伦理学，以及从自然科学中，汲取知识与见解，可是，他们必须把这种知识集中在效能和成果上——治疗病人、教育学生、建造桥梁，以及设计和销售容易使用的软件程序等。

作为一个有多年实际管理经验，又几乎通读过德鲁克全部著作的人，我曾经反复琢磨过为什么德鲁克要说管理学其实是一门"博雅技艺"。后来，我终于意识到这并不仅仅是一个标新立异的溢美之举，也是在为管理定性，它揭示了德鲁克所认为的管理的本质，提出了所有管理者努力的方向。这至少包括了以下几重含义。

第一，管理最根本的问题，或者说管理的要害，就是管理者和每个知识工作者怎么看待与处理人和权力的关系。德鲁克是一位基督徒，他的宗教信仰和他的生活经验相互印证，对他的研究和写作产生了深刻的影响。在他看来，人是不应该有权力（power）的，归根结底，人性是软弱的，经不起权力的引诱和考验。因此，人可以拥有的只是授权（authority），也就是人只是在某一阶段、某一事情上，因为所拥有的品德、知识和能力而被授权。不但任何个人是这样，整个人类也是这样。民主国家中"主权在民"，但是人民的权力也是一种授权，是造物主授予的，人在这种授权之下只是一个既有自由意志，又要承担责任的"工具"，他是造物主的工具而不能成为主宰，不能按自己的意图去操纵和控制自己的同类。认识到这一点，人才会谦卑而且有责任感，他们才会以造物主才能够掌握、人类只能被其感召和启示的公平正义，去时时检讨自己，也才会甘愿把自己置于外力强制的规范和约束之下。

第二，尽管人性是不完美的，但是人彼此平等，都有自己的价值，都有自己的创造能力，都有自己的功能，都应该被尊敬，而且应该被鼓励去创造。这也是德鲁克的管理学之所以可以有所作为的根本依据。管理者是否相信每个人都有善意和潜力？是否真的对所有人都平等看待？这些基本的或者说核心的价值观和信念，最终决定他们是否能和德鲁克的学说发生感应，是否真的能理解和实行它。

第三，在知识社会和知识型组织里，每一个工作者在某种程度上，都既是知识工作者，也是管理者，因为他可以凭借自己的专门知识对他人和组织产生权威性的影响——知识就是权力。但是权力必须和责任捆绑在一起。而一个管理者是否负起了责任，要以绩效和成果做检验。凭绩效和成果问责的权力是正当和合法的权力，也就是授权（authority），否则就成为德鲁克坚决反对的强权（might）。绩效和成果如此重要，不但在经济和物质层面，而且在心理层面，都会对人们产生影响。管理者和领导者如果持续不能解决现实问题，大众在彻底失望之余，会转而选择去依赖和服从强权，同时甘愿交出自己的自由和尊严。这就是为什么德鲁克一再警告，如果管理失败，极权主义就会取而代之。

第四，除了让组织取得绩效和成果，管理者还有没有其他的责任？或者换一种说法，绩效和成果仅限于可量化的经济成果和财富吗？对一个工商企业来说，除了为客户提供价廉物美的产品和服务、为股东赚取合理的利润，能否同时成为一个良好的、负责任的"社会公民"，能否同时帮助自己的员工在品格和能力两方面都得到提升呢？这似乎是一个太过苛刻的要求，但它是一个合理的要求。我个人在十多年前，和一家这样要求自己的后勤服务业的跨国公司合作，通过实践认识到这是可能的。这意味着我们必须学会把伦理道德的诉求和经济目标，设计进同一个工作流程、同一套衡量系统，直至每一种方法、工具和模式中去。值得欣慰的是，今天有越来越多的机构开始严肃地对待这个问题，在各自的领域做出肯定的回答。

第五，"作为一门博雅技艺的管理"或称"博雅管理"，这个讨人喜爱的中文翻译有一点儿问题，从翻译的"信、达、雅"这三项专业要求来看，雅则雅矣，信有不足。liberal art 直译过来应该是"自由的技艺"，但最早的繁体字中文版译成了"博雅艺术"，这可能是想要借助它在中国语文中的褒义，我个人还是觉得"自由的技艺"更贴近英文原意。liberal 本身就是自由。art 可以译成艺术，但管理是要应用的，是要产生绩效和成果的，所以它首先应该是一门"技能"。而管理的对象是人们的工作，和人打交道一定会面对人性的善恶、人千变万化的意念——感性的和理性的，从这个角度看，管理又是一门涉及主观判断的"艺术"。所以 art 其实更适合解读为"技艺"。liberal——自由，art——技艺，把两者合起来就是"自由的技艺"。

最后我想说的是，我之所以对 liberal art 的翻译这么咬文嚼字，是因为管理学并不像人们普遍认为的那样，是一个人或者一个机构的成功学。它不是旨在让一家企业赚钱，在生产效率方面达到最优，也不是旨在让一家非营利机构赢得道德上的美誉。它旨在让我们每个人都生存在其中的人类社会和人类社群（社区）更健康，使人们较少受到伤害和遭受痛苦。让每个工作者，按照他与生俱来的善意和潜能，自由地选择他自己愿意在这个社会或社区中所承担的责任；自由地发挥才智去创造出对别人有用的价值，从而履行这样的责任；并且在这样一个创造性工作的过程中，成长为更好和更有能力的人。这就是德鲁克先生定义和期待的，管理作为一门"自由的技艺"，或者叫"博雅管理"，它的真正的含义。

邵明路

北京光华博雅管理研修学院[⊖]创办人

⊖ 原名北京彼得·德鲁克管理研修学院。

跨越时空的管理思想

20多年来，机械工业出版社关于德鲁克先生著作的出版计划在国内学术界和实践界引起了极大的反响，每本书一经出版便会占据畅销书排行榜，广受读者喜爱。我非常荣幸，一开始就全程参与了这套丛书的翻译、出版和推广活动。尽管这套丛书已经面世多年，然而每次去新华书店或是路过机场的书店，总能看见这套书静静地立于书架之上，长盛不衰。在当今这样一个强调产品迭代、崇尚标新立异、出版物良莠难分的时代，试问还有哪本书能做到这样呢？

如今，管理学研究者们试图总结和探讨中国经济与中国企业成功的奥秘，结论众说纷纭、莫衷一是。我想，企业成功的原因肯定是多种多样的。中国人讲求天时、地利、人和，缺一不可，其中一定少不了德鲁克先生著作的启发、点拨和教化。从中国老一代企业家（如张瑞敏、任正非），及新一代的优秀职业经理人（如方洪波）的演讲中，我们常常可以听到来自先生的真知灼见。在当代管理学术研究中，我们也可以常常看到先生的思想指引和学术影响。我常常对学生说，当你不能找到好的研究灵感时，可以去翻翻先生的著作；当你对企业实践困惑不解时，也可以把先生的著作放在床头。简言之，要想了解现代管理理论和实践，首先要从研读德鲁克先生的著作开始。基于这个原因，1991 年我从美国学成回国后，在南京大学商学院图书馆的一角专门开辟了德鲁克著作之窗，并一手创办了德鲁克论坛。至今，我已在南京大学商学院举办了 100 多期德鲁克论坛。在这一点上，我们也要感谢机械工业出版社为德鲁克先生著作的翻译、出版和推广付出的辛勤努力。

在与企业家的日常交流中，当发现他们存在各种困惑的时候，我常常推荐企业家阅读德鲁克先生的著作。这是因为，秉持奥地利学派的一贯传统，德鲁克先生总是将企业家和创新作为著作的中心思想之一。他坚持认为："优秀的企业家和企业家精神是一个国家最为重要的资源。"在企业发展过程中，企业家总是面临着效率和创新、制度和个性化、利润和社会责任、授权和控制、自我和他人等不同的矛盾与冲突。企业家总是在各种矛盾与冲突中成长和发展。现代工商管理教育不但需要传授建立现代管理制度的基本原理和准则，同时也要培养一大批具有优秀管理技能的职业经理人。一个有效的组织既离不开良好的制度保证，同时也离不开有效的管理者，两者缺一不可。这是因为，一方面，企业家需要通过对管理原则、责任和实践进行研究，探索如何建立一个有效的管理机制和制度，而衡量一个管理制度是否有效的标准就在于该制度能否将管理者个人特征的影响降到最低限度；另一方面，一个再高明的制度，如果没有具有职业道德的员工和管理者的遵守，也很容易土崩瓦解。换言之，一个再高效的组织，如果缺乏有效的管理者和员工，组织的效率也不可能得到实现。虽然德鲁克先生的大部分著作是有关企业管理的，但是我们可以看到自由、成长、创新、多样化、多元化的思想在其著作中是一以贯之的。正如德鲁克在《旁观者》一书的序言中所阐述的，"未来是'有机体'的时代，由任务、目的、策略、社会的和外在的环境所主导"。很多人喜欢德鲁克提出的概念，但是德鲁克却说，"人比任何概念都有趣多了"。德鲁克本人虽然只是管理的旁观者，但是他对企业家工作的理解、对管理本质的洞察、对人性复杂性的观察，鞭辟入里、入木三分，这也许就是企业家喜爱他的著作的原因吧！

德鲁克先生从研究营利组织开始，如《公司的概念》（1946 年），到研究非营利组织，如《非营利组织的管理》（1990 年），再到后来研究社会组织，如《功能社会》（2002 年）。虽然德鲁克先生的大部分著作出版于 20 世纪六七十年代，然而其影响力却是历久弥新的。在他的著作中，读者很容易找到许多最新的管理思想的源头，同时也不难获悉许多在其他管理著作中无法找到的"真知灼见"，内容涵盖从组织的使命、组织的目标以及工商企业与服务机构的异同，到组织绩效、富有效率的员工、员工成就、员工福利和知识工作者，再到组织的社会影响与社会责任、企业与政府的关系、管理者的工作、管理工作的设计与内涵、管理人员的开发、目标管理与自我控制、中层管理者和知识型组织、有效决策、管理沟通、管理控制、面向未来的管理、组织的架构与设计、企业的合理规模、多角化经营、多国公司、企业成长和创新型组织等。

30 多年前在美国读书期间，我就开始阅读先生的著作，学习先生的思想，并聆听先生的课堂教学。回国以后，我一直把他的著作放在案头。尔后，每隔一段时间，每每碰到新问题，就重新温故。令人惊奇的是，随着阅历的增长、知识的丰富，每次重温的时候，竟然会生出许多不同以往的想法和体会。仿佛这是一座挖不尽的宝藏，让人久久回味，何其有幸，得之伴随终生。一本著作一旦诞生，就独立于作者、独立于时代而专属于每个读者，不同地理区域、不同文化背景、不同时代的人都能够从中得到启发、得到教育。这样的书是永恒的、跨越时空的。我想，德鲁克先生的著作就是如此。

特此作序，与大家共勉！

南京大学人文社会科学资深教授、商学院名誉院长

博士生导师

2018 年 10 月于南京大学商学院安中大楼

为成功培养未来的企业管理者做好充分的准备

　　50 年前，当第一次世界大战（简称一战）接近尾声时，纽约大学首次推出了工商管理研究生课程。实际上这一举措对高等教育领域而言并非首创，截至 1918 年，达特茅斯大学的塔克商学院已经成立近 20 年之久，哈佛商学院也已有 10 年的历史。但是纽约大学在研究生教育领域的这一探索的确可以说是开了先河，率先为受过良好教育、事业上已经小有所成的管理者（当时主要是银行业和金融业的年轻管理者）设立了工商管理研究生课程，并颁发高等学位证书。纽约大学 1918 年的这项教育创新不但推动了纽约大学工商管理研究生院的成立和发展，甚至可以说为现代高级管理教育和企业管理者继续教育奠定了基础。更重要的是，这所商学院并没有设立在校园内或是高校附近，而是建在纽约市金融区的心脏地带，紧邻华尔街各大银行、经纪所和企业总部。纽约大学 50 年前这一教育创新的地点选择，充分说明了商学院对商业活动和教育活动的同等重视。

　　在这 50 年中，纽约大学工商管理研究生院取得了长足的发展，目前拥有 3765 名学生和 80 位教职工。学院一如既往地为职场管理者提供工商管理硕士课程和学位。和 50 年前不同的是，以前商学院的学生入学前主要在华尔街各大金融机构就职，现在商学院的学生则来自美国各大企业和跨国企业，包括大型银行、大型和小型零售企业、处于技术前沿的科技型企业、制造型企业，以及会计师事务所、大型律师事务所和管理咨询公司等商业服务机构。此外，还有不少学生来自学校、医院、联邦政府、州政府、地方政府和军队等各种非营利组织。

商学院还为符合严格入学条件的年轻人提供大量的"非寄宿制"硕士学位课程，为他们以后从事工商管理职业做准备。此外，学院还推出了大型博士项目，培养未来的学者和工商管理教师。商学院还拥有数量众多的留学生，特别是来自新兴国家的留学生，其数量远超美国其他高校的商学院。50年前商学院刚成立时屈居在一栋红色砂岩小楼（设计风格为维多利亚时代的哥特风格，最初是旁边三一教堂的附属建筑）的几个房间里，现在的商学院已经今非昔比，不仅拥有一座几年前建成的十层高楼，而且很快会在旁边进行扩建。

但是从本质来看，纽约大学工商管理研究生院在50年里并没有发生变化。它依然认为自己是商界的一部分，也是教育界的一部分。秉承创立者的初心，纽约大学工商管理研究生院必须在这两个领域做到同样出色。

如何延续这一传统正是本书要阐述的内容。为纪念纽约大学工商管理研究生院成立50周年，我们策划了这本书。策划这本书的缘起是我们意识到：到2000年，现在正在商学院学习的这些学生将成为全美主要企业的领导者。他们必须准备好迎接哪些挑战？他们的机会在哪里？商业、经济和社会的未来发展趋势是什么？这些都是有着深刻洞见的商业教育者在本书中要讨论的问题。

纵观第二次世界大战（简称二战）结束后的20年，企业已成为当今世界一股重要的稳定力量。在充满冲突的国际现实中，企业已成为为数不多的、极其重要的推动和平、进步和全球合作的中坚力量。与此同时，企业的经营环境也变得越来越苛刻和更具挑战性。未来的企业管理者必须从他们的前辈那里汲取宝贵的经验。但是要想成功运用这些经验，他们必须有能力解决新的问题并掌握新的工具。理解这些重要问题并获得启发正是本书希望实现的目标。

本书首先总结了自纽约大学工商管理研究生院成立 50 年来美国商业和商学院出现的重要结构性变化，然后分析了企业经营环境的变化，包括政治、社会、金融和技术、信息等方面的变化。接下来，书中讨论了企业内部的一些重要发展趋势，包括系统化创业和知识型组织的兴起，以及可供企业管理者使用的新思维和新工具。然后，本书通过一系列论文介绍了国外企业、跨国企业和跨国企业高管等内容，对企业经营的社会和经济环境进行了调查和梳理。

最后，本书把目光转向系统化商业教育领域，对商学院为商界培养领导人才，以及作为一个传播知识和负责任的机构在社会上的作用进行了不同角度的分析。

我认为这些分析讨论的结果要比各种科目和课程重要得多。本书的 23 位撰稿人都是来自各自领域的专家，他们不但扩展了我们的视野，对未来挑战进行了剖析，同时还要求商业教育者展现出更大的关注和承担更大的责任。他们在书中清晰地传达了这样一个理念：对未来管理者的开发绝不只是商学院的工作，企业自身也是重要的教育机构，因此也必须为未来管理者的开发做好准备。书中讨论得出的重要结论是，商学院和企业必须密切合作，只有这样才能保证未来的管理者能够充分应对各种新的挑战和要求。

另外，书中还明确指出商业教育没有捷径可走。每个商学院都必须制定出自己的课程、自己的方法和自己的解决方案。每个想培养管理者的大企业也必须如此。这项任务需要实验，需要多样性，也需要动态的多元化。

我认为，本书将会成为纽约大学工商管理研究生院未来数年对教育实践进行自我检验的指导性文献，不断挑战当前教育模式中的"传统思维"。我相信，本书同样会对其他高校商学院的同行提供指导和借鉴，帮助他们在教育方向和具体课程中发现新的思路。更为重要的是，我希望本书可以为国内外的企业管理者带来启发，帮助他们思考他们和他们的公司今天可以做什么，应该做什么，如何让公司里的年轻人为未来的机遇和责任做好准备。

和任何机构一样，纽约大学工商管理研究生院也有自己的记忆，有的快乐，有的悲伤，有的则苦乐参半。我们有自己的英雄人物，也有幸拥有众多优秀的教师和学者。正是这些精英人物的远见和努力造就了今天的纽约大学工商管理研究生院，这一点让全体教职工和数以千计的校友们备感自豪和难忘。他们是一群思想坚毅的人，勇于展望未来而不是沉湎于过去。正是本着他们的这种精神，我们商学院的教职工决定展望未来，庆祝我们的 50 周年纪念日。也正是本着他们的这种精神，我作为纽约大学工商管理研究生院的院长，在 50 周年院庆之际，重申学院、全体教职工和学生的奋斗目标——为成功培养未来的企业管理者做好充分的准备。

最后，我要向尼克斯基金会致以诚挚谢意，感谢该基金会对本次研讨会的慷慨捐赠，以及对商学院 50 周年院庆文集的支持。

约瑟夫·塔格特

商业体系和商学院经历结构性变化的 50 年[⊖]

赫尔曼·克罗斯　彼得·德鲁克

　　众所周知，美国经济在过去 50 年中经历了一场"革命性变化"。实际上，众所周知的东西往往具有误导性。大多数人都认为这场革命性变化体现在产量、生产率和财富积累方面，即经济的数量层面。这是错误的。单从数量角度来看，自 1917 年以来出现的经济变化和美国经济史上之前任何一个 50 年发生的经济变化并无显著差别。

　　自从 50 年前纽约大学率先在纽约市中心设立了工商管理研究生院之后，美国经济已经发生了彻底的转变。我们平时所了解的各种经济数据固然重要，但它们并不能全面说明这种转变。对企业政策、管理任务、培养和教育当今与未来的企业领导者来说，真正重要的变化是收入和生产在质量、制度和结构方面的变化，而不是在数量方面的变化。

　　纵观过去 50 年，真正的革命性变化体现为劳动力的结构、受教育水平

　　⊖　指 1918～1968 年。——译者注

以及工作内容方面的变化；体现为商业结构的变化，以及商业管理者工作和角色的变化。下面我们将对过去 50 年美国经济史做一个简要回顾，试图从读者在经济分析人士的标准文献中发现的事实和数据背后，揭示出真正具有指导意义的内容。

I

50 年前一战结束时，美国已成为全球最重要的工业生产国。尽管如此，美国在很大程度上仍是一个农业国家，有超过一半的人口生活在农村和小城镇，3/10 的人口生活在农场，7/10 的人口在工厂从事实体产品加工或以务农为生。

相比之下，如今美国只有不到 1/3 的人口生活在农村，不到 1/10 的人口生活在农场。大多数美国人生活在人口普查局称之为"标准都市统计区"的城市圈内。这种城市圈由市区、郊区和远郊区组成，最远处距离城市中心可达 56 公里或更远，它在结构上与 50 年前的大城市完全不同，以前的大城市在布局结构上相对来说比较集中，平均直径只有 16 ～ 24 公里。

美国的人口在过去 50 年中增长了 1 倍，从 1917 年的 1 亿变成今天的 2 亿。与此同时，劳动人口增长了 1 倍多，这是因为在美国历史上，成年劳动人口在总人口中的比例一直非常稳定地维持在 57% 左右。在全部劳动人口中，略低于一半的人口从事白领工作，约有 1/6 的人口从事服务行业。这两部分加起来几乎占了全部劳动人口的 2/3，是 20 世纪初普遍占比的两倍。

除了劳动人口有所增长，另一个显著的变化是人们的工作时间明显下降。1917 年劳动者的周平均工作时间是 50 小时，现在只有 40 小时。总工作时间的增长远远低于劳动人口的增长。在农业生产领域，总工作时间甚至大幅下降，制造业领域的总工作时间也只比 1917 年增加了 50%。尽管如此，制造业产量却增长了 4 倍，总体产品产量增长了 5 倍，这意味着单位工时的生产率或产量出现了前所未有的极大提升。这一了不起的成就主要归功于工作管理水平的提高，而工作管理水平的提高在很大程度上离不开教育水平的提高。1917 年，美国一半成年人口的受教育程度不足 8 年，只有不到 7% 的人上过大学。截至 1967 年，美国有一半人口都读过高中，在 18 ～ 21 岁的人中，几乎有一半正在读大学。

显然，美国社会已成为教育型社会，美国经济已转变为服务型经济。纵观人类经济发展史，这是目前唯一的发展战略已从体力转向脑力的案例。这一转变不但说明美国出现了前所未有的劳动力和劳动结构变化，还说明管理遇到了史无前例的挑战。这些挑战包括如何管理受过良好教育、从事"专业"工作的劳动者，如何管理创新，以及如何管理高度复杂的社会组织。

II

美国经济已进入成熟期，这里的成熟指的不是 20 世纪 30 年代大萧条时期那种疲乏、老朽和病态的经济表现，而是说它已经走出了青涩的成长期。或许这样说有些过于简单化，不过我们确实可以把美国的经济成熟过程凝结成一个简单的表述，即它的成熟源自技术革新，而这种技术革新在很大程度上包括管理能力的革新。

纵观美国经济发展史，技术革新总是亦步亦趋地跟随着经济的发展。一开始，技术革新是为了满足成长期经济发展的需要，其目标是设计、开发各种机械设备和工具，整个过程是相当粗放的。到了经济发展中期，技术革新的重心逐渐向扩大经济规模倾斜，其目标是设计、开发各种更大功率的设备，包括蒸汽机、电力设备和后来出现的内燃机。甚至于 1917 年的美国经济，其技术革新在很大程度上仍具备类似的特征。但是近年来这种情况开始出现转变，技术革新的目标开始变为满足先进经济的需求并为其解决实际问题。无论在科学还是技术领域，研究、开发和管理效率开始成为重大课题。与此同时，无论就推动技术革新的人数而言，还是就创意转化为商业价值的时间周期而言，技术革新的进程都在加速。理工科院校培养了众多的科学家，如果统计一下自古至今的科学家，我们会发现 90% 的科学家都尚在人世。从发明创造到实现全面应用之间的时间周期也从以前的 14 年缩短到了4 年。

相对于 1917 年青涩的成长期，美国经济进入成熟期的另一个表现是制造业的结构发生了变化。50 年前，五大行业占了制造业总产值的 2/3。现在的产业布局比较分散，五大行业在制造业总产值中的占比从 2/3 下降到1/2。而且今天的五大行业和 1917 年也有所不同，当年的五大行业分别是金属、食品加工、纺织、造纸印刷和木材行业，如今除了金属行业依然是最大的行业之外，其他四大行业依次变成了汽车、食品、非电子机械和造纸印刷行业。

另外，制造业在产品结构方面也出现了一些根本性变化。曾经无处不在的易耗型产品如今已风光不再，取而代之的是耐用型消费品。制造业领域出现的这些变化，不但对用户的收入和消费有着重大影响，而且对市场结构和商业竞争的性质也有着深刻的影响。

我们先来简要说说这些变化对用户的收入及收入管理方式（即储蓄和消费习惯）有什么影响。与普遍看法相反的是，当今消费者的储蓄与可支配收入的比例与祖父辈相比并无多大差异。有所差异的是他们的收入水平大大提高了。50 年前，大约只有一半的人口自认为收入属于"不错"和"较高"的阶层，其他则属于贫困或勉强维持生计的水平。如今，4/5 的美国人不用为每日生计发愁。

因为收入大幅增长，而储蓄的比例却保持不变，因此可用于消费的资金总量也出现了大幅增长。但是和消费金额的变化相比,消费行为的变化具有更为重要的意义。

消费模式的研究者把消费分成三个类别,即敏感型消费、较敏感型消费和不敏感型消费,大致相当于经济学家对弹性需求、单位弹性需求和无弹性需求的分类。敏感型消费品包括那些消费量波动幅度超过可支配收入波动幅度的商品,例如皮衣、珠宝、游艇和鱼子酱。当国民收入出现 5% 的增长时,这些产品会出现 8% ～ 10% 的消费增长,而常规物品的消费,如主食、衬衣和家居用品,会出现 2% ～ 3% 的增长。1917 年,消费者每 100 美元的消费中有 15 美元用于敏感型消费品,如今这一数字接近 25 美元。

换句话说,当今消费者的平均可支配收入比过去高得多。可支配收入增长的重要意义在于,它催生出了完全不同的市场结构,对商业管理者的营销能力提出了新的挑战。以前的消费者只有 1/4 的可支配收入用于消费,现在的消费者有 1/3 的可支配收入用于消费,面对这种变化,商业管理者必须使用不同的市场策略和竞争方式来吸引消费者。

III

同样,这种跨时代的经济变化在机构框架方面也得到了体现。首先,工会变得比以往任何时候都更为重要,这在两次世界大战、大萧条时代、沃尔特·路泽和《瓦格纳法案》之前的时代都未曾有过。在一战之前,美国仅有 1/10 的非农业劳动者加入工会,如今这一比例是 3/10。

其次,美国的联邦政府、州政府和地方政府在经济生活中的参与力度远远超过从前,甚至超过 20 世纪初的进步时代。在那个很多机构把政府过度参与经济活动视为危险趋势的时代,华盛顿绝非美国的金融中心或经济中心。那时美国的联邦政府债务只有 25 亿美元,联邦政府支出约为人均 20 美元，州政府和地方政府支出为人均 25 美元。后来，社会的富裕与成熟、人口增长、城市化，以及社会日益扩大的需求使得政府活动大大增加。仅联邦政府的支出就超过了美国 50 家最大企业的支出总和，达到人均 725 美元，州政府和地方政府的支出达到人均 450 美元。受此影响，美国联邦政府债务一路飙涨到 3000 多亿美元，是 1917 年的 120 倍。

最后，第三类机构——金融中介机构，即银行、保险公司、投资公司等，其成熟程度和复杂程度是 50 年前难以企望的。50 年前，美联储才刚刚成立，美国所有商业银行的总存款还不如 1968 年美国最大银行一家的存款多。实际上，当时所有金融机构的债权总额加起来也只有现今最大银行总存款金额的两倍多。当时全美国只有十几家银行有能力为客户提供 100 万美元或以上的贷款。而且那时的银行业务范围狭窄，今天的"金融百货公司"式银行业务在当时不过是一种奇思妙想。

1917 年的证券市场也处于成长期，那时上市公司还是新鲜事物。再往前推 30 年（1888 年），纽约证券交易所只有一家大型制造业公司挂牌交易，即普尔曼公司。美国钢铁公司是第一家上市的大公司，现在距其首次向股东发布年报还不到 20 年的时间。

截至 1967 年，美国金融中介机构的资产已经接近 1 万亿美元，其中 1/3 由商业银行控制，1/5 归保险公司所有，1/8 属于储蓄贷款机构。此时，"人民资本主义"的说法开始大行其道，据估计 1/5 的美国成年人都拥有某个上市公司的股票。用"紧张繁忙"这个词来形容股票交易所的活动实在是太温和了。在纽约证券交易所历史上最活跃的 20 个交易日中，有 17 个是在 1966 年和 1967 年。该交易所在 1 小时内交易的股票数量通常比 1917 年以前的最高单日交易量还要多。

金融中介机构的扩张在一定程度上是国民收入增长的自然结果。另外，它也是某些细微且通常难以察觉的储蓄和金融行为变化的结果。随着经济的发展，储蓄者使用储蓄资金进行投资时，做的直接投资越来越少，他们越来越依赖货币和资本市场的中间商，即金融中介机构。而且，消费者在保持储蓄水平大致相同的同时，减少了自愿储蓄，而是通过缴纳养老金的形式增加了强制性储蓄，还通过保险单、抵押贷款支付等方式增加了契约性储蓄。以前大家都说凡事要亲力亲为，现在看来，人们连自己的大部分积蓄都无须负责打理了。

IV

综上所述，我们不难看出经济变化过程是一个因果交织的循环过程。在这个相互作用的过程中，经济制度和生产要素既起主动作用，又起被动作用。它们影响外部经济，同时又受外部经济的影响。对企业来说尤其如此，要想实现经济增长，企业在适应外部环境中的经济变化方面就必须比任何其他要素表现得更灵活。

那么过去 50 年的经济转型对企业管理者，对创业精神，以及对商业环境究竟意味着什么？所谓的人口爆炸、富裕时代、超级城市、白领普及、福利国家、安全资本主义、多元社会的出现，以及其他广为宣传的经济变化迹象又对管理者有何影响？

首先可以明确的是，经济生活中出现的这些变化并没有改变管理者的基本职能。他们的工作仍然是整合各种生产要素，处理好生产、资金和营销等方面的问题。诚然，诸如"社会责任"之类的难以定义的空泛之谈的确会使管理者的职能变得有些模糊。经济变化的影响使管理者的工作变得更复杂，进而对他们的能力提出了更高的要求。尽管如此，商业管理者的主要责任仍然是把控管理的 7 个要素，即人员、方法、资金、设备、材料、管理团队和营销。下面我们来看一下外部的经济变化对这几个方面有何影响。

对上一两代人来说，"大企业的增长"一直都是让人十分热衷的讨论话题。随着人口的增加和收入的增长，一般工业企业的规模也在增长。但是这种增长是绝对意义上的增长，并非相对意义上的增长。也就是说，与一两代人以前相比，大企业在经济总量中所占的比例并没有增加。关于大企业是否变得比以前更为强大的问题，正反两方面的观点都有很多证据。但是了解情况的人普遍认为，与50年前相比，如今企业控制权的集中程度有所下降，大企业的相对规模也缩小了。当然，就人口比例而言，如今小企业的数量要多于1900年的小企业数量。

但是从绝对意义上来说，大企业的确是无比巨大。它有一大批所有者、成千上万的员工，以及富可敌国的营业收入。以工业巨头通用汽车公司为例，它旗下的雇员数量超过了整个波士顿市区的人口数量，营业收入超过了美国中大西洋地区和新英格兰地区13个州的收入总和，支付的工资金额是爱尔兰个人总收入的两倍多。再比如另一个巨头贝尔系统公司，其股东多得可以坐满3000个扬基体育场，外加大半个麦迪逊广场花园球场。最大的500家企业，其数量在所有企业的总数中只占微不足道的一部分，但它们雇用了1/8的劳动者，赚取了1/5的总利润。毫不夸张地说，全美最大的200家企业直接或间接地影响着美国商业领域1/2到3/4的生态环境。大企业通过超市、百货公司和折扣连锁店的形式控制了零售行业，目前还通过企业化经营的方式，逐步接管小企业经营的最后一个堡垒——农业。

大企业的这种增长大多数来自内部，也有不少是通过合并与整合的手段实现的。自1917年以来，美国出现过两次合并浪潮，第一次出现在20世纪20年代，第二次出现在二战末期。20世纪20年代的合并浪潮涉及很多大型企业，但并未涉及那些最大的企业。这些企业联姻造就了一些企业集团，即同一行业内的企业横向或纵向合并组成一个集团。当前的企业合并浪潮和20世纪20年代的情况有相同的地方，也有不同的地方。相同的地方是两次合并都不涉及企业巨头，不同的地方是这次的合并不再是同一行业内的企业进行横向或纵向的合并，而是不同行业之间的企业进行合并，例如香烟制造商和枫糖浆生产商进行合并，电子产品公司和速冻食品公司进行合并，或是钢铁厂和内衣厂进行合并。

规模增长和业务多元化让大型企业的管理发生了彻底的改变。职业管理者的出现导致的企业所有权和控制权分离就是其中之一。50 年前，商业决策基本上都是由控制企业和管理企业的老牌大亨们做出的。但随着企业的成长，它必须开发出一套与其成长相匹配的运营管理体系，才有可能成为企业巨头。另外，随着企业业务复杂性的提高，营销、劳动关系、政府关系等方面的新问题应运而生，使得管理工作变得十分棘手，很难再由一人独自处理。受此影响，显然大企业的管理者势必会从所有者过渡为职业管理者。说白了，现代企业就是职业管理者领导下的集体企业。

除了规模增长和管理复杂程度增加之外，还有两个因素导致了职业管理者的崛起，一是银行家的影响，二是企业由大量股东持股。投资银行家在 20 世纪初大企业的形成过程中曾发挥过战略性作用，他们推动企业合并，造就了一批大型企业集团，并带领企业成功上市。然而与大众观点有所不同的是，银行家并没有积极参与企业的管理。这或许是因为他们的兴趣过于分散，无法集中精力管理企业。没错，银行家拥有对企业决策的否决权，但他们在聘用了职业管理者之后，必须给予职业管理者足够的自由。这种"金融资本主义"和"管理资本主义"之间的相互关系，在摩根和加里联合管理下的美国钢铁公司得到了很好的体现。摩根公司选择艾伯特·加里管理这家公司，后者在管理具体事务时拥有很大的自由。

另外，大型企业的股东也十分认同聘用职业管理者的管理趋势。随着企业股东数量的大幅增加，大多数股东发现自己既缺乏能力（由于股东数量众多）又不愿意（由于不熟悉管理）参与企业决策活动。因此，他们把这项权力交给了职业管理者。

从 19 世纪末到 20 世纪初，金融资本主义和管理资本主义的融合变得越发明显。尽管在 1917 年这一现象还是新生事物，但其发展趋势已是确定无疑。后来，金融资本主义的影响力逐渐式微，职业化管理开始在商业中得到全面接受和认可。职业管理者不再屈从于金融资本主义，他们至少是这一关系中的高级合伙人。一般来说，现在是职业管理者选择银行家，而不是银行家选择职业管理者。与此同时，企业的金融业务也出现了变化。留存收益和折旧补贴等形式的内部融资已变得极为重要，而外部融资也纳入了新型金融中介机构提供的援助和补助。未来 50 年我们要思考的问题是，如果这些新型信托机构（养老基金和共同信托基金）拥有了企业的合法所有权和控制权，是否会重新建立一种全新的、完全不同的"资本控制企业"的形式？

对于企业管理权从所有人向职业管理者的转移，以及由此产生的影响，人们总是难以自禁地夸大其实。大体来说，转移的说法是很有道理的。19 世纪末职业管理者在创业者中所占的比例可能还不到 5%，如今这一比例达到了 50%。一份对 1917 年 50 位创业人物所做的调查表明，其中 23 位是所有人，18 位是职业管理者。到了 1947 年，相应的数字变成了 11 和 29。如今，相应的数字更是变成了 4 和 42。遗憾的是，管理权转移的细节和影响被简单地描述成非黑即白的对立，而实际生活中的情况往往并非如此。50 年前，职业管理者并不罕见，而今天没有股份的职业管理者也不多见。特别是在非金融企业中，一般管理者都有企业的股份。除了所有者和没有股份的职业管理者，企业里还有一个中间群体，主要由企业里的持有大量个人股份的高管组成，尽管这些股份只占企业总资产的一小部分。

因此，我们在这里要讨论的实际上是三种管理者，即所有人管理者（这个群体正在大型企业中快速消失）、无产受雇管理者（这个群体也正在快速消失）和方兴未艾的职业管理者（他们拥有大量的企业股份）。这三个群体之间的区别以及老生常谈的对立观点对帮助我们理解企业管理十分重要，特别是在谈到管理者的管理动机时更是如此。

无论是否正确，人们普遍认为，所有人管理者向职业管理者的转变对整个商业环境产生了极其重大的影响。考虑到职业管理者在很多人眼里不过是薪酬丰厚的办公室职员，我们甚至可以说，这种转变对商业环境造成了革命性的影响。

和过去粗犷的企业创始人相比，人们认为职业管理者更成熟，也更练达。很多商业史学家在解读老派管理的衰落和新式管理的兴起时，称职业管理者是"认知能力强、成熟的管理者"[⊖]，他们"可以看到自己企业的长期社会影响"。经济史学家托马斯·科克伦称："职业管理者的定位使他们有别于过去那些咄咄逼人的、往往缺少社会责任心的小企业开创者。"

根据读者价值观的不同，上面的话既可以理解为褒义，也可以理解为贬义。无论是哪种情况，无论是右派还是左派，无论是支持商业的人还是对商业持冷漠或敌对态度的人，都强烈抨击了职业管理者的出现和大企业的发展。因为大企业的发展使职业管理者的出现成为可能，甚至成为必然。

追随约瑟夫·熊彼特理论的保守派把这种商业集体主义趋势视为对资本主义的威胁。在他们看来，企业所有权和控制权的分离使个人财富变得极易变现，变得缺乏实质性，变得不再真实。与此同时，由于个人的利益与其管理的企业不再密切关联，所有权附带的心理价值也变得残缺不全。

另一派批评人士，其中既包括自由派也包括保守派，也对商业集体主义的趋势感到不满，但他们的理由不同。他们沉湎于旧的时代，虚伪地怀念老派创业者亲自管理企业的做法。他们认为，老派创业者有着明确的企业管理目标——利润最大化。由于他们对企业拥有所有权，因此合法合理地享有管

⊖　此语出自亚瑟·科勒。

理权。他们认为，今天的职业管理者并不具备管理的合法性，因为他们并不能代表企业所有人。职业管理者仅拥有少得可怜的一点股份，自然不会有多强的责任感，不会努力为企业股东（所有人）付出。简而言之，没有足够多的所有者权益，职业管理者就不会以利润最大化作为管理目标。如果说有目标的话，也不过是扩大企业规模，但实际情况是现在的企业已经尾大不掉了。

上面的种种批评，有些有一定的道理，有些值得商榷，还有些可能是错误的。但是，大多数对现代商业管理的批评，都源自对昔日管理的美化和对当下现实的短视。在某种程度上，商业管理今昔之间如此强烈的对比反映了美国在管理个性方面的成见。昔日充满传奇色彩的创业者大都是乐天派，是天不怕地不怕、敢跟天地斗个高下的英雄人物，为了赚钱无所不用其极；如今的职业管理者完全是默默无闻、毫无光环的小人物，既没有欲望去殊死拼斗，也不想搞什么利润最大化。

但是现代管理者并不这么看。他们要面对更多的不确定因素，要对更多的利益团体承担更大的责任，这都是 19 世纪的管理者无法想象的。早期创业者的决策环境是怎样的？那时候政府和工会不会给企业造成很大的麻烦，直到 20 世纪初它们才逐渐发展起来。即便如此，1917 年的管理者仍用居高临下的态度对待政府和工会，那种感觉就像宽容的父母对待邻居家刚进入青春期的孩子。那时候股东的情况也好不到哪儿去，无论企业发行的是无投票权的普通股、A 股还是 B 股，企业都对股东摆出一副屈尊俯就的样子。就连企业年报也总是故弄玄虚，并不透露多少有用的财务信息。在一战时期，管理者只需对三个群体负责，首先是与其签订友好协议的董事会，其次是信奉彼此宽容以待的竞争对手，最后是没有多少产品选择自由的顾客。这可以从当时最为成功的企业福特公司的管理态度上看得非常清楚。在亨利·福特看来，公司股东不过是一群"把钱押在别人头脑上的人"，竞争对手对他来说无足轻重，而至于顾客，他曾有句名言："你想买什么颜色的车都可以，反正福特公司只有黑色的。"

现在的企业管理者绝不可能如此行事。他们或许不会受到企业所有人的过多控制，但有些 50 年前还微不足道而现在却非常重要的利益团体会对其行为带来各种制衡和约束。他们必须密切关注竞争对手及其产品在市场中的定位，和工会打交道处理好人员招募、解聘和人事关系问题，跟政府部门协调产品定价、扩张计划、管理和融资事宜。此外，他们还要关注公共舆论，对企业内部其他组织成员的动态也不能掉以轻心。

关于批评意见中的第二条，即对利润最大化关注度的下滑，这个问题其实有些小题大做了。职业经理人的行为方式何止千万种，讨论它们是否具备盈利动机毫无意义，因为实际情况是谁也不知道充满动机的行为该如何定义。恰恰相反，我们都知道的是，利润最大化从来都只是理论模型中一个高度理想化且无法实现的传说而已。

今天的企业和 50 年前的企业一样，要想生存就必须赢利。因此，获取利润必须成为企业管理的基本动机。其实和大众看法不同的是，今天的企业管理者实际上要比他们的祖辈更为关注利润，这是因为他们更加了解变革、创新和风险。19 世纪 20 年代的企业管理者对利润不屑一顾并不鲜见，但这种情况今天却很少出现。无论在演讲、写作还是公开表达观点时，如今的管理者都不会贬抑企业的利润和盈利动机。即使在讨论社会责任时，他们也会在保证企业能赢利的框架内实施社会责任。和很多人的传统看法不同的是，今天的企业管理者以股票期权、奖金分红等多种形式拥有企业相当比例的所有权。他们或许不会全力追求利润最大化，但可以肯定的是他们对追逐利润有极大的兴趣。阿尔弗雷德·斯隆称："对我来说毫无疑问的是，我认为企业的战略目标就是获得投资回报。如果长期回报并不理想，那就必须扭转亏损或是停止业务，寻找更好的盈利方案。"这表明，赢利这个目标并没有改变，唯一改变的是赢利这件事和其他管理工作一样，变得比以往更加复杂了。简而言之，赢利依然是企业管理的核心目标，这一点不应发生任何改变。

V

有人说，如果不考虑其他因素，仅考虑规模，大企业肯定是一个静止不动的官僚主义严重的地方。经济学家加尔布雷思教授等人认为，大企业已经在经济生活中根深蒂固，是保守主义最坚固的堡垒。年复一年，同样的垄断者掌控着整个市场，鲜有什么变化，因为这些巨头拥有不可动摇的地位。

这一观点看似有道理，实际上并不正确。经济变化、新产品、消费者喜好和管理失败等，会让大型企业也出现相当程度的变化。在1917年排在前50名的大型工业企业中，如今仍有35家存活，但其中只有19家还排在前50名，有9家跌入前51～100名，剩余7家甚至跌到了100名开外。除此之外的15家大型企业已经彻底消失，其中7家被兼并，8家因经营不善倒闭。

1917年最大的50家企业中有9家炼油厂、6家钢铁厂、4家铜矿，以及汽车装配、肉类包装、化学生产和食品行业的各3家公司。到了1967年，规模排在前50名的企业中有13家炼油厂、8家化工厂、4家电子制造商、4家钢铁厂，以及3家汽车和电气设备公司。这怎么看也不像是毫无变化的静止状态。

关于大型企业充满官僚性的批评指责，在商业人士和学者们的笔下屡见不鲜。某大型制造企业的律师曾这样向法庭解释："公司管理层要对数千股东的储蓄和投资负责……要对全体员工的安全保障负责……这样一家公司的管理层不可能不小心翼翼、高度保守，尽一切努力降低风险。"某著名商业史学家称："企业管理者要求员工在等级制度中恪尽职守、忠诚和合作，而不是在市场中理性地追求享乐主义。"批评大型企业的官僚性早已是老生常谈，20 世纪 20 年代末一位商业评论员曾这样说："我们的大企业正在培养一大批唯唯诺诺的员工，他们毫无个人思想和看法……一个员工在等级森严的巨无霸企业中工作二三十年之后，怎么可能再期望他会有独立的思想？"

成功的管理者并没有忽视这些批评。只不过他们很清楚，在大企业、大政府、大教育机构，甚至所有大型机构中，肯定会存在官僚主义。阿尔弗雷德·斯隆在思考通用汽车的问题时曾这样说："庞大规模所带来的惰性几乎影响了这个企业的所有活动。"当有人向拉莫特·杜邦报告职业经理人可能不审慎地使用公司资金时，杜邦的回应是："你说的不是问题，真正危险的是他在花钱时有太多的顾虑。"实际上，尽管意识到官僚性给企业带来的普遍问题，但能干的管理者同样清楚大型企业只能在有序管理的框架中运营。为此，真正要做的不是消除官僚性，而是直面它的存在，想办法避免或缓解其不利影响。

目光远大的管理者用重组管理结构的方式来化解官僚主义所带来的停滞不前的问题。对 19 世纪创始人独揽大权的企业来说，其最大管理特征是权力中心化。随着企业规模的扩大，各个委员会和部门相继成立，官僚主义开始逐渐盛行。到了 20 世纪，特别是 20 年代初，企业管理开始出现去中心化的趋势，最终发展到了阿尔弗雷德·斯隆所说的"协调控制下的去中心化经营，即高度中心化和完全去中心化之间的中间状态"。

之所以会出现去中心化的新趋势，按照阿尔弗雷德·钱德勒的解释，是因为战略的变化决定着组织结构的变化。雄心勃勃的企业家总想尽可能有效地利用自己的资源。在一些因素（包括拓展市场的压力、运输和通信手段的改善，以及经济环境的其他变化）的影响下，企业管理者承担了新的职能，进入了新的领域。为此，他们的每一步行动都需要对管理进行重新设计。钱德勒的分析认为，企业原本是针对单一产品和单一职能而进行组织设计的。但是随着市场的扩大、城市的繁荣，以及交通方式的改善，企业开始承担起新的职能，变成单一产品、多种职能的新格局。20 世纪 20 年代，第三种转变出现了。大部分有眼光的企业家开始把战略转向了业务多样化。企业展现出多产品多职能的格局，其中有些公司同时在国际市场和国内市场都立稳了脚跟。至此，在管理战略上，去中心化取代了中心化，管理者希望此举同时也能避免大企业官僚主义的痼疾。

上述管理方面的变化决定了工作方式的变化。创新活动开始由工厂向办公室转移，从生产一线向办公室和设计中心转移。受此影响，劳动力结构出现了同等比例的此消彼长，曾经庞大的生产工人的数量持续减少，而非生产工人、办公室人员和服务人员的数量持续上升。

随着办公室里的创新呈爆发式增长，新的概念和工具应运而生。研发开始成为一项企业职能，并最终成为企业自成一体的一个部门。数据处理、运算和建模工作开始取代机械工具和高炉，成为提高生产率的新重点。

"办公室革命"同时也带来了其他方面的变化。一方面，管理支出的增长速度开始大幅超过运营支出的增速。如今管理支出在总生产成本中的占比是 50 年前的两倍多。另一方面，办公室革命还导致了美国大城市经济结构的重组，很多以工业活动为主的城市现在变成了办公楼扎堆儿的地方。纽约就是一个很好的例子，这个城市的工业生产日益萎缩，但作为超级都市圈的中心，纽约吸引了越来越多的美国大企业来此设立总部。

谈到经济变化对人力资源的影响，办公室人员的数量增长只是其中一个方面，另一个更引人关注和广为宣传的方面是企业管理者对待工会的态度转变。1917 年的企业主并不把工会当作一回事。诚然，工会在发展壮大，只不过还没有壮大到让企业感到头疼。在整个 20 世纪 20 年代，企业总是居高临下地跟工会打交道。到了 30 年代，情况出现了很大的改变，工会的壮大开始让企业尝到苦头并充满敌意。反工会主义开始出现，只不过这是一场注定失败的活动。随着时间的流逝，企业管理者逐渐意识到了这一点，态度也随之转变成无可奈何。

作为经济变化的一部分，生产工人数量的下降使工会会员数量出现了暂时或长期的稳定，这是因为工会很难吸引和组织办公室职员。尽管如此，工会仍是一支不可轻视的力量。面对如此难缠的对手，企业主也只能慢慢习惯，就像背痛的人慢慢适应疼痛的烦恼一样。

另外，企业也引入了人力资源管理的新工具、理论和概念。50 年前，员工关系还只是遥不可及的话题。科学化管理只有在个别大型企业中有所尝试，霍桑实验还要等 10 年之后才会出现。如今，人力资源管理和员工关系管理早已是企业的日常事务，不再是《商业周刊》和《华尔街日报》上的新鲜话题了。

经济变化也改变了对资金的管理。现在的企业有资金库存政策，就像它们有商品库存政策一样。通用汽车公司是最早一批建立系统化现金库存管理规定的企业之一。斯隆称，1922 年通用汽车"开始每月预测下月的日现金流……并将预测结果与实际现金余额进行对比……通过减少在银行的现金余额，这套办法可以帮助我们用多余的现金进行投资（主要是购买短期政府债券）"。

资金、人员、设备和方法，所有这些要素的管理都在经济变化的大背景下出现了变革。那么营销作为企业管理最为重要的职能，又发生了怎样的变化呢？众所周知，管理者最基本的任务就是发现顾客并说服他们购买产品。对管理者来说，显然 1917 年的商业环境和今天的显著不同，因此营销的背景以及实现营销所需的战略战术都存在着巨大的区别。遗憾的是，管理者在营销战略和政策方面受到了评论界铺天盖地的批评。他们在抨击完责任、管理合法性、工作效率和官僚主义之后，又为大企业添加了一条垄断的罪状。在他们眼中，大企业就像掠食一切小鱼的恐怖的八爪鱼，它们专横地为产品定价，热衷于毫无意义的产品差异化。

这些批评人士认为几十年前的情况要好得多。的确，那时的情况和现在有所不同，不过这并不意味着那时会比现在好多少。那时的竞争主要是价格竞争，市场基本上是原始市场，产品有很大的价格弹性。亨利·福特非常了解这种市场，因此才专注于生产同一种车型同一种颜色的汽车。他本能地知道，客户想要汽车，而且是价格能负担得起的汽车，所以他的产品只强调价格，不理会什么颜色、设计和审美，只有价格才是王道。

到了 10 年后的 1929 年，情况就有些不同了。产品组合和市场结构都经历了深刻的变化，替代市场在很大程度上取代了原始市场。如今，这种变化进一步加剧。随着可支配收入的成倍增加，昔日的奢侈品变成了今天的必需品。面对这种变化，营销部门的任务不再是游说顾客购买他没有的东西，而是吸引他把已有的东西换成更好的产品。换言之，在当前市场上顾客的需求基本上已经得到了满足，如何让他们为欲望消费才是重点，这是当今消费者与上一代消费者不一样的地方。价格弹性已经让位于收入弹性，亨利·福特的那一套放在今天肯定行不通。亨利·福特之所以能取得非凡成就，是因为那个时代的市场中只有 1/10 的人拥有汽车。当市场上 1/5 的人都拥有汽车时，继续强调价格只会让他铩羽而归。新的时代需要不同的竞争方式，需要不同的手段吸引顾客消费。以前让顾客心动的是价格，现在却变成了别的东西。现在的顾客不一定会买便宜的东西，因为真正吸引他的可能是产品差异性、服务、样式或是自动化水平。

很多专业经济学家、社会学家和伦理学者对不断变化的时代和不断变化的风俗习惯视而不见，坚持认为今天的经济环境中不存在竞争。他们的观点和亚当·斯密的如出一辙，认为竞争不过是同一个市场中不同的卖家在砍价而已。除此之外全都是垄断竞争，或者说不完全竞争。但是对企业管理者而言，竞争是指两个或更多的卖家试图实现收入最大化的行为。无论是用赠品吸引不愿意购买的顾客还是答应便宜一元钱，这些举动在卖家看来具有同等竞争力。在一个产品销售强调差异化而非价格的市场中，这种思考方式并没有什么不对之处。

VI

关于经济和商业，上述种种变化都不是突然出现的。实际上，经济进程一直都是进退参半的艰难过程。过去 50 年的经济发展历程，如果稍加夸张地形容，可以说是经历了富人、穷人、乞讨者、窃贼，然后再到乞讨者、穷人和富人的循环过程。尽管往昔正迅速消失在记忆中，但仍有亲历者记得 20 世纪 30 年代经济大萧条的梦魇和在此之前的繁荣。记性再好些的，还记得 20 世纪 20 年代那个普遍繁荣的时代也曾出现过两次温和的衰退和一次严重但短暂的经济下滑。自二战以来，类似那个年代的模式再也没有重现过，没有出现过像 20 世纪 20 年代那种严重萧条的经济下滑。实际上在过去 20 年中出现过四次衰退，只不过它们加起来的时间只有 42 个月。除此之外，过去 7 年中美国经济还没有经历过任何衰退，这是经济史上持续增长时间最长的一段时期。

美国的经济是如此繁荣，以至于现在很多人都认为经济萧条已成为过去。最为乐观的看法甚至断言，经济衰退，即主要经济指标的轻微下降，也已成为过去。持这种观点的人并不多，绝大多数人认为经济衰退将来还会重来，但所有人都认为，曾被视为像死亡和税收一样不可避免的严重经济动荡，已经成为历史，再也不可能出现。

我们认为，经济预测之所以会出现乐观主义的最主要的原因，是预测者清楚自己比 50 年前的预测者对经济学有更多的了解。预测者认为，在对经济学有了更多了解后，就能避开那些导致经济灾难的陷阱。即使我们的确掌握了更多的经济学知识，而且比前人所掌握的要多得多，这些知识就能帮助我们解决问题的想法也不过是傲慢自大而已。实际上，认为是财政和货币问题在指导思想和实践方式上的变化导致了对经济繁荣的冲击和商业周期被打破，这一观点仍需大量事实加以佐证。值得注意的是，类似的观点在此前所有的经济繁荣期都十分盛行。现在断言我们已经破解了经济萧条之谜，显然还为时过早。不过，美国经济在过去 20 年的表现确实比历史上其他任何一个时期的表现都要好得多。

企业当然欢迎持久稳定的繁荣发展。以往的萧条和严重衰退不但令企业利润干涸，也让企业管理者的声誉跌到了历史最低点。我们来看看过去 50 年中企业管理者的声望在一波又一波的经济活动浪潮中经历了哪些起伏。在 20 世纪 20 年代的经济繁荣期，企业管理者到达了公共声誉和财富的顶峰。他们的意见成了各行各业的权威指导，他们是政府顾问，是美国价值观的守卫者，其风光程度完全不亚于今天人们对学术人物的推崇。随着经济萧条袭来，企业管理者的声誉一落千丈，人们对企业管理者和商业活动冷嘲热讽、百般打击，令他们失去了所有的光环。二战之后，美国经济复苏并迎来史无前例的大繁荣，商业系统再次受到社会的尊重，企业管理者也重新被大众接受。但这次复苏和繁荣并没有使他们恢复 20 年代的荣光和地位。一方面企业管理者再也不像昔日那样备受尊重，另一方面他们也不再像在 30 年代那样需要面对社会普遍的指责和敌意。如今人们对商业和企业管理者的态度更多的是冷漠，这种态度其实比充满憎恨更致命。

企业管理者的思想、观点和经济理念又有哪些变化呢？不同的时代和不同的人都曾摒弃过长期信守的理念。如前所述，管理者对工会的态度由不屑一顾变成无可奈何，他们的运营方式也因为不一样的竞争环境而发生了变化。经济繁荣和政府的持续干预让他们重新认识到财政政策的重要性。他们不再坚定反对政府债务，不再坚持要求平衡预算。在关税问题上，他们不再像 1917 年的管理者那样支持贸易保护主义。但是，如果就此认为所有企业管理者对政府赤字问题都沉着冷静，认为大部分企业管理者都是自由贸易者，则无疑是错误的。简而言之，自 1917 年以来，他们的观点与周围的社会、经济和技术一样，都发生了很大变化。

VII

美国的商学院在过去 50 年又出现了哪些变化呢？我们认为最大的变化体现在其社会职能方面，即在社会、商业系统和个体方面的变化。

尽管美国商学院的历史可以上溯到近 100 年前，但是它们在 50 年前的影响微乎其微，无论对于商业还是教育领域都是如此。但其后不久，商学院教育开始成为美国教育界的风向标，在美国高等教育中占有最大的份额，其中包括了本科生、研究生和继续教育课程。

在一战前后，美国的商学院第一次迅速扩张，在二战之后的 10 年中经历了第二次扩张浪潮。现有的本科商学院大部分成立于一战前后，而研究生商学院大部分创建于二战之后。在这两个时期，商学院一直都是美国社会教育变革的先驱者和风向标。

我们有理由相信，过去 10 年"高级管理教育"的快速发展，即为受过良好教育的职场人士提供工商管理培训，依然在引领着教育的时代潮流。

在过去 50 年中，商学院成了社会阶层流动的主要推动力量。即使在今天的工业城市，如底特律或密尔沃基，蓝领工人的子女也首先是通过商学院走上专业工作岗位的。

与此同时商学院，特别是研究生和高级管理项目，正在日益成为商业领袖的招募和培训基地。它们吸引越来越多的可造之才从事工商管理工作，并针对企业的管理责任和需求培养积极进取、高水平的专业人才。

从**专业**学院的角度看，商学院发生了很大的变化，它们对商业系统和社会都变得更加重要。但是从专业**学院**的角度看，这些变化是分散的。课程和主题已经变了，而且还在不断地改变。实际上，高等教育领域没有任何一个专业出现过商学院这种彻底的蜕变。和商业以及商业系统的变化相比，商业教育的概念和方向并没有多大的变化。50年前的"簿记"如今变成了"会计"，未来有可能变成"管理信息"。但是从概念上来说，商业教育仍然是培养一系列技能。不管我们谈论多少"模型"和"流程"，不管我们使用多少"案例"或"商业游戏"，这一概念并不会改变。

总体而言，美国的商学院属于顺势而为，而非主动改造环境；它们已经形成体系，而非刚刚起步。新的商业思想、理念和工具大部分源自商学院之外，并未得益于学院派。可以说，现代组织都是由企业实践者发展起来的，例如法国煤矿总裁亨利·法约尔、杜邦公司总裁哈密尔顿·巴克斯戴尔，以及通用汽车公司总裁阿尔弗雷德·斯隆。

如今的商业教育领域还存在着其他一些自相矛盾之处。与50年前甚至20年前形成鲜明对比的是，如今教授作为顾问受到高度重视。当然，主要是受到企业的推崇，但也越来越受到政府、医院、学校，尤其是国际集团的重视。的确，美国的商业教育已成为最受欢迎的出口产品之一，而且是单方面对美国有利的出口产品。然而，没有几个商学院教授会成为华盛顿高级职位甚至低级职位的人选。同样，在商学院里找不到思想深刻的发言人，也找不到才智过人的商业评论家。跟其他专业学院（比如法学院或医学院）的教授不同，商学院的教授正在与商界脱节，而商界正是他们应该为之服务的。

这种现象被委婉地称为"动态失衡"，换成50年前的大白话就是乱套。今日商学院和50年前商学院之间的差距之巨大，恰如当今的商业和商业体系与1918年的商业和商业体系之间的鸿沟。当然，这种变化主要是形式方面的而不是实质方面的，是技术方面的而不是目标方面的，是战术方面的而不是战略方面的，是观点方面的而不是指导思想方面的。

的确，我们可以说美国商学院所有的根本性变化至少可以上溯 40 年到 20 世纪 20 年代中期。其中的首个变化，即在 1881 年沃顿商学院开美国商学院历史之先河之后，1908 年哈佛研究生商学院的成立。1918 年，纽约大学率先推出高级继续教育课程，可向脱产学习的企业管理者和专业人士颁发研究生学位证书。20 年代中期，哈佛研究生商学院首次把商业教学的重心从实用技术转向管理，从而实现了管理流程的一体化。上述三次重大变化直接塑造了今日美国商学院的发展面貌。

作为专业学院，美国商学院的发展必须和商业社会的需求保持一致。在美国经济经历了过去 50 年在结构、制度和期望等各方面的深刻变化之后，商学院能否满足当今经济的新需求呢？抑或，它仍然采用四五十年前的那种强调技术细节的商业教育模式，而忽视了当今商业教育中普遍需要的大胆创新呢？

此外，商学院教育总体上能否适应过去 50 年的经济发展变化呢？毕竟到 2000 年时，美国商业的首席管理者们将会是今天商学院的毕业生。今天的商学院应当怎样更好地满足未来商业领导者的需求呢？

本章着重介绍了过去 50 年美国商业环境的变化，而不是对美国大学的商业教育史进行回顾。纽约大学工商管理研究生院一直都以商业社会中的活跃一员感到自豪。这不仅是因为纽约大学工商管理研究生院一直自豪地认为自己是商界的一部分，也不仅是因为作为商界的研究者，我们知道顾客创造价值，企业只产生成本，而企业是我们的客户。最重要的是，我们深刻地意识到，企业，包括它的愿景、需求和标准，一直走在商学院的前面。这或许正是我们未来需要改变的，但今天这仍然是无可否认的事实。

为说明企业管理者应当为未来做好哪些准备，接下来我们要探讨企业及其管理者的期望、需求和机会。

1

第 1 部分

不断变化的环境

PREPARING TOMORROW'S
BUSINESS LEADERS TODAY

导　言

　　企业领导者的首要任务是把环境中的变化，包括社会、经济和技术等方面的变化，转化成经济和创业机会。他必须把社会经济需求转变成有效的市场需求。因此，我们需要解决的第一个问题是：企业经营环境中出现了哪些明显的变化？对此，我们在第1部分以五个章节进行了主题说明。这些主题涵盖了关于政府和地方社区、信息革命，以及技术特征和范围变化等方面的讨论。可能这5章最让人惊讶的是，每一章都假定企业运营环境存在不连续性；每一章都断言，摆在企业领导者面前的与其说是更多的要求，不如说是新的要求。

企业经营的政治环境

约翰·康纳

I

在过去五十多年中，我曾目睹过企业对政府的态度变化，以及政府对企业的态度变化，这些变化可谓相当巨大。在过去四五十年间，人们在不同时期会给出截然不同的建议，从这些相差极大的建议中，我们可以窥见这种变化。例如，我父亲是纽约市上城区的一个小企业主，那时的纽约市还没有现在这么大，他在我的成长过程中反复叮嘱我："要远离政治，政治是一场肮脏的游戏。"当我就读哈佛法学院时，费利克斯·弗兰克福特是新政时期最成功的青年动员人，他的宣传口号是："不要去华尔街律所帮助那些资本家，你们的目标是去华盛顿，去建立美国新社会！"现在，我总是这样告诫青年人："不管你以后干什么，一定要做几年公共服务工作，哪怕你的目标是从商或做教育。从事公共服务会让你成为更好的商人和教育者，政府工作也会因为你们的参与变得更好，哪怕只有几年经验也好。你们应当把政治理解成政府行政部门的公共管理活动，或是政府法律部门的管理活动。政治是生活本身的一部分，会对我们的生活产生全面影响。"

政府需要保留，需要发展和壮大。在艾森豪威尔执政时期，联邦政府的权力和服务扩张出现了暂停，但州政府和地方政府却不遗余力地扩大教育、医疗、社保和其他地方性服务，这些服务在二战期间被严重忽略，其后随着人口的膨胀，对其出现了迫切的需要。但是肯尼迪总统执政之后，这种情况出现了很大的改变。很难说这种变化到底是好还是坏，总之以前的时代已经一去不复返。肯尼迪的名言"不要问国家能为你做什么，想一想你能为国家做些什么"——让无数青年人备感振奋，热切希望投身到改善全人类命运的伟大事业中去。随后不久美国出现的声势浩大的华盛顿大游行活动（参与者大多数是各大高校的青年学生），成为自新政改革之后最为重要的民权运动。参加民权运动的年轻人提出的观点和要求对美国产生了深远的影响，特别是在政府与企业和劳工关系等方面。到了约翰逊总统任期第三年，民权运动的火种逐渐熄灭。不过，大部分源自肯尼迪政府的"伟大社会"计划至此已经以法律的形式固定下来，可以说现在已经没有回头路可走了。

那个时代已经远去，未来美国政府将会忙于弥补差距，进一步把联邦政府的服务范围拓展到民事权利、教育、医疗、福利、落后地区城市开发、运输、运输安全、消费者保护、国际商务、金融、贸易和投资，以及通信等领域。越来越多的企业将发现自己处于联邦政府的监管和控制之下，人们的日常生活也会受到越来越大的影响。

然而令人吃惊的是，肯尼迪时代和约翰逊政府早期的很多重要的决策官员（如今他们大部分在私营或立法部门工作），明确表示这些迫切需要推进、旨在解决城市中心及其居民的问题的新计划，应当交给私营企业而不是政府部门来管理。同样令人惊讶的是，越来越多的企业及其管理者也自愿在这个新的社会经济领域承担责任，并在之前只能由政府职员经手的工作领域内提供服务。

企业和政府之间的关系是广泛而多样的。显然，不同的企业对政府的理解有差异，不同的政府部门对企业的理解也各不相同。对某些企业来说，政府主要是客户；对另一些企业来说，政府主要是管理机构。一些企业认为，政府的主要职能是提供资源，如信息服务、研发支持或是财政补贴；另一些企业则认为政府不过是掌握税务大权的机构，对它们来说加税是坏消息，减税是好消息。各种政府活动，从销售印花税到登月计划，很难简单地从政治或经济角度一概而论。

从现实角度而言，把企业和政府的关系视为对立关系显然是不可思议的。政府和企业之间的各种合作成果、联合行动和共同关注点可以有力地证明这一点。

但是，我并不认为煽情地鼓吹政府和企业联手会帮助国家走向辉煌这样的表述有何真正意义。尽管有着长期共同目标，但政府和企业在行动方式上通常并不一致。对以多元化为根本的美国社会来说，我们也不应当抱此期望。

换句话说，对于政府和企业之间的合作关系，我并不偏袒任何支持或反对的声音。我想说明的是，美国社会的特点是强调行为方式的广度和利益的多样性，这一点在整个政府结构和政治活动过程中都有明确的体现，例如行政部门和国会听证之间的彼此制约，以及咨询委员会和华盛顿各行动部门之间的关系。

因此，多元化在整个国家层面带来了政府机构之间的相互制约和平衡，这一点是由美国宪法保证的。尽管每个企业各不相同，但企业界仍可以，也确实在这种多元决策框架下做出了重大贡献，特别是在那些和经济增长与发展有关的活动中。可以说，企业和政府可以合作开发的领域几乎毫无止境。

当然，这些个别关系并不能体现企业的主要作用，实际上所有的政企关系都不能体现企业的主要作用。对企业来说，最重要的仍然是取得经济上的成功，包括提供产品和服务，开发新产品，创造工资、利润和收入等。简而言之，企业的作用即为国家的经济和工业增长提供动力。归根结底，现实世界的一切都有赖于这种大而强的动力来源。这是因为，政府的作用是表达国民的期望和目标，而企业的作用是组织人力物力在国内外满足这些目标。企业的动力和风险正是启动经济发展引擎的火花。

国民经济是政企接触最为重要的领域，政府的作用是提供和保护良好的经济环境，以确保企业和其他经济部门以最大的自由度和效率运营。在美国经济腾飞的 20 世纪 60 年代，这正是保证企业成功的根本要素。

II

展望未来，我想表达的主要看法是，除了功能性经济关系之外，从财政和货币政策到补贴和法规等方面，美国政府在当前和未来还有很多工作要做，以促进企业和政府以新的方式进行合作。目前我们看到的情况清晰地表明，未来潜在的政企合作形式将会表现出两大特征，一是解决公共问题，二是技术手段在一些领域的大量应用（这些应用甚至可以和最近几十年美国在军事和太空领域的技术革命相媲美）。

在很多情况下，这两大特征常常融合在一起。例如在运输和住房建设领域，高科技手段的大量应用可以很好地满足大众需求。

在另一些领域，在社会意识的推动下，组织能力和管理能力会在解决问题的过程中发挥主导作用。当然，技术在这里也会发挥重要的作用。例如在教育培训、就业和休闲领域将会出现这种变化。此外，社会生活中人们渴望在质量和数量方面实现进步的其他领域也在此列。

前面我们讨论的政企合作活动主要分为技术和公共问题两个方面，第三个方面是企业专业技能。通过落实企业的负责行为和管理人才，企业的建议或特定做法（如收支平衡项目）可成为全国行动的基础。

说到解决公共问题，我指的是在美国日益复杂的社会环境下民众呼吁重视的所有问题。目前，美国的年人口增长达 250 万人，未来 20 年的增长量将等于当前密西西比河以西各州的人口总和。而且随着时间的流逝，这些人口可使用的土地面积将会越来越小。

需要注意的是，我说的是"公共问题"而不是"公共领域问题"。美国要面对的公众需求并不在此列。

在解决这些公共问题时，企业必须清晰界定其在美国的新角色。更准确地说，必须扩展其传统角色以满足未来的社会需求。这种不断变化的角色不但是决定政企关系的关键，更重要的是，它还对美国社会能否满足 20 世纪最后 20 年的需求具有重要意义。

例如，贫民窟和旧房改造一直都是都市型社会令人头疼的问题。尽管近年来政府和企业在全国很多地方开展了大规模的城市改造项目，但这一问题仍无法得到完美的解决。美国一些大型企业在住房改造方面的大力投入和实验性开发，可以说绝对是具有里程碑意义的变化和发展。

这种做法可以多快好省地满足公众的迫切需求，不会耗费过多的时间和资源，也不会干扰社区和居民。另外，不管正在引进或考虑引进的技术有何优点和缺点，这种做法可以让人们再次关注一个简单的事实，即此类社会问题完全可以通过新的方式得以解决。

因此，公共服务的"生产"将会成为未来的潜在需求，成为亟待开发的新市场，就好像我们对既能给企业带来成功又能改善人们生活的其他产品有需求一样。通常来说，大众和各级政府不但愿意而且非常期望企业投入全力解决此类问题，就像企业在生产传统产品时投入全力解决生产和分销问题一样。

当然，企业在提供此类产品和服务时应当也必须获得相当的利润，就像企业在提供社会需要的其他产品和服务时需要获得利润一样。与之前不一样的一点是，企业通过这些新的合作和业务可以有效地拓宽视野。

关键问题在于，当代各种问题形成了滚滚洪流，我们必须在这股洪流之上，建造通向未来的桥梁。我们必须建造桥梁，因为这是美国发展势在必行的事情，我们的国家和我们的人民绝不会放任国家的发展停滞不前。我们这一代必须决定的事情，是由谁来设计桥梁，谁来建造桥梁，以及如何建造。

随着时间的流逝，未来这些问题是否会通过政府解决以推动国家发展？抑或是借助企业的力量，通过就业开发和其他活动的契约形式代替政府承担社会和经济责任？企业界在努力解决日益增长的公众和社会问题时，能否像应对早期挑战一样，通过私营竞争性企业有效应对新时代的问题？面对新的社会需求，竞争性企业能否在传统上被视为属于纯粹政府职能的领域中发挥越来越大的作用？显然，企业在提供公众服务领域绝不应踌躇不前。

美国在海外的贸易、投资和经济活动对经济发展产生了重大影响。海外投资，尤其是在欠发达国家和地区的投资，有力地证明了获得利润是促进进步和发展的手段。

至此，我们着重讨论了企业在国内外作为商业实体的主要功能和责任，尽管它们的定位已扩展到必须满足时代需求的新高度。显然，企业对其公民责任意识的不断增长和努力践行与社会公共问题之间存在着非常密切的关系。因此，它们才会不遗余力地投身到教育、慈善、艺术等社会活动当中，参与各种形式的地方性、全国性和国际性公益活动。我相信，这会成为企业在未来的新角色，而且会随着时间的推移而逐渐强化。

未来，企业公民责任和企业经营行为之间的差别将变得逐渐模糊。我认为这是大势所趋，明智务实的美国企业管理者会认为区分这种差别毫无意义。比如，企业培训辍学者是良好的社会行为还是经营行为？一家大公司就自动化对社会的影响展开大规模研究是为公司服务还是造福整个社会？企业赞助艺术展应当被视为广告营销手段还是属于文化的范畴？我想，面对这些问题，美国企业管理者肯定会回答"兼而有之"。这是因为，很多企业都以事实证明优秀的企业公民肯定是优秀的企业，而优秀的企业也必然符合优秀企业公民的条件。

Ⅲ

随着企业及其管理者未来角色的巨大变化，我们需要思考的真正问题是：未来社会需要怎样的管理者来管理企业内部、政企合作和联邦政府内部的各种活动？这些管理者又从何而来？毫无疑问，无论对企业、工会、大学还是政府来说，称职的管理者永远是确保进步的必不可少的重要条件。

出于这些原因，确实应该鼓励能力突出的年轻人到政府部门工作。华盛顿、各州州府、各地县市都有大量的工作机会，它们不但饶有趣味而且颇具挑战性。一些优秀学生一毕业就会选择去政府部门工作，不少人会选择留下来，一是薪资不错，二是风险小（至少某些类型的风险比外面小）。在政府部门工作还是相当令人满意的。

四五年后，很多人可能想拓展自己的领域，进入专业、教学或商业领域工作。他们在华盛顿、州府和地方县市积累的经验将会成为人生中的宝贵资源，特别是随着政府和私营部门之间的关系变得日益深厚和广泛交织，这些资源将会发挥重要的作用。

还有些年轻人会反其道而行之，他们会先在校园里找份工作，或投身科研，或进入基金会服务。作为经济学、政治学、法学、社会学、数学或任何自然科学的教授或讲师，转到政府部门工作是件相对容易的事情。有些人会定期做这种角色转换，走出课堂，走进政府部门。等他们再回来时，通常会担任更高级别的职务，影响力也更大。随着经验增多，接触面扩大，在积累了很多一手知识和人际关系的基础上判断能力越来越高，他们的工作能力也会越来越强。

尽管如此，刚刚走出校门或离开学术研究机构的很多年轻人，在进入政府部门工作时仍会遇到各种挫折。实际上，政府部门是最需要想象力丰富又大胆的优秀管理者的地方，可惜这一点至今还没有被很多人认识到。

企业常见的授权行为在联邦政府仍是非常鲜见的。对从企业进入政府的管理者来说，另一个令人惊讶的事实是政府不重视现有项目的管理。政府通常把工作重心放在新项目的开发上，总是想着如何获得预算部门、总统和国会的批准，这是典型的政绩型管理思路。这种管理方式只会增加总统及其政府的政治筹码，他们负责的是新趋势、新政策和新项目的决策。在这种环境下，对现有项目的有效管理，甚至现有项目的微小变动都不会得到多少关注。无论管理者多么出色地完成任务，政府也不会给予多少重视。

出于这些原因，我可以大胆地预测——我知道我的观点可能与众不同——未来的年轻人，尤其是年轻的理想主义者，将会逐渐意识到，为企业工作才是真正为公众服务的最有效途径。

显然，如何让年轻人意识到这一点，是美国企业面临的重要挑战。由于美国企业用商业方式解决我们的公共问题，即在经济理性的基础上赚取合理的利润，那么毕业生们为企业工作就更加有助于纽约大学践行自己的校训——致力于公共服务的私立大学。

展望未来，最让我感到激动的是，越来越多的企业管理者考虑将至少在政府部门任职几年作为他们职业生涯的一部分。在当今社会问题丛生和政企共栖的时代，这对管理者的发展来说，不能说是必不可少，但确实是非常可取的做法，因为政府和企业关注的是相同的问题和挑战。

只有通过这种方式，大型企业才能更好地理解政府及其工作方式。在当今社会，企业对政府普遍存在的无知是个致命的缺陷。同样，只有通过这种方式，政府才能更好地理解企业及其结构、习惯和需求，才能克服对企业普遍存在的无知。后者对政府而言同样是致命的危险，有时甚至比政府对商业和经济的误解更为致命。

要做到这一点并不容易，管理者要面对的问题会比财务状况、养老金或职业晋升受阻等难题严重得多。毕竟，这些问题可以通过灵活的企业政策解决。我认为最大的问题是人们的传统观点——位居高位的政府公务员是理所当然的抨击对象。企业管理者早已习惯高于公众服务要求的绩效表现，但是他们很难像政界人士那样长期接受大众的质疑。换句话说，企业界看重的是做事，而政界看重的是个人魅力。像肯尼迪和约翰逊总统等经过国会锻炼的政治家们，很难适应对业绩的客观要求。反之，企业管理者也很难适应高度主观的政治世界。对他们（政治家）来说，个人忠诚几乎是保证成功的必要条件，"选对边儿"永远要比"做对事"重要得多。

美国的企业管理者必须学会如何适应政治环境。他们要学习如何发挥企业的能力解决公共政策问题，学习如何利用政府及其需求来锻炼管理能力，帮助自己成为更好的企业管理者。只有这样我们才有希望解决美国的公共问题，只有这样我们才有希望保持自由经济和商业体系的健康与活力。

金融新时代

鲁道夫·彼得森

　　20 世纪 60 年代后半期，美国和全球的金融体系正在发生重大转变。后二战时代的结束拉开了新时代的序幕。目前的金融体制结构曾经为不断增长的美国经济和迅速发展的国际货物与资本流动的金融需求提供了良好的服务，但在如今不断变化的金融环境中，它正面临越来越大的压力。

　　自二战结束以来，美国和全球金融行业出现了很多创新和重大变化，而且这一创新步伐未来还将不断加速。但是我们有理由相信，未来的金融机构和金融关系将会经历更为深刻的结构性变化，而不只是简单的形式创新。

　　美英两国持续多年的国际收支赤字以及美国的巨额预算赤字，加剧了目前金融机构和国际金融关系的压力。不过这一表象并不能掩盖整个金融关系中出现的更为根本性的变化。

　　未来几年，我们必须回答有关金融行业的几个重要问题。这些问题的解决方式将直接影响未来美国金融机构的基本结构和功能。从大的层面上说，这些问题的答案将为未来的金融新时代奠定方向和基础。

这些问题包括：

1）技术进步多久能为美国国内支付体系带来根本性改变？这种改变会达到什么程度？技术进步多久能为其他发达国家的支付体系带来类似的改变？

2）如何在不给某些经济部门造成不公平负担的情况下，有效实施联邦政府的逆周期货币政策和信贷政策？

3）当前经济体制结构和政府监管部门需要做出哪些改变，才能保证有效竞争，以及为经济增长提供足够的金融支持？

4）在一个可行的国际支付体系中，黄金和美元将发挥什么作用？

5）政府和企业怎样才能有效合作，来解决美国重要城市的社会和经济问题？

上述问题显然不是全部，它们只列出了当前以及未来一段时间内金融管理者需要面对的一些重要领域。毫无疑问的是，在这些问题得到解决之后，新的更为复杂的问题将会出现。要想更好地应对这些挑战，我们有必要首先了解一下美国的当代金融发展过程。

新的金融环境

大量证据表明，与二战以来的平均水平相比，美国新的金融环境的特点是利率更高、可用信贷相对短缺。实际上，在过去 40 年的大部分时间里，国内经济力量往往压低国内利率，造成流动性过剩和相应的可贷资金过剩。

在整个 20 世纪 30 年代，经济大萧条严重抑制了信贷需求。30 年代初银行系统出现大规模倒闭之后，幸存下来的银行和其他金融机构开始积累过剩流动性资产。商业银行在联邦储备银行积累了大量超额准备金，但未能获得任何回报。这些超额准备金以及贷款需求的长期不振，使利率维持在异常低的水平。

在强烈爱国主义和自我牺牲精神的作用下，美国政府以很低的利率为二战提供金融支持，依靠工资、物价和信贷控制等手段抑制通胀压力。很大一部分政府增发的联邦债务都被商业银行系统吸收。联邦储备银行愿意以票面价格无限量收购政府债券，维持了政府债券的价格，因此利率极低。

截至 1947 年年底，即二战结束两年多后，全美经过保险的商业银行持有的国债相当于其贷款总额的 1.8 倍，这些银行的贷款总额不到存款总额的 27%。

美国经济的流动性过剩在非金融企业的资产负债表中也得到了体现。截至 1947 年年底，这些企业持有的现金和国债相当于其流动负债的 64%。

但是此后不久，不断增长的美国经济开始导致私人信贷增长速度超过金融储蓄的增长速度。这些信贷需求很大一部分通过银行和企业的流动性削减得到了满足。从 1947 年到 1966 年，所有已保险商业银行的总贷款量以年均近 10% 的速度增长。与此同时，这些银行的总存款量年增长速度还不到 5%。受此影响，银行的贷款和存款总额的比率升到了 60% 以上。

企业流动性也出现了大幅下降。企业持有现金和国债的年增长速度还不到 3%，而流动负债的年平均增长率几乎达到了 8%。受此影响，美国非金融企业持有的现金和国债相对于流动负债的比例从 64% 下降到了 24%。

银行和企业流动性的下降为美国私营经济部门的扩张提供了大量资金，但未来几年似乎不太可能继续下降。商业银行目前持有的大量证券或是作为公共存款的抵押品，或是被要求作为最低二级准备金。因此，如果未来存款的增长速度与战后时期相同，商业银行的贷款增长速度将会下降一半。当企业无法再降低流动性而被迫依靠银行信贷时，信贷增长将会出现缓慢回升。

当然，美国金融市场在过去二十多年中也出现过短暂的紧缩期。尽管如此，其总体金融环境的特征是信贷宽松和相对较低的利率水平。有证据表明，金融系统已出现流动性下降的拐点。未来几年，流动性比率（变现能力比率）不太可能提高，而是维持相对稳定的水平，或是在利率极低的情况下出现下降。如果美国经济出现强劲增长，公共和私营部门的需求扩张可能会造成较为普遍的信贷资金短缺。纵观全球，实际上世界各地，特别是发展中国家，对资金的需求量都特别大，甚至可以说对资金有无穷无尽的需求。

国内支付体系

二战以后，企业和个人都倾向于将现金余额降至与交易需求和替代用途的机会成本相一致的最低水平。在交易程序方面出现了很多有助于减少现金余额的改进和发展，包括提供用于资金回收的锁箱服务，改进资金电汇，以及大大改善通信和运输设施。随着短期利率的不断走高，企业和个人持有闲散资金的成本也在增加，促使他们不断缩减持有的资金规模。

在此期间，美国货币供应总量（流通中的货币和商业银行调整后的活期存款）的年均增长率不到商品和服务总产出年均增长率的一半。当然，在政府推出宽松货币政策以鼓励经济扩张的阶段，金融市场也出现过短暂的货币供应量增长速度超过经济增长速度的时期。

许多研究美国货币体系的学者认为，我们正处在国内支付体系的重要转折关头。这一未来新体系有一个很通俗的名称，叫"无现金无支票社会"。在这个体系中，资金的电子转账可以在采购或销售行为发生时立刻完成。销售场所的计算机系统可通过电话或其他方式连接到银行的计算机系统处理付款事宜。此类设备目前已经成熟，使电子支付系统在技术上变得可行。尽管如此，我们还需要很多时间解决与此相关的各种经济和法律问题。最重要的是，电子支付系统必须让顾客接受，对当今美国社会来说要实现这一目标尚需时日。

不过可以肯定的是，随着自动化支付手段对现金和支票等传统支付手段起到日益重要的补充作用，未来美国金融系统将会出现更为多样化的支付方式。实际上这种自动化支付已经开始运作，如发工资和某些定期付款项目（如偿还抵押贷款和交水电费）的直接转账。银行信用卡的快速发展也是向这个方向迈出的一步。纵观目前这些支付手段的开发情况，我们可以更现实地将未来的支付体系称为"少支票、少现金的社会"。

这一转折带来的结果是对货币供应更为高效的利用。受此影响，相对于经济产出和支出的增长，货币存量及其主要组成部分，即活期存款，将会出现更为缓慢的增长。

在其他发达国家，新式支付手段的开发也在不断加速。确切地说，因为美国禁止银行的全国性分行业务，但其他大多数发达国家并不禁止，所以在类似的经济条件下，这些国家支付系统的转型会比美国更快一些。

综上所述，金融新时代的特征是，在美国和其他发达国家，商业银行为交易目的而保留的活期存款作为企业可贷资金来源的重要性将相对下降。

联邦政府的货币和信贷政策

在利率相对较高和可用信贷普遍短缺的情况下，可用资金的公平、有效配置，以及联邦政府货币和信贷政策的效率变得日益重要。

在制定政策时，联邦政府的目标是用最高的就业率和相对稳定的价格来鼓励经济增长。但显而易见的是，高就业率一旦实现，会带来很多新的令人头疼的成本－价格问题。要想避免对美国经济造成进一步破坏，这些问题就必须得到解决。例如，近年来的经验表明，在物价上涨时期，以加税或削减联邦政府开支等方式限制财政预算的做法都很难奏效。最近的经验也表明，使用目前的货币和信贷政策工具对货币和信贷采取限制的重大举措，对某些经济部门，特别是住房建设行业造成了过度限制。

实际上，如果未来金融环境的特点是利率相对较高、信贷长期短缺，那么继续使用货币和信贷政策作为逆周期管理的主要手段很可能造成经济活动的进一步混乱，并最终导致稳定的经济局面被打破。和近年来的情况相比，即使在国家财政手段得到高效运用的情况下，这种情况同样会出现。

目前，联邦政府的货币和信贷政策几乎完全通过控制美联储系统中商业银行的准备金来进行调控。美联储委员会可以在指定的范围内设定各种银行存款准备金的比例。额外的准备金，一般通过美联储在公开交易市场购买证券的方式提供给会员银行，或是通过美联储地区分行以贷款方式提供给会员银行。

通过控制会员银行准备金的增长率，美联储可以调整其存款增长率，并最终实现对其贷款和投资活动的控制。除了对银行准备金的总体控制，美联储还负责管理会员银行可向各种类型的定期存款和储蓄存款支付的最高利率水平。近年来，美联储还使用道义劝告方式阻止某些类型的银行贷款行为。

即使在高度复杂的货币和金融领域，金融变量和经济活动总体水平之间的关系也可以通过不同的理论进行解释。很多经济学家认为，经济活动的变化在很大程度上（或者说完全）源自货币存量的变化。他们认为货币存量的流通速度或周转速度是相对稳定的。因此，货币供应的增长速度应当和经济产量的增长速度保持稳定的匹配，这样才能以稳定的价格实现最大限度的经济增长。

如果以这种理论理解经济活动，如何定义货币供应就成了首先需要关注的问题。对于美国的货币存量，最为广泛接受的定义是流通中的货币和商业银行调整后的活期存款。对货币数量理论和上述定义的认同，会导致对定期存款和储蓄存款的准备金要求，以及将此类存款的最高利率作为逆周期调控工具的货币政策的严重质疑。

很多货币数量理论的支持者甚至把私人的储蓄存款和定期存款，以及企业、州政府和地方政府的大额存单纳入货币供应定义当中。但是近年来的经验已充分证明，与活期存款和货币相比，银行定期存款和储蓄存款与非银行金融中介机构的其他短期可交易流动资产和定期存款更具可比性和竞争力。

另一种货币理论将经济活动的增长与信贷的成本和可用性联系起来。该理论的支持者认为，能够达到某种预期回报率的投资机会永远都存在。当回报大于资金当前的使用成本时，投资行为就会发生，经济活动就会增加。以某种形式认同这一理论，则意味着逆周期货币政策应改变货币的总体供应量，从而改变信贷成本，让国家经济增长达到理想水平，并实现价格稳定的目标。

当然，似乎每个人对这两种货币理论的理解都有差异，本文也只是从笔者自己的角度非常简单地介绍了这两种理论。另外，联邦政府在制定经济政策时还必须考虑体制结构和市场僵化的影响。例如，技术变化对支付体系造成的影响就是货币数量理论家必须思考的一个重要问题。

如果联邦政府逆周期货币政策的目标是控制信贷增长和利率水平，只需对当前货币政策中的手段进行调整即可。在二战之后流动性过剩和货币宽松的经济环境下，商业银行可以为经济增长做出十分积极的贡献。但是在信贷供应长期短缺和货币限制较为恒定的环境下，这种情况就很难持续。

当商业银行信贷受到限制，企业借贷人就会争相从其他渠道获取资金。大型公司会在公开交易市场出售商业票据和长期债券。

如果长期通过控制商业银行存款的方式来控制信贷总增长，势必会造成商业银行在总体信贷市场中的份额下滑。暂且不说这种方式是否公平，单是货币控制的效力也会受到损害。面对总体信贷市场中不断下滑的份额，如果继续采用限制措施的话，限制的力度必须不断加大，只有这样才能达到与对总体市场相同的效果。

在现行金融体制下，对信贷市场的所有领域都进行货币控制是很困难的。但是逆周期政策要想发挥效果，就必须把货币控制延伸到信贷市场的大部分领域。此外，政策约束对于商业银行和非银行金融机构的公平性也是无法长期忽略的问题。

在信贷长期短缺的背景下，如何有效且公平地分配信贷供应也是需要思考的问题。经验表明，在当前的金融体制下，住房建设行业会受到货币限制政策的显著不利影响。这是否表明未来金融系统会专门分配一小部分信贷资源给住房建设行业呢？美国金融体系的体制结构需要做出哪些改变，才能帮助住房建设行业有效获得公平份额的可用信贷？

隐藏在所有这些问题背后的关键是，国家经济政策在很大程度上是继续依靠货币限制和扩张等通用手段，还是逐渐向行政管理威慑等直接控制手段倾斜。不幸的是，目前的情况看起来并不怎么乐观。

我们必须在未来几年内为上述复杂的问题和许多其他问题找到答案。美国金融系统的现状日益清晰地表明，重新审视联邦政府货币政策和信贷政策的作用和手段势在必行。我们必须重新定义政府监管金融市场的目标，并发展合理的体制结构，以在未来的金融环境中公平有效地实现这些目标。

国 际 金 融

未来，国际形势的发展将会对美国金融行业的各个方面产生日益重要的影响。美国未来在国际经济和国际金融体系中的作用，对美国企业的金融管理将会变得越来越重要。

二战之后的世界经济趋势可以总结为国际贸易的强劲增长和跨国资本流动的攀升。造成这种现象的部分原因是很多国家普遍放宽了对贸易和资本流动的关税和非关税壁垒。国际贸易和资本流动带来的收益，很大一部分应归功于国际支付体系的发展。

但是，当前以黄金美元汇兑本位制为基础的国际支付体系正在被严重地质疑。具体来说，这一体系存在着两个截然不同却又密切相关的问题，即美国贸易收支赤字问题和国际金融储备不断提高的问题。

以黄金美元汇兑本位制为基础，美国国库可以按 35 美元每盎司的固定价格向外国政府收购或出售黄金。在这种情况下，外国政府会努力积攒美元以作为其国际货币储备。当美国的国际收支出现赤字时，只能通过出售黄金或是让外国政府增持美元的方式减少赤字。

二战结束初期，美国持有全球大部分货币性黄金。在战后重建初期，由于各国大量需要美国物资，结果导致世界各地的黄金源源不断地流向美国。美国的黄金储量在 1949 年达到顶峰，价值超过 245 亿美元。1949 年之后，美国的黄金储量开始持续下滑，外国政府机构持有的美元开始不断增加。

持续攀升的国际收支赤字和美国国库黄金储量的不断减少引发了国外很多观察家的担心。他们无法确定美国政府是否愿意以及能否继续以 35 美元每盎司的价格向外国政府及其央行提供无限数量的黄金。这种顾虑绝不会轻易消失，实际上如果美国政府在国际收支中继续出现大量赤字，人们的顾虑只会越发严重。

为减少赤字，美国政府推出了各种管理措施，主要目的是减少私人在海外的投资。尽管这些措施被冠以"临时性"的名义，但实际上却有永久性的趋势，而且在操作方面变得越来越严格。长期来看，这些措施只会使美国的国际收支状况进一步恶化，而不是得到改善。对于国际收支问题，长远的解决方案必须为政府的海外支出确定必要的优先目标，同时在国内控制通胀水平，这样才能确保美国的出口商品具有竞争力。

只要控制住国内通胀，实现贸易盈余，早日结束东南亚冲突，从而消除外汇流失，这些以削减国际收支赤字为目标的措施还是有可能取得成功的。如果这些限制措施不够，我们还可以采用其他手段，如进一步削减政府海外开支，实施更严格的国内货币和财政政策，从而控制国内通胀。或者，美国可以对进口商品设置新的关税和非关税壁垒。但是这种做法很可能招致其他国家以同样方式进行贸易反制，结果只会降低贸易水平，无法真正解决美国的国际收支赤字问题。

如果美国无法或是不愿控制国际收支赤字问题，整个国际支付体系最终将会出现一些深刻的根本性变化。这些变化会以多种形式体现出来，很多观点认为以美元计价的黄金价格将会上涨。受此影响，一方面各国以美元形式持有的大量货币储备的净值会出现变动，另一方面提高黄金价格能否为美国带来长期收益也是令人严重怀疑的问题。我认为黄金价格的提高，充其量只能为缓解现状争取一些时间，并不能从根本上解决美国的国际收支赤字问题和国际储备问题。在未来一段时间内，这样做还会扰乱信心，破坏计划。

毫无疑问，如果之前的趋势延续下去，美国财政部最终将被迫停止出售黄金。这样做会导致汇率浮动，短期内还会增加国际金融市场的不确定性，甚至混乱。尽管一些经济学家认为浮动汇率制会让国际金融体系更加有序和高效，并避免国内经济出现纠正性调整，但政府和企业管理者的主流观点是，这样做会破坏国际贸易和资本流动，最终扰乱美国的国内经济。

与此密切相关的另一个重要问题是国际金融体系中国际储备日益短缺的问题。当各国政府积累的美元无法满足其货币储备需求，黄金生产全部或大部分落入私营企业手中时，怎样才能为国际贸易的不断增长提供货币支持呢？从目前大部分国家的国内货币体系来看，似乎有必要在国际储备创新领域开发某种有效的管理形式。在这个方面，首先要做的是在国际货币基金组织内部开发特别提款权。

虽然我们无法准确预测金融行业的这些基本问题将如何解决，但可以确定的是，我们需要尽快拿出新的解决方案。这些解决方案必将对美国和全球的利率以及经济机构造成深远的影响。

随着美国企业在全球业务的不断扩张，以及国际因素对美国国内经济政策的影响越来越大，国际金融体系的开发对美国企业的重要影响将会与日俱增。未来的金融管理者必须充分了解国际金融体系的运行方式，对这一体系当前和未来的发展方向有所认识。

展望未来，维持国际货币体系的稳定有序运行至关重要。国际货币体系，以及为促进国际贸易和资本流动而不断深化的壁垒消除工作，将会为各国实现经济增长和发展提供最好的帮助。

政 企 关 系

未来几年，美国的政企关系将会出现新的发展方向，并且明显受到金融环境的影响。近年来，美国大众痛苦地发现，国内根深蒂固的社会和经济问题正在撕裂整个社会。对一部分美国人来说，失业、住房空间不足、教育问题和缺乏前进动力已经常态化，而不是临时存在的状况。

造成这些问题的原因包括种族歧视、快速城市化，以及技术进步对大量非技术型岗位的冲击。在美国的很多大城市，族群性贫民窟正在大量涌现。这些凋敝社区的共同特征是失业率高、居住环境恶劣、犯罪率高、救济率高，以及绝望感无处不在。特别是最近几年，很多美国城市都出现了暴力破坏活动。

这些复杂且痛苦的问题必须也必将得到解决。显然，这些问题绝非政府或私营部门可以独立解决的。政府没有技能也没有资源来提供足够的住房和实用的就业培训，私营部门则无法承担与这些基本问题相关的非经济风险。

政府和企业必须找到更有效和更有意义的新的合作方式，特别是在重建中心城市以及为有可能就业的失业者提供就业培训等方面的合作。企业必须愿意在这些领域承担正常的商业风险，同时对正常的业务利润有所预期。政府必须愿意承担非经济风险和附加培训成本，支持私营参与者对正当利润的追求。目前，一些优秀的政府和企业管理者正致力于开发基本的合作准则，以推动政企合作取得成功。解决城市问题必须成为整个经济中营利经营的组成部分，不能沦为单纯的非营利活动附属品。

在这种政企合作关系中，金融机构必须发挥重要作用，特别是在住房建设和改善公众设施等领域。计划中的建设工作需要大量的资金投入，金融机构必须找到可以提供这些资金的方法。它们必须也能够创造性地调和各利益相关方的需求，尽管实现这个目标并不容易。

新时代的金融管理者

未来几年将是美国和全球金融基本结构的考验期。当前金融环境中存在的显而易见的压力将会改变美国货币和信贷政策的作用和手段，并大大改变金融体制结构。很多地区以相对较高利率和信贷长期短缺为特征的金融环境将会普遍存在。以实现高就业率为目标的美国经济，将会出现伴随高就业率自身产生的各种新的问题。

如果通过扩大货币基础的方式为日益增长的全球贸易和资本流动提供资金，未来国际金融体系也会出现不可避免的根本性变化。

展望未来，金融将会成为各种经济活动中日益重要的影响因素。对企业或政府实施的每个重大项目而言，资金的可用性和使用成本比以往任何时候都更为关键。

在这种环境下，金融管理者的作用也将变得越发重要。未来的金融管理者必须了解国际金融体系和国内金融体系。美国所有的企业管理者，特别是金融管理者，必须像熟悉企业资产负债表和利润表那样熟悉国际收支状况。在金融机构处于结构性变化时期，仅了解过去和现在的体制结构是不够的，金融管理者还必须了解国际趋势和国内政策之间微妙的互动关系。

此外，美国的金融增加了一个新的维度，即政企关系的新面貌。包括国家、州和地方在内的美国各级政府，有史以来第一次表示无法独立解决当前国内存在的各种问题，如空气和水污染、住房、城市开发、公众交通等方面的问题。发展中国家也存在很多政府行动无法解决的问题。在这种情况下，政府开始向私营企业寻求帮助和建议，希望和私营部门建立可靠的伙伴关系。在这个问题上，必须强化而不是削弱企业的盈利动机，否则这种合作无法实现任何目标。当然，要保证这种新型政企合作的成功实施，富有创新意识且目标现实的金融服务不可或缺。

对金融业来说，未来一段时期既令人激动，又极富挑战。这个行业的管理者必须准备好适应国内外经济增长带来的变化。另外，金融管理者还必须协助开发有意义的政企合作关系，共同解决当今时代存在的各种社会和环境问题。

总而言之，金融新时代的特征是资金的长期短缺和经济各领域对资金需求的持续增长。这些特征将会为当前经济体制带来日益严峻的压力，很多领域都需要进行根本性的变革。在这种环境下，成功的企业管理者不仅要了解当前复杂的金融体制结构，还必须了解亟待改变的基本金融动力。

技术的影响

H. M. 鲍亭格

在过去 200 年中，人类文明在不同的时代受到两种革命的强烈影响，一种是激烈喧嚣式的，另一种是无声渐进式的。

第一种革命并不难以发现，它们通常表现为政府垮台、起义开始、战争胜利和签署宣言，即政治革命的形式。

相比之下，第二种革命的过程往往不为人们知晓，直到成功完成之后才广受关注。但是，这种革命对人类生活的重大影响可以说超过了历史上所有政治革命影响之总和。实际上，它们甚至为人类政治、社会和经济剧变奠定了基础。这就是技术的影响——一场无声的革命。

加拿大学者马歇尔·麦克卢汉认为，技术之于人类的影响绝非减轻体力劳动那么简单。它实际上改变了我们理解世界的方式，进而转变了人类社会的发展重心。从这个角度来说，没有任何一个领域像美国企业那样深入参与到技术革命当中，并且受此影响发生如此彻底的变革。

如今我们正面临另一场无声的革命。要想成功应对未来严峻环境下的巨大挑战，企业管理者必须了解这场革命。麦克卢汉曾经讥讽人类在技术方面的短视，说鱼类或许是最后发现水的存在的生物。如果几年之后，另一位从事技术研究的学者发现，企业管理者是最后意识到技术重要性的群体，那可真是莫大的讽刺。

那么我说的这场无声的革命究竟是什么呢？为了回答这个问题，我们首先要快速回顾一下企业在过去 300 年中经历了哪些变化。

在 18 世纪晚期之前，企业活动的概念基本上等同于贸易，即产品的买卖行为。这个时期经营者的主要工作是把产品和货物投放到有需求的市场。作为商人，他们更感兴趣的是如何发现更快捷、更经济的运输方式，以及探索新的贸易路线，而不是改善产品的生产过程。因此，他们最为关注的不是技术发明，而是财务发明。于是，有限责任公司诞生了。那时，企业生产食品、衣物和建造居所的方式和之前的时代并无显著差别。即使出生在中世纪的人对这些生产方式也是相当熟悉的。

接下来才是技术取得进步的时代。英国针对日益兴盛的纺织品市场发明了蒸汽机，此举直接推动了工业革命的诞生。当然，以今天的眼光来看，那时的技术还是相当原始的，今日意义上的科学尚未为工业发展做出贡献。那时的发明大部分是机修工在工作中受到启发而创造出来的，而技术创新只不过是把各种彼此没有关联的发明运用到生产过程中，取得了一连串成功而已。

这是一个一项发明便足以引领一个新行业的时代，它们彻底改变了纺织和造船等行业，使先前的生产方式被完全淘汰。当然，在这个动荡时代也出现了一些困扰人们至今的问题——国与国之间冲突加剧、世界人口迅速膨胀、大量农民涌向城市、大规模储备毁灭性武器——这些都是工业革命带来的新问题。

接下来的几年里，企业开始联合。变化的重心再次转向金融领域，控股公司、信托公司和联合企业成为新的风尚。这个时期的企业发展主要源自横向扩张，而不是技术进步。受此影响，铁路轨道越铺越长，钢铁厂产量日益增长，纺织厂生产出更多的布匹，造船厂建造出更多的船只。实际上，这种增长依然是围绕彼此没有关联的发明而进行的细胞式增长，和之前的时代并无不同。（在商业革命这个阶段诞生的一些工业企业仍以发明创造或发明者命名，尽管这些发明仅仅是在企业起步阶段有所贡献。）即便如此，这个时期的技术发明还是对普通民众开始具有实际意义了。它们开始极大地影响人们理解世界的方式。这种影响不只关系到各国物品产量的增长，更关乎人们在时代进步大潮中内心期望的振兴。简而言之，人们的社会期望值在上升。当老百姓看到身边的一切都欣欣向荣，他们就会对儿孙的未来充满信心。尽管在历史上人类一直都怀有这样的梦想，但是这个梦想直到这个时代才有望在地球上真正实现。正因为这样，人们开始把技术进步视为社会进步的一项重要决定因素，因为社会的巨大期望只能通过越来越高的生产力来实现。

今天的美国人民深信，技术进步对于国家的经济健康至关重要。但是很多人并不清楚这种进步究竟是怎样发生的。实际上，在思考现代创新过程这个问题时，很多人的想法还停留在 19 世纪的水平，认为创新源自独立的发明创造。只要企业管理者不相信这种看法，普通民众若是有这样的看法倒也无妨。要弄清原因，我们还是继续简要回顾一下企业史，把目光转向 20 世纪的头 25 年，看看另一场无声的革命是如何悄然展开的。

同样，这次革命的开始没有任何标志性事件，也没有任何庆祝活动。要想找到端倪，就必须研究人们的思想，因为新的革命正是在人们的思想中酝酿而成的。这个时期的人们做了一件了不起的事情，那就是把科学和技术结合起来，发明了发明的方法。

我们这些头脑中被反复灌输了科学方法的人，认为把科学和技术结合起来是理所当然的做法。对我们来说，创新必然包括以下一系列毋庸置疑的步骤：先是科学发现，然后设计并测试实验室模型，最后制造具有成本优势和利润潜力的产品。我们对这套方法是如此熟悉，殊不知人们掌握这套方法并没有多长时间。

我们忘记了，50年前科学研究的顺序与今天的顺序恰好相反。科学家们是在某种东西被发明之后才对它感兴趣的。例如，热力学是在科学家研究蒸汽机性能之后才形成的研究领域，电磁学是在研究磁铁、线圈和电池之后形成的学科，固态物理学是在改善冶金和绝缘材料生产的过程中形成的学科，药理学则是从各种家庭疗法中发展而来的。

与现在的方法相反，以前的创新流程是这样的：发明人构思、设计并加工出某种可实际应用的设备，如用于通信的电报，用于照明的电灯。如果设备运行尚可，发明者即感到满意。实际上，发明者可能并不清楚隐藏在发明背后的基本原理，但这一点对他并没有多大影响。比如爱迪生，他在发明白炽灯时并不关心光学原理。直到发明者再也想不出别的办法来改进发明，他们才会向科学家寻求帮助。这时，科学家会向他们解释设备的运行原理，以及怎样才能改进性能或是在新的领域加以应用。在这种指导的过程中，工业实验室逐步发展起来。这一进步的革命之处在于，通过学会运用科学研究的基本方法，工业向前迈出了重大一步。

当然，当工业向科学打开大门，一些企业界人士有些抗拒，因为这样会出现很多陌生的因素。那些从未摸过撬棍、没有实际动手经验的人，现在却要来指导那些毕生都在为推动美国工业而努力的人。一位钢铁行业的资深管理者愤愤不平地说："这该死的化学，正在毁掉钢铁行业。"实际上，那些抵制科研、认为它不过是一时风气的老派管理者们，很快发现他们的市场正变得越来越小。

直到二战之后安全分析人员开始为研发不足的企业亮起了红灯，企业才开始真正接受新的发明方式。近年来，企业研发对行业和社会产生了巨大的影响，但同时也为企业管理者带来了两个副作用。

第一个副作用与控制有关。控制是企业管理实践过程中的一个基本要素。毫无疑问，好的管理者必然有能力对企业经营进行规划、组织和控制。但是，至少在科学管理的开拓者眼里，控制一个一流的科研实验室几乎是不可能的事情。创造力怎么控制？实际上，完全以改善老产品或开发新产品为目标的严格控制的科研项目，有时候注定会无果而终。

第二个副作用是，研发虽然加速了创新流程，但它同时也加快了产品淘汰的速度。即使是在稳定时期，协调企业的正常经营已经是困难重重，当企业面对快速重大技术变革时要做好内部协调工作势必难上加难。如果此时管理层控制得太紧，迫切希望实现稳定，结果反而会面对来自传统竞争对手和不同行业的更为激烈的竞争。例如 40 年前纺织行业就曾遭遇过来自石化产品制造行业的竞争，这一突如其来的变化是纺织行业始料未及的。还有，如果有人在 19 世纪和 20 世纪之交告诉火车机车设计师，未来会有一种带有汽油发动机的风筝式客运装置（哪怕首次试飞时悬空时间还不到两分钟）将美国最新式州际铁路列车彻底淘汰，火车机车设计师听了恐怕只会哈哈大笑。

由此可见，研发活动似乎为企业发展带来了困境。就像狐狸后面有猎犬追逐一样，发明创新也受到产品淘汰的追逐，创新必须加速前进，否则就会被吞噬。但是，如果认真思考的话，我们会发现企业面对的这种困境并不特别，因为类似的情形到处都存在。自然界中的所有事物都逃脱不了由盛而衰的生命发展周期。从童年的快速成长到老年的快速朽败，这一发展曲线是自然界永恒不变的趋势。

如果是这样的话，企业怎样才能长盛不衰呢？意识到研发会加速产品淘汰的管理者，想到了唯一合乎逻辑的答案：将一项技术创新的生命周期叠加在另一项技术创新的生命周期上，不断推陈出新，在老产品被市场淘汰之前用新的产品取而代之。

但是，企业管理者必须具备娴熟的管理能力才能准确判断一项技术是否已进入成熟或衰退阶段。可以说，就连最成功的管理者也很难说清楚自己是怎样做到这一点的。知道何时淘汰旧产品和引进新产品是一种高超的管理艺术，它需要管理者做出准确的判断并承担极大的风险。

这种程度的创新也带来一个额外的问题。虽然技术改进可以在未来延续企业的发展，但它会在当下为企业带来负担。因此，我们必须衡量当前决策会对未来产生什么样的影响。对未来技术发展做出何种决策，对于企业能否有效应对未来的需求具有至关重要的意义。技术创新或许不能决定一切，但企业在制定未来发展规划时忽略这一点，无异于剧团在没有男主角哈姆雷特出场的情况下演出《哈姆雷特》。

企业在制定未来发展规划时怎样才能兼顾新技术开发和当前业务的同时性和异步性？对于这个问题，教科书式的回答是："理性分析新技术开发的影响，并组织开发。"只不过，这个答案存在两个令人苦恼的哲学问题。

第一个问题是，企业必须在变化出现之前采用新的可应对未来和应对不确定性的参考框架。缺乏这一参考框架的企业，就像一个典型的文员部门，虽然可以快速处理日常事务，但一遇到新任务就会束手无策。让习惯当前业务的组织去解决从未出现过的问题，就好像让一个熟练操作计算机的人做简单的加法，但要用罗马数字做一样。大多数组织处理日常熟悉的问题没什么困难，但遇到从未出现过的问题时就一筹莫展了。

这就引出了第二个问题。要预测变化，有时我们需要校正视野，不能只盯着远处的未知区域，那里几乎看不到多少即时收益；有时候我们还要向全新的方向探索，哪怕不知道那里是否有收益。讲求实际的管理者对于这种研发方向往往不抱什么希望，他们只关注那些熟悉的、定义明确的领域。采用这种研发方式的企业只能跌跌撞撞地往前走，永远不会实现跨越式发展。

当前的企业经营研究证明，不具备灵活多变的解决方案，企业根本无法在当今日新月异的环境中有效解决出现的各种问题。正因为如此，过去那种单一产品单一技术型的管理模式早已不合时宜。在当今技术变化日益加速的时代，用单像镜头怎么可能看到万花筒中五彩斑斓的世界？对现代管理者而言，传统的单一研发模式下的参考框架实在太过危险，也太过简单。

回顾至此，我们来到了企业发展史上的当前阶段。在这个阶段，不断变化的技术正迫使企业采用各种新策略。

面对各种新策略，当代企业的办法之一是成立企业集团，即成立大型的多业务公司，同时活跃在多个彼此毫不相关的市场上。说到这里，我们又要回顾一下过去那段时期：企业依靠金融手段，而不是技术进步，来对抗技术创新所带来的影响。在这里，我们也可以说，企业集团用金融手段把业务不同且处于不同发展阶段的一些公司整合成一个集团。在一个集团中，可能一家公司处于孵化阶段，另一家处于发展阶段，还有一家已经处于成熟阶段。处于衰退阶段和衰败阶段的实体会被尽快剥离。集团创建者从整个行业中选择符合自己发展规划的公司，把这些公司聚合在一起，降低整个组织的总风险。

但是，我认为企业集团充其量只是一种临时性的权宜之计，它并不能从根本上解决最核心的问题，即利用新技术开发抵消产品快速淘汰的问题。

在新近出现的管理工具系统工程学（systems engineering）中，可以找到一个更为有效的策略。设计人员现在用这种不寻常的、常常令人困惑的工具来设计技术上比较复杂的人机系统，而这些人机系统只是更复杂的整体"系统"的一部分。这些复杂的系统，比如在全国范围内传输电话信号，或是向月球发送火箭，涉及无数系统组件（包括人员和技术组件）的交互作用。如果系统设计人员只考虑某个组件和相邻组件之间的互动关系，要完成如此复杂的任务是根本不可能的。每一个组件都和系统中的其他所有组件密切关联，通过整个网络系统中无数的彼此互动，这些组件在整体上具有了全新的维度。简而言之，系统工程学发现整个系统大于各个部分的总和。其实，格式塔心理学家很久之前在研究人类知觉的过程中就已经发现了这一点。

因此，系统设计师在判断一个新系统能否有效运作时，会问两个基本问题：系统能否有效响应它要解决的问题（即系统**等于**各部分之和）？系统能否有效解决现实世界中的问题（即系统**大于**各部分之和）？要想避免来自企业内部和外部技术变化的夹击，管理者必须反复思考这两个问题。企业必须思考其当前技术的性能究竟如何，以及在应对未来变化和目前形势等方面的表现如何。

系统设计人员面对的问题和企业管理者在应对内部和外部技术变化时遇到的问题具有相似性。系统设计标准会随着复杂度的上升快速增加，这是由系统内部每个组件做出正确反应的**概率链条**所决定的。在一个技术日新月异的环境中，对他人说"是"或"不是"所需的性格训练也会随着复杂程度的上升而增加，这是现代企业管理必须面对的现实。

众所周知，技术正在加速发展，但最重要的事实可能不是它在加速发展，而是它在经济中的作用发生了变化。技术正在成为一个"系统"，而在历史上它是由独立的部分组成的，各部分之间几乎没有什么关联。以前的冶金学家几乎不受光学研究的影响，更不用说微生物学了。如今，尽管不同的学科仍是独立的，但其应用技术正快速进入高度互动的新时代。技术的快速融合形成了全新的配置组合，就像万花筒中众多色彩不同的单片玻璃会聚出全新的景象和模式。

通过对这些问题的思考，我们有必要审视一下我们培养年轻人的方式，想一想应该如何让年轻人为经营今天的企业，以及为生活做好准备。

他们学习的是一些已知的、常规的东西，是一些权宜之计，但是未知的事物（新技术、新行业、新市场和新产品）正日益成为他们的有效现实和真正考验他们的东西。然而，据我所知，作为变革和挑战的技术尚未成为高校（特别是商学院）教育中的重要组成部分。它甚至不是一门"课程"，更不是经济学和管理学的核心内容。而技术，本应是经济学和管理学的核心内容。只要技术仍被视为企业管理的外围课题，被视为某些研发人员为延续企业当前业务发展所做的可有可无的工作，未来的年轻管理者就一定会接受错误的教育培训，习得错误的应对方法。

随之而来的是组织内涵的转变，我们需要的"创新型组织"和目前的"管理型组织"或许大相径庭。企业界下一次"无声的革命"可能源于这样的尝试：把技术开发的方法应用于对组织本身的设计（这些组织开发、使用并不断适应这种技术）。

这些尝试将直接涵盖企业管理的技术层面，这是在以前几乎被完全忽略的领域。这种模式会把技术视为现代管理流程的核心，而不是为实现虚无缥缈的平衡而成为管理者抵制、吸纳或反对的目标。在这个过程中，为鼓励个人做出转变并适应，在监督手段和工作任务安排等方面做出改变是非常重要的一步。

这场革命及其引发的所有次生影响将会以自然演进的方式逐渐展现。最初，人类在 19 世纪拥有了各种彼此没有关联的技术发明。后来，20 世纪上半叶出现了发明**方式**的创新。现在，我们正在组织内部应用创新的开发方式，帮助企业更好地应对各种不可预见的风险和压力。从这个角度来看，这样的企业将会成为真正意义上的自学者。受此影响，相对死板的组织结构可以更为灵活地适应较为自由宽松的技术。如果我们设计的独创方式可以绕开组织规律的刚性要求，那么这种变化可以带来更多意想不到的收获。通过这种非正式组织我们可以为正式的、图表化关系的、残缺不全的骨架添加血肉和纹理，使其变得更为丰富。当然，即便是最好的非正式组织在应对快速的技术变化时也会遇到很大的困难。

对于这一重大管理问题，成功的解决方案在于，我们不能把技术视为我们必须经受住其考验的疾病或流行病，而是将其视为维持健康的新陈代谢所必需的空气。

纵观企业发展历史，我们可以看到很多用僵化方式应对技术创新导致的失败案例。这绝不是企业管理者希望看到的。技术对现代企业的深刻影响，要求我们必须更具灵活性，并努力探寻可以培养这种灵活性的形式、态度和安排。

要找到解决方案，首先必须认识并承认问题的存在。管理误区的可怕之处在于它会掩盖问题，错误地应用以前的经验源自对彼此没有关联的发明的盲目坚持。美国经济学家凡勃伦说过，在不断变化的条件下坚持一成不变只会导致逻辑混乱。我们虽然还没有到这一步，但技术变化为管理者带来的企业经营环境的快速转变，首先要求他们在管理思想和管理视野上做出改变。只有做到这一点，其管理行为才能有效转变，更好地适应不断变化的技术发展。

这是一项艰苦的任务，管理者必须对整个社会有一个富有想象力的理解和认知。与此同时，他们必须把日益细分的专业知识有效地融合在一起，形成具有交互性和高度支持性的系统。如果说这个目标可以实现的话，那么只有充满想象力以及具备丰富的前瞻和实际经验的管理者才能做到这一点，因为只有他们了解当前的处境和未来的目标，并知道怎样才能达成目标。

马克思曾预言，面对技术变化导致的危机，企业无力应对日益剧烈也更为频繁的冲击，资本主义会衰落并分崩离析。在《资本论》首次出版之后100年的时间里，使他的预言落空的最大因素是企业管理表现出了很大的灵活性，把技术进步引向建设性的目的，造福社会。对此做出贡献的很多企业管理者，会把"让企业像时钟一样运行"这样的评语视为极大的恭维。这一管理遗产对今天的我们固然重要，但是以精确管理为目标的未来企业势必会出现马克思预言的死板僵化。与此相反，当今时代无法避免的技术现实要求今天和未来的管理者开发有机的适应型组织，能够把技术的无序影响转变成有利于组织健康发展的动力。显然，这种发展应当成为每一个**企业员工**的基本动力和目标。

阿尔弗雷德·诺思·怀特海曾这样说过："当今时代的悲剧之处在于，富有想象力的人缺乏经验，而经验丰富的人鲜有想象力。愚钝之人空有幻想而无知识，老学究们满腹经纶却没有创造力。"

要想避免马克思的预言成真，未来的企业管理者必须同时具备丰富的创意和经验，绝不能成为愚钝者或老学究。和其他方面的管理工作相比，管理者对技术机遇的应对方式将会更快、更鲜明地展现出这种趋势。

信 息 革 命

约翰·迪博尔德

机器的使用为企业经营带来了重大的改变，但实际上机器带来的社会变革，以及社会变革使我们所做的事情发生了本质性的变化，才是科学技术对于企业意义最为深远之处。

在谈到变革这一宏大话题时，我们有必要关注几个特定的领域。在此我主要探讨的是信息处理这一新技术在企业中的应用。此外，我想谈一谈此类新技术催生的新式管理方法，以及这项技术是如何影响企业及其管理决策的。最后我要介绍的是信息技术带来的有关公共政策方面的问题。这些领域的讨论会涉及以下四个基本主题：

1）当前企业经营涉及的信息处理技术的发展是至关重要的，其发展规模和程度超出人们的想象。

2）这些新技术正在改变我们的工作内容和工作方式，改变企业的本质，以及企业的经营方式。

3）这些技术的发展至关重要，必须引起高级管理层的关注，不能只交给技术人员负责。

4）无论从个人、企业还是社会发展的角度来说，信息技术变革带来的与人有关的问题，无论如何都是我们必须解决的最重要的问题。

我想先谈一下对信息技术及其发展方向的一些观察。

为更好地说明观点，我引用了一位了不起的博学之士所说的话：

我们正处在一个非凡的时代。这是一个全新的、史无前例的时代。包括我在内，任何人都无法预料这个时代将会如何终结。但我们每一个人都很清楚，这是一个科学研究突飞猛进的时代，这些研究上至太空下至地表，甚至深入到地层之下，几乎无所不及。更加令人惊叹的是人类科学研究在创造美好生活方面的成功应用，这是我们的前人闻所未闻和见所未见的。即使在现代发展史上，这些变化也只是最近几十年才发生的事……这个时代的进步速度已经远远超出了人类的想象。

上面这段话出自美国政治家丹尼尔·韦伯斯特 1847 年 11 月在新罕布什尔州莱巴嫩市铁路开通仪式上发表的演讲。

那个时代和我们这个时代的相似之处比我们通常认为的要多。科学在那个时代首次得到大规模应用，进而催生出一个全新的社会——工业化社会。伴随工业化社会而来的还有各种问题，其中很多问题至今还在困扰着我们。变革的时代带来了伟大的机遇。这一切造就了我们今天所生活的世界。

回顾那个时代伟大的技术变革，当时那些令人称奇的机器对于当今时代的真正意义在于其工业应用为人类和社会带来的改变。

信 息 技 术

截至目前，美国约安装有 45 000 台计算机，西欧近 15 000 台。此外，美国的计算机订单约为 22 500 台，欧洲约 6000 台。计算机已成为近年来蓬勃发展的全新行业，1965 年其行业产值已达到 26 亿美元。预计到 1970 年，该行业的产值将会达到 73 亿美元。几年前，计算机和相关设备在新建企业投资中所占的比例还无足轻重。到 1965 年，这一比例已达到 8%，预计 5 年后会超过 10%。从仅仅硬件就占工厂投资的 10% 我们可以看出，信息技术作为一个行业出现的时代已经到来。

而且，非常重要的一点是，这是一个正在迅速变化的行业。在 1945 年第一台电子计算机被生产出来之前，人类的计算速度几千年来一直停留在算盘的水平。就在一夜之间，这一速度增长了 5 倍。从 1945 年到 1951 年，人类的计算速度又增长了 100 倍，截至目前这一速度又增长了 1000 倍。

目前我们计算速度的度量标准是纳秒，即十亿分之一秒。1 纳秒和 1 秒之间的关系，等于 1 秒和 30 年之间的关系。这是一个很难想象和理解的速度。但是，即便是如此之快的速度仍不足以解决某些问题。对设计计算机硬件设备的人来说，电子从电路的一部分移动到另一部分的距离是一个必须考虑的重要问题。电子元件之所以尺寸越做越小，其中一个主要原因是为了让元件之间的距离更短、排列更紧密，从而缩短电子移动的距离，因为其移动速度相对较慢，还不到 300 000 千米 / 秒！

这些技术变化为商业经济带来了巨大的变化。在 1963 到 1972 年的 10 年中，商业数据处理工作的成本将下降 85%。在此期间，磁带存储成本会下降 97%，图像存储成本将下降 96%。受益于数据传输速度的提高，通信线路的成本会下降 50%。这些经济上的变化意味着，信息技术将会以超出我们想象的方式改变人类生活的各个方面。

面对技术领域的这些深远变化，仅仅从计算机的角度来思考和讨论问题是远远不够的。我们必须从更宏观的角度，即信息技术或信息系统的角度进行探讨。

没有什么比计算机系统本身的简单成本分布更能生动地说明这种变化了。几年之前，计算机或中央处理器约占商用计算机系统总价值的 75% 到 80%。输入输出设备、外部存储器和通信设备等外围设备，约占系统总价值的 20% 到 25%。到了 1972 年，这一价值比例出现了彻底逆转。实际上，这种逆转在一些系统中早已出现，计算机仅占整个系统价值 20% 到 25% 的比例，外围设备（这种说法已经不再合适）则成了真正的价值所在。

上市公司不会再在年报上用四色印上装修豪华的计算机中心，以展示自己的现代化程度。如今越来越多的企业开始应用全新的信息系统，它一改往日的笨重形态，以简单轻便的形式出现在每个办公桌上，包括小型显示屏、键盘和内置式打印装置。

这些系统组件可以整合到同一台设备当中，只要你输入问题，答案就会在屏幕上显示出来。需要打印答案的话，设备也可以马上完成打印。整个系统的实际形式可根据用户的具体需求和业务性质灵活变化。这套系统的核心是一台交换器，就像电话系统一样。用户可以根据需要访问计算机、各种类型的存储器和系统中的其他设备，它们通过交换中心与每一个终端连接，用户只需点击鼠标就可以轻松连接。

这样的系统已经投入应用，越来越多的企业正在下单采购。未来 10 年之内，这种新型计算机将会大行其道。

新式计算机系统带来的另一项重大技术改变是人机关系的改变。现在，用户不用再把数据拿到计算机中心，费时费力地输入到机器，然后等待处理结果。当代的技术发展可以让我们实现更便捷、更高效的人机关系，推动动态型人机互动，甚至实时的人机互动，使人机对话成为可能。

目前已经出现了可支持用户使用光笔在显示屏上直接勾画的计算机系统。例如在工程设计中，你可以在屏幕上勾画草图，直接看到系统转化之后的工程图纸，而且图纸还可以旋转视角。确定所需的形状之后，你可以把数据存储到磁带中（该磁带用于驱动机床把金属切成设计好的形状）。这种设计系统如今已经投入使用。

人类和信息系统之间的沟通正以极快的速度变得越来越容易。从现在到20世纪70年代中期，我们将会看到更多的此类应用。技术的进步不但使其成为可能，而且在经济上也具有可行性。70年代中期典型的业务系统将会呈现出我描述的这些特征——多站式输入输出、面向通信，以及更为简单的人机关系。这是一个非常重要的发展方向，它意味着未来的系统使用方式将会迥异于我们当前的使用方式。此外，未来的经济也会呈现出非常不同的特征，我们使用信息系统的方式将会大不相同。

管理方式的改变

1954年，我们首次将计算机应用于企业运营。应用伊始，我们经历了一个非常艰难的试验阶段，遇到了一些极其令人困惑的问题。我曾引用美国作家达蒙·鲁尼恩的话来描述那个时代。他笔下的人物"老马哈里"在走上赛道时，经常说："我希望今天能不赔不赚，我需要这笔钱。"在很长一段时间里，这是很多管理者在初次使用计算机时最为常见的想法。但是我们基本上已经走出了那个时期，如今我们使用计算机处理几乎能想到的各种问题，这在几年前还是令人无法想象的。

我认为现在已经到了高级管理层着手负责如何利用信息技术的时候了。这个问题一旦解决，企业就会实现重大突破。这段时期留给我们的一项非常重要的收获，是高级管理层开始意识到，信息技术的应用至关重要，不能把这个任务交给技术人员负责。管理者现在认识到，如果了解企业目标的人对技术应用全面负责，企业就能实现重大的发展突破。国际矿物与化学公司（International Minerals and Chemicals Corporation）就是一个很好的例子，该公司在应用信息技术的方式上面极具创造性。它在营销中运用信息技术，为顾客以及农场建立模型并解决问题。通过这种方式，公司巩固了自己的分销系统，还创造性地把计算机技术用作营销利器。

未来使用这一技术的关键，以及确定如何管理这一技术的关键，是在软件领域该怎么做的问题。我们面临的问题是需要在软件领域制定新的开发方法。在制定对企业信息需求的分析方法以及了解和确定管理信息系统的最佳设计方法方面，我们已经落后了 10 年。好在我们已经起步。这是最大的问题，需要引起重视。另外一个问题是需要确定应该为这一领域的研发分配多少时间和资金。

在某种程度上，我们可以处理的信息量掩盖了可以从中提取多少有效信息这一真正问题。下面这段话对此有很明确的描述：

> 现代人有一种虚假的优越感，认为自己拥有大量的数据。实际上，真正重要的判断标准不是数量，而是能在多大程度上了解如何开发和掌握这些材料。

这段话是歌德在 1810 年写下的，如同他的很多其他作品一样，这段话对今天的我们仍具有指导意义。

随着技术的进步，新的问题和难题开始出现。信息技术领域的问题层出不穷，似乎永无尽头。

比如同业谈判问题，你该在何时何地表态？例如，你发现很多地方的报社老板在使用计算机打孔带驱动铸排印刷机的问题上表明了自己的立场，有些老板为了维护自己的立场，甚至连报社的生存都置之不顾。这一即将到来的新技术将会彻底改变传统的印刷行业。企业采用过渡技术和正在消失的生产流程是否值得？未来，印刷行业不用再进行铅字排版，直接在计算机上就能完成印刷材料的准备，图片可以直接在计算机上转换成印版。这只是诸多问题中的一个例子。我们必须考虑，在新的技术环境下，企业需要怎样的管理者，培养这些新管理者的最佳方式是什么。对于这些问题，我们目前尚不清楚。

还有很多其他问题。例如，鉴于越来越多的企业必须招聘更多的受过高等教育和富有创造力的员工，我们该如何营造一种支持创造性人才的氛围？企业当前的薪酬、分级和组织机制能否有效满足这些新的变化？

显然，面对快速变化的环境，企业在如何制定规划方面存在很多问题。

在这些问题中，最重要的是人的问题。人的问题与企业在信息技术领域需要面对的每一个具体问题有关，如技术变革带来的恐惧和不安的问题、教育问题、认同的问题——对企业、对自己的职业以及其他方面认同的问题。

上面提到的不过是信息技术应用带来的显而易见的问题，下面我们要谈的是同样重要但不易被人们发现的问题。

管理内容的变化

企业向技术的转变正在影响管理方式的方方面面，但在纯粹的企业领域，还有第二类关于管理内容的问题，即企业问题。

对于新的发展，每个人都会有不同的理解。前段时间我在联邦德国听到的一个故事让我明白了这一点。有位农民的田地被横贯其中的马路分成了两半，这天他赶着一辆装满干草的车穿过马路，拉车的是一头公牛，车后面拴着一头母牛，旁边跟着个帮手。当这支动作迟缓的队伍刚刚走到路中间时，一辆跑车从山上呼啸着冲了过来。幸好司机车技好，跑车一转头冲进了农民刚刚离开的农田，最后费了好大劲儿才重新返回路面。那位农民站在路上看着这一切，慢慢转过身来对帮手说："幸亏我们及时离开了那里！"

在企业经营管理中，这种思维方式随处可见。针对我们探讨的领域，你可以把新技术开发简单地视为记账方式的改变，或是视为可以带来业务机遇的新领域。15 年前，当我想写这个主题时，很难找到案例。如今企业应用计算机的案例有很多，但涉及我想谈论的计算机影响创业过程的案例并不多。我相信，再过 15 年这样的案例将会有很多。

先来谈几个现有的例子。我提到的这些领域都是（或将是）信息技术所催生的重要新兴行业。

第一个是已经成形且存在显而易见的重要创业机会的信息系统和设备的供应行业。这个行业已有数十亿美元的产值，此处不再赘述。我想提醒大家的是，这只是一个开始，未来这个行业仍会有很大的发展潜力。

第二个是尚未成形但即将蓬勃发展的数据服务行业，未来这一行业必将发展成为一个重要的基础行业。

数据服务行业和电力服务行业十分类似。大型中央处理设备以很低的单位成本处理信息，就好像大型中央发电机以很低的单位成本为多个客户提供电力一样。多个用户使用这种中央式公共服务的成本，要低于每个用户分别使用独立发电机的成本。这种成本效益同样适用于支持多个用户同时使用同一台计算机设备的数据服务行业。它使用的是一种实时处理、分时共享和多用户沟通型技术。这使得中小企业以及为了完成某些任务的大企业，都可以像用电一样轻松实现对数据的即插即拔式使用。

未来，数据服务将会成为一个全新的行业。一个非常有意思的问题是，哪些机构将成为这个行业的供应商呢？从某种意义上说，这是一个亟待争夺的市场。银行在这个市场面前处于特别有利的地位。它们能否以全新的视野看待自己的业务或基本性质呢？

第三个新兴行业是查询行业，它在某些方面有些像未来的出版领域。用户通过桌面终端发出查询指令，系统可做出答复，甚至可以向用户出售专有数据。例如，你可以通过系统查询按照市盈率排序的股票信息。在终端输入查询请求之后，你可以在计算机屏幕上直接看到查询结果，然后你可以继续输入问题，直到得到想要的答案。得到准确回答之后，你还可以复制一份答案。

使用这种系统后，我们就能真正讨论信息爆炸了，因为那时候的信息使用量将呈指数级增长。

第四个是基于计算机的教育行业。教育信息系统的应用将会使计算机和学习者之间形成动态互动关系，这个系统不但能回答学习者提出的问题，还可以发现学生学习水平与课程要求之间的差距。目前备受关注但表现差强人意的机器教学手段（我甚至怀疑能否称之为教学机器），到那时将会真正发挥其重要作用。实际上，与教育信息系统类似的一些系统在某些工业领域已经投入使用，IBM 的维护培训系统就是一个很好的例子。在这个领域，相关的探索还包括使用由计算机驱动的打字机帮助残障儿童克服某些障碍。

利用这种系统所使用的技术，我们可以改变整个教育体系。目前，个人使用这种系统的成本令人望而却步，但这种情况可能不会持续很长时间。鉴于这种系统突出的质量和学习效果，父母发现孩子学得更快后，他们的需求也会变得更加强烈。

以上只是新兴行业的四个例子。此外，还有很多其他的新兴行业，它们都在从事信息技术带来的新型业务。

从企业的角度来看，业务的真正变化是社会转型带来的变化。如果说信息技术可以带来某些重要变化的话，那无疑是巨大的社会变化。

在人类的生活质量出现变化，学习、信息、旅行和通信的速度全都改变之后，我们会发现人类的生活方式、希望和梦想都会出现重大改变。简而言之，这些变化会催生出全新的社会环境。纵观人类历史，正是这些变化为企业带来了重大发展机遇。今天的技术发展同样会改变未来的社会环境。

工业革命之所以具有革命性意义，是因为它为人类创造了全新的环境，即全新的生活方式。它为历史带来的绝不仅仅是蒸汽机、轧棉机、铁路和动力织布机，它还为社会带来了全新的节奏和面貌。同时，它也为人类带来了物质进步感和追求成功的动力。

在这种社会变化的影响下，人们开始离开乡村和小作坊，走进工厂成为产业工人。随后，大规模生产开始出现，在此基础上人类文明第一次步入奢侈不再是少数人特权的时代。此外，工业革命还为我们带来了时间上的紧迫感，这种感受在未经历过工业革命的国家和地区是很难体会到的。同样，在全球未出现工业革命的地区，社会变化带来的进步感也是很难体会到的。

换句话说，在工业革命中，机器是社会巨大变革的推动者。没有人，甚至包括理查德·阿克莱特和詹姆斯·瓦特在内，认为自己正在改变人类文明。但是当我们回顾历史时会发现，他们的发明的确充满了革命性意义。

当前的技术革命带来的影响要比技术自身的影响深远得多。我们现在应用的机器会更为迅捷、更为深刻地改变社会，因为它们直接作用于社会最基本的要素，即信息及其沟通方式。对企业来说，技术革命的真正意义在于它带来的社会变革。

技术变革带来的政策问题

我想谈的最后一个领域，是公共政策问题及其与企业的关系和对企业的意义。在某种程度上，它们是技术变革时代商业领域不太为人所关注的方面。

有谁会想到新技术应用会带来一系列和公共政策相关的问题？

只要稍微思考一下上文提到的任何一项变化，即可清楚地看到目前还存在一系列其他问题，其中很多问题是难以应对的，如道德问题、精神问题、法律问题、伦理问题、政治问题等。更糟糕的是，关于这些问题社会上甚至缺少争论的声音。

比如人体试验问题，人体试验是必需的，但是你能在患者不知情的情况下做吗？实际上这种情况已经出现。纽约癌症试验的丑闻引发了公众的关注——我们的医院每天都在患者不知情的情况下进行与治疗无关的试验。

还有改变和影响人类行为的问题，这一领域的试验已经广泛开展，以帮助我们获取新的能力。但谁来决定它们的用途呢？谁能决定人类该具备怎样的能力？在制定此类决策时应当遵循怎样的指导原则？

上面提到的只是我们要面对的一部分基本的道德问题，除此之外还有很多其他的问题，比如新技术带来的法律问题。电子出版物发行的版权如何保护？卫星电视直播到户，跳过地方电视台管理，由此造成的产权问题怎么解决？相关的产权价值如何确定？这些都是新技术带来的基本法律问题。

在这方面，我想提出的观点是，作为企业管理者，我们应当接受这些问题属于公共问题。但是，我们不要坐视不管，把公共问题与政府问题画等号。人们很容易认为公共问题是政府的事情，让政府采取行动和措施来处理。

很多人觉得，作为社会的一分子，我们太轻易地把自己的责任交给了政府。公共政策曾经意味着，当政府参与解决某个问题时，包括行业工会、个人和私营机构在内的私营部门也都参与其中。我们是否应该像以前那样做，是否应该开会讨论这个问题？如果我们把这些公共政策的新问题以及社会创新方面的需求全都交给政府去处理，我们会发现得到的结果恐怕未必如我们所愿，而且这个结果不一定能够保证国家的健康发展。

显然，公共问题利害攸关，否认它们的存在并不能为我们带来任何好处。当今科学技术的复杂性、规模和本质日益清晰地证明着这一点。如果个人不采取行动，那只能由政府来出具解决方案。这种情况持续得越久，我们就越不可能有一个拥有个人自由和开拓精神的世界。

当今时代正在面临全新的问题。和 100 年前相比，现在的公共活动领域变得非常不同，那时的公共活动仅限于教育、安全等基本领域。如今，这些问题正变得日益复杂，涉及的范围也显著扩大。很明显，我们将在很多过去的私人领域采取公共行动。但是我们不应放弃我们社会的多元化性质——这是美国制度的精髓所在。我们必须让公共政策真正成为公共的政策。企业应作为私营部门的领导者来应对这些新问题。

新技术是企业能够为社会奉献的最大礼物。到目前为止，我们一直对新技术采取防御性的立场。如果我们正视新技术中与人相关的问题，引领社会创新来配合技术创新，我们根本不需要采取防御性的立场。

只有采取积极负责的行动，解决日新月异的新技术带来的无数问题，我们才能维持社会的本来面貌。在此，我想再次强调，对于我们每个人（无论是作为普通个人还是企业管理者）而言，与人相关的问题是制定所有解决方案的核心，认识到这一点至关重要。

机器对我们来说一直很重要，主要因为它们在推动社会变革。我们之所以说工业"革命"，是因为机器在人类工作过程中的应用带来了社会变革。机器本身固然新奇，但回顾历史我们会发现，真正具有革命意义的是它们为人类生活方式和思考方式带来的改变。它们改变了人类社会的本质，开创了一个全新的世界。正因为如此，我们才会在机器的重要意义消失多年之后仍继续使用"工业革命"的说法，因为机器在推动社会变革。

今天，我们也生活在一个这样的时代，而且变革的规模更大，速度更快。新技术的意义不仅在于它影响了我们的管理方式和管理内容，而且正在越来越大的程度上改变我们所生活的世界和管理的世界。它带来了重要的与人相关的问题和企业问题，同时也带来了机会。

作为企业管理者，通过始终关注与人相关的问题，我们可以在解决这些问题方面发挥重要的作用。我们应明确意识到，目前我们还不具备应对这些新情况的道德、伦理、哲学、法律和精神基础。如果我们的后代希望生活在私营企业和个体自由得到充分保障的新时代，那作为企业管理者的我们必须对技术变革带来的与人相关的问题表现出极大的关注。我们必须确保资本主义用灵活动态的，而不是僵化的方式来应对技术变革。

人类操作机器的时代已经远去，现在我们已进入机器自主管理的时代。面对这种变化，充满创意和远见的管理者看到的不仅是降低企业经营成本的机会，更意识到新服务、新产品、新商业和新行业在这个未来新世界中的巨大发展潜力，它们必将为全人类开创全新的、更加美好的未来。

第6章｜CHAPTER 6

企业和生活质量

彼得·德鲁克

I

在20世纪40年代末和50年代初，美国汽车行业试图提高车辆驾驶人员的安全意识。可是当福特公司推出装有安全带的汽车时，销售量却急剧下滑，以至于福特公司被迫放弃这种做法。但是15年后，当美国开车的大众突然有了安全意识时，汽车制造商却开始受到大众的猛烈抨击，被称为"死亡制造商"。与此类似，多年来很多电力公司都曾呼吁美国各州公共事业委员会批准其使用低硫燃料，并在电厂烟囱中安装烟气净化装置，但这些请求一再被拒绝，理由是公众有权享受成本最低的电价，使用昂贵的燃料或投资兴建烟气处理系统只会提高发电价格。可是当空气污染问题最终引发公众关注时，电力公司顿时成了众矢之的，被指责为污染环境的元凶。自从40年代"特效药"出现以来，医学界一直敦促制药公司尊重医生的独立工作和专业知识，不要在言行方面干涉医生对公众和患者关系的全面控制。同样，药剂师也一直要求制药公司尊重他们的"职业操守"，并继续对他们做出补偿，就好像他们，而不是制药公司，仍然在配制和合成药品一样。然而，同样是这些医生正在指责制药公司，理由是制药公司使粗心大意的医生有可能给病人开过量的特效药。另外，公众往往认为制药公司应该为"不断攀升的医疗费用"负责，但实际上药品是医疗费用中唯一涨幅低于总体价格涨幅的部分。还有国防生产行业，20年来，动员私营企业参与国防生产的宣传活动从未停止过。不参与国防项目投标的企业会被国会、新闻媒体和大众扣上不爱国的帽子。但是，虽然国防项目的利润还不到非国防项目的一半，仍有人批评承包商从国防项目中"牟取暴利"。那些在巨大的政府压力下接受国防合同的公司发现，它们的招聘人员被赶出大学校园，还有抗议者来到公司示威。

类似的例子还有很多。

II

在经历过1967年美国城市暴动之后，人们突然意识到黑人贫民区的爆炸事件和内战近在咫尺，于是那些一直以来最看不起企业和自由企业制度的群体，一致把大公司视为解决城市问题的终极资源，甚至是救世主。人们期望企业能在一夜之间为贫民区最缺乏劳动技能和培训的人提供大量的工作机会，让那些被政府视为"无法就业"而长期保留在救济名单上的人有机会就业（并予以雇用）。

长期以来，就连自由企业制度的坚定支持者也认为，低成本住房、中小学教育和交通是政府应当关注的。然而，随着政府在城市管理问题上的表现越来越令人失望，传统的"自由主义者"，甚至很多"左翼人士"都在呼吁企业来接管这些职能。提出由企业负责重建和复兴贫民区工作的是罗伯特·肯尼迪，而不是全美制造商协会。参与黑人民权运动的激进分子希望建立更具竞争性的教育体系，让父母自行决定用于其子女教育的税款是流向公立学校，还是流向由大公司设计和运营的私立学校。哥伦比亚大学的弗兰克·坦嫩鲍姆以积极倡导通过产业工会主义来拯救世界而闻名，他在 1968年《世界商业杂志》（*Journal of World Business*）春季刊上的一篇文章中称，跨国企业是"最后的希望"和实现世界和平秩序的唯一基石。据《纽约时报》1968 年 5 月 11 日报道，纽约市长林赛现在希望大型企业可以承担本应由福利机构承担的责任，"收养"整个贫民区，希望企业能做到让每个黑人家庭的男人都有工作，能维持一家人的生活。

讨论学者和政府对商业和企业的具体要求并不是我的目的，这样的要求可以无止境地罗列下去。真正重要的是，这些要求说明企业的社会环境以及社会对企业和企业管理者的期望发生了重大变化。我们的社会希望企业及其高级管理者除了对经济效益和经济成果负责，还要对社会的健康负责。当今社会希望企业及其管理者能展望未来，预见将来可能出现的社会问题；希望在其他人无法解决这些问题的情况下企业能够解决这些问题，甚至是从源头上阻止问题的出现。

从传统上来说，人们认为企业只需对量化目标负责，如产品和职位的供应，成本、价格、工资、工时，以及生活标准。现在，人们越来越多地要求企业为社会的生活质量承担责任。

一直以来，商界人士和学者认为这种要求属于"公共关系"和"企业社会责任"的范畴。与其说这样的观念和做法不足以满足人们对企业的新的期望，不如说是与之无关。

公共关系部门关注的是一个企业或行业是否被人"喜欢"或"理解"。公共关系部门会感到担忧，因为黑人民权运动支持者指责贫民区改建项目的盈利动机，他们对企业怀有敌视态度。但真正重要的是，黑人民权运动领导人希望企业可以在贫民区的就业、教育、住房等问题上创造奇迹，而且是在一夜之间创造奇迹。那么问题就来了：企业能否解决这些重大问题？怎么解

决？企业是否应该解决这些问题？显然，这些并不是企业公共关系部门可以
应对的挑战。同样的道理，公共关系部门也无法预见车辆驾驶安全和空气污
染问题，无法预见药品行业和国防行业领域的问题。在这些案例中，企业之
所以在今天会深陷危机，很大程度上是因为它们过于顺从之前的公共意见，
并且在"公共关系"方面做得太好。制药行业对"公众"（医生和药剂师）的
高度敏感就是一个很好的例子，也是制药行业发现自己现今陷入困境的一个
主要原因。

一直以来，"商界人士的社会责任"是指商界机构和商界人士如何使用
业余时间和金钱。在很多情况下，"社会责任"这个词不过是"做好事"的
另一种说法。"社会责任"意味着会出现"女慈善家"。但是，即使从最严格
的意义来说，社会责任涉及的也都是和企业日常职能毫不相干的外部活动。
这是对企业的限制。它从不意味着对社会以及对生活质量等方面的责任。

但是，人们对企业提出了新的要求，要求企业及其管理者把保障社会利
益作为企业经营的核心任务，把提高社会生活质量作为企业的事务。传统的
观点需要思考的问题是：我们怎样造车（或生产鞋子）才不会破坏社会价值
观和信念，不会影响个人及其自由，不会破坏美好的社会？新的要求是让企
业树立社会价值观和信念，为个人创造自由，并共同创造美好的社会。

从某种程度上说，这些新的期望是极其不现实的。尽管如今很多人都认
为企业是当今社会的机构，因此企业自然是维持社会运转的指定管理者，⊖
但实际上这是非常愚蠢的想法。实际情况是，当今社会的每一项重要工作都
是由有组织的大型机构完成的，如大学、医院、政府机构、军事机构、工
会，当然，还有企业。这些机构在保障人类生活质量方面负有同等重要的责
任。企业对社会而言具有独特的影响、独特的能力和特征，以及独特的机

⊖ 关于这一谬误，可参考美国经济学家约翰·加尔布雷思教授近期的著作《新工业化国
家》（*The New Industrial State*）（Boston and New York，1967）。

会。但这么说并不意味着它是唯一可以保障人类生活质量的机构，更谈不上是唯一对社会和公众产生影响的机构。

与此同时，以提高人类生活质量为己任，将其作为企业发展目标和高级管理者愿景的做法，显然也符合企业及其管理者的自身利益。特别是对大型企业来说，这一点显得尤其重要。

社会的生活质量与企业的自身利益息息相关，其中主要有三个方面的原因。

首先，忽略社会的生活质量会给企业带来巨大的经济惩罚。不管什么时候，只要汽车行业出现车辆安全方面的危机，公共事业出现空气污染危机，制药行业出现医疗服务危机，或是国防行业出现定价采购危机，企业最终都会面临巨额的处罚。这种危机无一例外会导致丑闻的出现，引发国会质询、媒体曝光，最终让公众对企业产品甚至整个行业丧失信心。接下来，政府会制定惩罚性法令加以规范。实际上，公众今天看到的问题和过去的历史都是息息相关的。正如前面的案例中提到的那样，大众今天看似矛盾的行为，是因为先前他们对有眼光的企业管理者制止危机的做法拼命抵制所致。最终，这些事件造成了巨大的丑闻，让相关的企业深陷危机。

另外，只要企业认真负责地努力处理危机，公众最后总是会接受它们的解决方案。这是经济发展委员会（CED）成立 20 年来的经验，也是投入知识、能力和最佳人力资源去努力处理危机的各个企业和行业的经验。

换句话说，企业预见未来社会问题也完全符合其自身利益，特别是那些企业自身活动可能造成的问题。通常，此类问题也是可以被预见的。我们应当预见车辆安全方面存在的问题，这么说并不是事后聪明，因为从事汽车制造行业的每个人在 20 年前就已经知道这一点。我们早就应当为电力公司的烟囱安装烟气处理装置，因为市政电力行业的每个人在 20 年前就已经知道这个问题。还有特效药的出现对医疗行业的冲击，让昔日的药剂师风光不再，这也是在 15 年前制药行业人尽皆知的事情。在国防生产行业，至少在 20 年前人们就已经发现针对"临时紧急状态"颁布的国防管理条例早已不合时宜，无法适应长期预防性国防生产的需要。也就是说，早在至少 15 ～ 20 年前，人们就已经意识到这些问题将来会让企业备受指责和遭受处罚。唯一不确定的是，他们不知道这些麻烦多快会出现。

其次，谈到为什么对社会的生活质量负责符合企业的自身利益，更重要的原因是健康的企业和病态的社会无法兼容，这一点是显而易见的。健康的企业需要健康的社会，或者至少是运行正常的社会。社会的健康是企业成功和发展的先决条件。

这一观点其实并不新鲜。早在 60 年前，分别创建西尔斯百货公司和贝尔电话公司的美国实业家朱利叶斯·罗森沃尔德和西奥多·韦尔就很清楚这一点。号称"城市滑头"的罗森沃尔德甚至创办了县级代理制度，并多年来独自为其提供支持。美国的赠地学院通过这个制度第一次有效地提高了农业生产力，进而提高了农民的生活水平和购买力。

唯一不同的是，企业需要在今天预见明天的核心社会问题是什么。正所谓未雨绸缪，这样做总比让问题突然出现要好得多。

最后，提高社会的生活质量应该是一个巨大的商机。毕竟，企业的任务始终是把社会需求转变成可赢利的商业机会，把变化转化为"创新"，也就是说，转化为新的业务。如果企业管理者仅把创新理解为技术创新，那无疑是可悲的。纵观企业发展历史，社会变革和社会创新至少和技术创新具有同样重要的意义。19 世纪主要行业的出现在很大程度上是将新的社会环境，即工业化城市，转变为商业机会和商业市场的结果。这些变化为照明的出现奠定了基础，先是煤气灯，后来变成电灯。此外还出现了有轨电车、城际电车、电话、报纸、百货公司等各种新事物。

尽管如此，让企业为提高社会的生活质量负责仍是一项危险的要求，企业必须对此深思熟虑。针对昔日的社会问题贸然展开行动只会造成混乱。无法充分认识问题的难度会让企业管理者举步维艰，实际情况是他们往往会高估自己满足各种社会需求的能力，从而让企业变得和社会脱节。另外一个风险是企业会处理自己无法处理的问题，或是以错误的方式去解决问题，这样做只会带来失败以及公众对企业的失望。可是面对大众的"交给企业去做"的呼声，就连头脑清醒的人也难以抗拒。平心而论，这种呼声并不是真挚的信任和支持，更像是某种阴险的图谋。[⊖]

III

这个方面的问题无疑会在未来的很多年中困扰企业，不过眼下我们已经可以确定一些指导性原则来协助企业找到解决方案。

首先，要注意的是，不能像运营其他机构那样运营企业，它只能按照企业的方式运营，这才是运营企业的正确方式。

这么说是因为，企业是一个经济机构，其固有责任是对社会稀缺的经济资源进行最有效的配置和使用。背离了这一点，企业就会迷失自己，也无法确定自己与社会的关系。通常来说，企业也会因此失去从事其他活动的能力。这一点可以说体现了企业管理者的天职和使命。只有在能够按照经济理性来组织任务的情况下，企业才有可能实现效益。

具体而言，这意味着盈利能力必须成为企业活动在社会生活质量方面的衡量标准，就像盈利能力一直是企业活动在社会生活数量方面的衡量标准一

⊖ 林赛市长希望企业接管贫民区建设开发的想法就是一个很好的证明。这种想法很早之前就尝试过，即社区家长制的新版本，但均以失败告终。19 世纪 30 年代新英格兰地区的纺织行业就是这样做的，以当时马萨诸塞州的洛维尔镇为典型。经过三四十年的尝试，这一实验酿成的苦果至今还在延续。负责对该地区进行管理的是社会工作者和社区福利机构指定的企业，它们的失败造成了民众的广泛抱怨。简而言之，企业必须认真思考要解决的社会问题具体是什么，怎样才能有效解决，而不是被新闻媒体上激动人心的标语口号和公共事件裹挟，直到最后才发现自己深陷危机。

样。"盈利能力"只是企业利用经济资源能力的另一种说法。虽然它无论如何都不是一个完美的衡量标准，但它是我们拥有的唯一标准。对企业来说，凡是不盈利的活动必须进行补贴。但是，企业作为社会经济资源的托管人和配置者，是无权发放补贴的。企业可以支持实验，企业必须支持研发。企业可以在一定程度上从事慈善。但就其主旨而言，企业必须按照企业的方式去经营，也就是说，必须用经济理性来衡量每一步行动。

另外，企业在这些活动中必须借助市场检验的强大力量。企业作为一个机构，其巨大优势并不在于它"赢利"，而是它受到外界对业绩的客观检验。企业作为一个机构的巨大优势是，如果业绩不好，它可以倒闭。其他机构没有这样的衡量标准，也没有这样的约束。正因为如此，我们才寄希望于企业去解决其他机构目前无法解决的城市问题。

其次，企业必须像在其他动态变化的新兴领域一样，在关注生活质量问题时进行有效的自我组织。例如，企业要像组织技术研发那样深入全面地组织对社会问题的"研发"。[⊖]企业必须把自己组织起来，以预见未来社会可能出现的问题、危机、困难和机遇。大众当前的观点在很大程度上和未来的社会问题无关，这就好像昨天的技术和明天的新产品无甚关联一样。未来会何去何从，最重要的是，未来应该何去何从，这是我们面对的主要问题。当大众最终意识到这些问题时，企业必须准备好答案，否则必然会陷入公众批评的旋涡。

最后，我们通常可以把提高生活质量的责任理解为三种"产品"，即解决社会问题的三种方法。

第一种，即最理想的方法是将"问题"转化为有利可图的、有竞争力的行业机会。我不排除这样的可能性：如果制药公司着手去解决问题，它们可

⊖　要解决这个问题，近期频繁出现的新型公关或许是一种解决方法。当然，这种方法大多数情况下不过是老式公关活动的新叫法，或者说是政治游说。

能会想出一个解决方案，让医生对不了解的药物产生依赖，从而为制药行业创造高利润的商业机会。

关于这种解决方案，汽车行业可以说是最好的案例。我们对二手车已经司空见惯，但二手车其实解决了一个原本会成为严重社会问题的问题。我们担忧贫困人口的住房问题，但我们并不担心他们的出行问题；我们知道至少在美国，他们有可用的汽车。但他们之所以负担得起汽车，只是因为富人愿意以买新车的方式变相为穷人提供资金补贴。按照这个思路，我们能不能运用一个类似的方法来解决贫困人口的住房问题？除非穷人能够以低廉的价格购买富人用过的但非常实用的东西，否则他们永远买不起质量上乘的产品。"活动房屋"已经成为美国住房市场中规模最大且增长最快的分支，这一事实表明，这并不完全是猜测。

第二种，当社会问题无法转化为可赢利的商业机会时，企业必须思考的问题是：需要制定哪些管理规定来推动社会问题向可赢利的商业机会转化，以及公共机构应设定哪些标准？以汽车安全问题为例，当这个问题无法转化成企业竞争优势时，即美国公众明确表示不愿为安全设施支付溢价甚至不愿因此购买汽车时，政府应出台相应的管理规定加以推动。否则，不负责任和投机取巧的企业总是会把负责任和有远见的企业挤出市场。换句话说，监管不是竞争的替代选择。在很多领域，它是竞争的先决条件。但是，我们需要的是针对所有企业一视同仁的标准，这些标准为所有企业既带来同样的市场机会，也带来同样的约束条件。此外，这些标准的设定应确保以最低经济成本实现社会期望目标。越来越多的事实表明，正是这些公共管理规定决定了一个国家的生产效率，进而决定了其在世界经济中的竞争地位。因此，民众日益迫切地需要这样一种解决方案，在不妨碍生产力或增加成本的情况下提供正确的标准。显然，只有企业管理者可以实现这个目标。

第三种，如果不能制定出这样的规章制度来为有竞争力的企业创造条件，那么就应该仔细考虑能够协助企业解决问题的公共政策。例如，可能需要什么样的补贴、什么样的保证、什么样的公共融资或税收减免等，才能使企业在某一特定领域（例如公共教育或低成本住房）发挥作用？

这是一个颇具风险的领域，企业管理者有理由担心能否得到所需的补贴。不过，如果企业要接管市场机制暂时无法发挥作用的领域，补贴是必要的。因此，这种解决方案的目标始终应该是促进建立市场和有效的市场机制。因此，这些补贴应当是公开的，应当是政府提供的款项，而不是向民众或消费者征收的隐性费用。应明确说明各项目标和目的，并应在经常的业绩审核中根据这些目标和目的评价结果。对于任何此类补贴应规定一个明确的期限，到期后再次发放补贴只能是例外情况，不是例行规则。每个经济学家都知道为何制定这些保障原则，每个政治家都试图掩盖它们。如果企业不强调、不坚持这些原则，那将是极其不明智的。

大通曼哈顿银行总裁乔治·钱皮恩（此人绝不是"自由主义者"）是这个领域的专家，最近他在《哈佛商业评论》中指出，很多城市问题实际上为主要的新兴行业和盈利企业提供了机会。我也希望，当代社会和民众的大部分需求可以转化成可赢利的商机，就好像100年前那样。然而，即使事实证明很多问题需要政府的参与，无法通过市场机制得以解决，企业及其管理者也必须关注这些问题，因为采用别的解决方法要付出的代价太大。我们意识到，企业既要为出现的问题承担骂名，又要为其他机构无力解决这些问题付出代价。

或许总体而言，这些社会问题（甚至包括黑人贫民区问题）主要不是失败的问题。只是因为我们现在认为经济可以提供丰富的物质是理所当然的事情，所以我们开始意识到我们在生活质量方面的不足。只是因为企业在传统经济领域的成功表现，所以现在就连对它们最不友好的批评者也希望借助企业的力量来改善社会的生活质量。

2

商业的新维度

PREPARING TOMORROW'S
BUSINESS LEADERS TODAY

导　　言

　　未来的企业内部会发生哪些变化？未来的企业管理者需要胜任哪些新的管理任务？为完成这些任务他们需要掌握哪些新的工具？这些都是本书第 2 部分要讨论的问题。在过去几十年中，管理作为一种新的职能和新的学科应运而生。如同本部分各位作者所述，管理的范围正在发生快速变化，正在形成新的维度。与此同时，行为科学家、经济学家和数学家也在致力于开发新的管理工具。未来的企业管理者应当熟悉并游刃有余地应对管理工作的变化。

创业新维度

富兰克林·林赛

美国企业迫切需要注入创业精神，这一问题对于规模较大的企业尤为迫切。一方面是因为它们有最大的僵化倾向，另一方面是因为不断进步的技术正迫使企业变得规模更大、更复杂。这在开拓性领域尤其如此，在这些领域，我们正在从单一产品（就单一产品而言，创新型小公司往往比规模较大的公司发展得更好）转向需要大量资源的综合性产品体系。因此，我关注的内容是如何发展有创业精神的大型企业。

何为创业？传统观点认为，创业是指把土地、劳动力和资金整合起来进行新的生产性活动。如今，这一定义已过于狭隘。

我把现代创业定义为预测社会的未来需求，同时能以创新型和富有想象力的方式对各种资源进行整合以成功满足这些需求。如今，土地、劳动力和资金这些传统资源的重要性相对降低，我认为其他重要资源还包括信息、优秀的组织、经过专业培训的人才，以及时间。

我们必须开发那些拥有创业技能，可以预见社会未来需求，且有能力开发更新更好的方式来满足这些需求的组织和个人。

对大量信息的快速收集和评估是所有创业者都必须具备的一项重要能力。目前，功能强大的可极大扩展创业者创新思维范围的各种新式分析工具正在开发过程中。

在此我想以一个开发实例进行说明，同时预测此类分析工具未来会对创业者发挥怎样的帮助作用。

设计高性能相机镜头的时候，设计师不是依靠数学公式来给出一个最佳设计，而是首先凭直觉确定设计所需的一些性能参数，然后在此基础上进行试错。设计师必须经过大量细致的运算才能确定其初始条件得出的结果是出色、一般还是不佳。

10 年前，镜头设计师能用的运算辅助手段仅限于滑尺和计算器。这意味着一组运算需要耗时数月才能完成。显然，这种方式既耗时又费钱，无法让设计师进行多组运算尝试。

如今，在功能强大的计算机系统的帮助下，镜头设计师可以一次同时处理 50 多种设计变量的运算。也就是说，设计师可以在几小时或几天的时间里尝试数千种不同的设计方案。通常，一个镜头的设计需要进行 750 亿到 1000 亿次运算。

这一案例的重要意义在于，自从牛顿设计出复合透镜以来，镜头设计师第一次可以反复设想并问自己："如果换一种设计会怎么样？"——直到他从 50 多种变量组合中找到最令人满意的结果。设计师可以尝试某个方案，在几秒钟后看到结果，然后思考："如果改动某个设计要素，结果会更好还是变糟？"然后再用几秒钟的时间重复整个运算过程。

这对以前的镜头设计师来说简直是难以想象的，更换设计变量无疑没有什么意义。

我之所以在这里以计算机模型的强大功能为案例进行说明，是因为它们会对未来的创业者产生重大的影响。未来 5 ～ 10 年将会出现对美国人口及其储蓄和购买习惯进行分析的大型计算机模型。这些模型会以统计方式精确反映消费者的年龄分布和收入水平、家庭特征、耐用消费品（如冰箱）的当前存量，以及每个群体在食品、服装、娱乐、住房、教育和交通领域的购买模式。

在此基础上，富有创新意识的市场创业者和政府部门就可以问如下的问题了：如果明年的失业率下降 3% 会怎样？如果未来 10 年的出生率下降 5% 会怎样？如果明年的税收增长 10% 会怎样？他们还可以问：如果这些情况同时发生会怎么样？

与此类似，交通运输企业可以使用美国或全球未来的交通模型，就各种未来情况对企业可能产生的影响进行测试。例如 20 世纪 80 年代美国政府无法提供自动航线管制可能造成的影响，或是把全国铁路重组成相互竞争的几大枢纽网络可能带来的冲击。通过问"如果……会怎么样？"，企业可以对不同战略结果形成深刻认识。

另外一点可以确定的是，大型综合性产品体系会提供越来越多的创业机会。和此类大型综合性产品体系无关的单一产品出现重大创业成功的机会并不多。如前所述，大型组织必须不断提供创业动力。而且，对希望在未来高科技领域取得成功的企业来说，它还必须发展出具有未来企业预期特征的系统化知识。

我们正在开始打造这样的未来信息系统模型，它们体现了数字和图像信息存储系统的替代方式和经济效益、替代性的电子通信的经济效益，以及将信息存储到易用设备的替代方式（如缩微胶片放大、计算机打印输出、即需式图书打印和阴极射线管显示）的成本和特征。这些模型可提供更好的背景，在未来帮助我们对各种研究活动的投入、需要开发的具体产品，以及需要的营销组织类型做出判断。

与此类似，我们也需要市场系统的模型。未来的新产品，无论从地理位置、市场结构、分销系统还是最终用户的角度来看，都无法适用于今天的市场。我们需要思考哪些新的发明和变化可以让新技术与当前的市场条件兼容。

例如，我们可能需要开发一种计量装置，以便在复印设备上对受版权保护的内容进行复印时计算并收取版税。

由此可见，那些有助于我们在系统背景下迅速做出创业决策的新式信息和分析工具有着很大的开发需求。实际上，我们需要的工具主要不是硬件，而是概念和准则。我们所需要的硬件目前基本上都已经存在。

我们要做的创业决策属于战略性决策，是对我们即将迈入的充满未知和不确定性的未来进行方向选择的决策。再好的信息和分析，也不能代替管理者做出这些决策。迫在眉睫的机遇和来自竞争对手的威胁，绝不会给我们充足的时间去搜集行动需要的全面信息，管理者也无法承担贻误机遇带来的后果。

因此，我们必须在信息不足的情况下做出创业决策。面对时间紧迫的问题，需要在一两周内得出结论的企业规划人员往往会问："做出正确决策最少需要多少信息？"对此，他最需要掌握的能力之一是快速确定决策活动中的关键要素。有些人认为要搞清楚所有状况才能决策，我非常不同意这种观点。在创业决策过程中如果有人真的这样去做，他一定会被大量的信息淹没。还没等整理出头绪，早已错过发展机遇。

在过去几年中，施乐914复印机可以说是一个成功的创业决策。当时，市场上出现了对高质量快捷复印服务的需求，静电复印术成了解决方案，施乐制订了专门的市场营销计划。最重要的是，施乐还发明了按复印次数而不是按机器使用次数收费的计量设备。尽管决策取得了成功，但是我听说在决定推出这一新产品之前，所有的研究都表明这种复印机没有市场。

我认为，这不但不表明我们不需要这些研究，反而说明这些研究具有更为重要的意义。换言之，最好的信息分析工具，除非是在创业型企业中使用或是为其服务，否则往往是无益的，甚至会很危险。

如果创业型企业要取代过去的个体创业者，我相信典型的企业组织结构必须做出重要的改变。

最重要的需求是向大型企业灌输创业精神。规模不断扩大的企业似乎会自动形成管理权的分层、成倍增加的责任分工，以及职能部门之间的分离和疏远，从而导致企业无法有效利用各种资源达成共同目标。企业中的个人和部门都变得目光狭隘，看不到自己在整个集体中发挥的作用。他们的专业性反而成了自身的限制。

伴随这种组织僵化而出现的是人的僵化。聪明、充满好奇心、时刻都有新点子的年轻人，很难和坐在管理办公室里指手画脚的老顽固们有效沟通。这就导致人们不愿尝试分内职责以外的工作，以免被人说成是爱管闲事。长此以往，管理细节就会和企业的创业精神出现冲突。

我并不反对有序管理。实际上，有序管理对于成功的创业型组织非常重要。我想强调的是有效管理和成功创业活动必须齐头并进。我们需要准则，但它应当是一种创业准则，而不是单纯的管理准则。

很多企业已经做出转变，把部门变成相互独立的利润中心。这一点非常重要，是为创业型企业创造有利环境迈出的第一步。这种组织形式可以让一大批部门管理者有机会控制所需的几乎全部资源，使他们可以像管理独立企业一样管理自己的部门。但是，去中心化走得太过头会导致高度分裂式组织的出现，使企业难以从整体上调用组织资源快速应对竞争威胁或新的机遇。这种情况在高科技企业中尤其常见，因为企业想知道下一次技术突破何时出现，哪个科学分支会出现突破，哪些科学和工程学科会涉及技术突破向实际应用的转化，哪些市场和营销机构会在最大程度上参与开发，对这些问题的预测将会变得越来越难。

因此，多部门型企业必须在资源利用方面保持高度的灵活性。无论这些资源在什么地方，企业都必须在面对重大新机遇时做到对资源的快速利用。灵活性和快速反应能力必须成为此类企业组织思想的核心。

创业型企业必须对时机有敏锐的嗅觉。如果行动太早，新产品的技术开发成本和市场开发成本会很高，因为市场还没有准备好接受你的产品。如果行动太晚，会完全错过产品生命周期中盈利最丰厚的时期。

例如，游击队在执行任务时就非常善于最大限度地利用现有力量来达到他们的目的。他们只需在护堤上的铁路弯道外侧安装 1 磅[⊖]炸药或是拧松几颗螺丝，就能破坏整列列车。发动机自身的惯性会让机车在转弯时脱轨，然后在重力影响下冲下护堤。与此类似，创业者也必须寻找可以四两拨千斤的做法，以极小的投入充分利用现有的市场经济力量和技术变革力量。

传统的以信息沟通逐层传递为特征的层层递进式组织并不是理想的创业型组织。与此相反，企业必须鼓励组织内部的自由沟通。

具体来说，以下几种方式可以促进创业型环境的强化。

1）组织内部的层级或梯队的数量应减至最低水平，最大程度地开发组织灵活性。

以 Itek 公司为例（我在该公司担任总裁），它采用的管理理念是在公司管理层和部门管理层安排同一批管理人员。共同管理某个部门或是管理整个公司的四五位高管同在组织结构图上的一个方框内，而不是像以前的委员会式管理那样，每人负责不同的管理任务。这样做的好处是管理者面对的是相同的员工，避免了增加一个管理层级。最重要的是，它能为企业提供很大的灵活性，在面对新机遇或是需要处理紧急问题时可以快速调动团队中的一名

⊖　1 磅 =0.4536 千克。

或多名成员加以应对。

2）技术经理应在技术型企业中四处巡视，确保自己了解公司所有科研人员的科研动态。这样做有助于了解企业的全面技术潜力，使其随时随地都能快速发挥作用。

"没想到 X 部门在这个领域有这么强的实力。""一年前我要是知道 Y 部门已经解决掉这个问题就好了，我去年花了一年时间解决这个问题。"这些工作中的感言一直让我觉得吃惊。为解决企业内部缺乏沟通的问题，我们公司有一位副总专门负责监督技术从研发部门到生产部门的转移情况，以及在公司各生产部门之间的转移情况。这种做法使我们极大地缩短了产品从研发到面世的过程。

3）使用专项任务小组研究新的市场区域，规划新技术突破的实际应用。

专项任务小组的优势在于，它能从研发、生产和营销部门中快速召集所需的人手，同时又不必对最终任务或责任做出承诺。如果后期确定了新的创业元素，专项任务小组可以为此类永久性组织提供核心支持。

4）在科技型企业中，由高校和研究中心杰出科研人员组成的顾问团可以极大提升管理者的能力，把企业资源更好地集中到具有最大发展潜力的项目上。

例如，Itek 公司的科技顾问团由来自哈佛大学、麻省理工学院、普林斯顿大学、哥伦比亚大学和斯坦福大学的顶尖科学家组成。其中有两位为诺贝尔奖获得者，一位曾担任艾森豪威尔政府的科技顾问。顾问团成员定期聚会，审核公司各项研发活动的进展。他们对科技问题的快速解决，以及更好地选择高潜力项目方面做出了重要的贡献。

5）最重要的是，管理层参与的思想必须渗透到整个企业组织中。

管理层参与是指企业高级管理者必须花足够的时间与关键人员（不仅仅是与下一级人员）进行互动。只有这样才能深入探索其他方案，评估风险和机会，确定影响每一步行动成败的关键要素，以及从现实角度对取得成功所需的时间和各种资源进行评估。通过这样做，高级管理者可以向整个企业传达创业意识，表明他们愿意承担可预测的风险。他们还能发现企业中的创新者，确保创新者获得一系列工作任务，使其在工作中全面展示自己的能量，从而在最短时间内将创新者培养成经验丰富的创业型管理者。

6）最后，管理者必须在整个企业中灌输坚定不移的成功意志。

强大意志对人类行为的影响无可替代。企业要想实现优异的绩效表现，就必须拥有强大的成功意志，无论遭遇任何困难都必须维持这种意志。几年前我曾和地区销售经理交流，问他为什么智力水平相当、都接受过良好培训的销售人员会有迥异的业绩表现。他说造成业绩不同的最主要原因是，成功的销售员拥有一种强烈的欲望，当项目收尾时总是想尽一切办法达成交易，而其他的销售员则没有这种感觉。

最后，要想在大型企业中实现有效的创业，需要建立一套可供学习和教授的创业准则，需要拥有经过创业培训和培养的企业高管，需要具备以创业表现为导向的组织结构。

我坚信，创业准则的开发、创业型高管的培养，以及大型创业型企业的建立和经营，不但是美国企业界目前要面对的最大挑战，也是美国学者、教师和商界从业者需要面对的最大挑战。

作为教育机构的企业

霍华德·哈德

作为经济增长发动机和物质财富提供者，美国企业发挥的作用得到了广泛的认可和接受。实际上，美国企业还扮演着另外一种重要却鲜为人知的角色，即社会价值的贡献者。

在美国，对任何机构价值的最终衡量标准，以及对其生存能力的测试标准，始终是它能为人类个体的福祉做出多大的贡献。这一衡量标准同样适用于企业。

一方面，企业的生存取决于能否在市场上取得成功，能否满足所有利益相关群体的经济需求。企业作为一个经济机构，为众多个人利益寻求者提供复杂而微妙的平衡，使员工、投资者、供应商或顾客都能获得预期收益。

另一方面，企业要想生存必须获得公共福利相关群体的支持，如政府、媒体、教会机构和教育机构，它们评判企业贡献的标准从经济价值转向了社会价值。的确，企业作为一种社会机构，是人们分享成败、形成观点、进行互动和开展工作的地方。企业会对个人潜力最大程度的开发和实现起到促进或阻碍的作用。显然，企业对于个人发展是负有责任的。

公平而言，我认为美国企业成功地满足了国家不断变化的经济需求和社会需求，理由是几代美国人对此有着明确的感受和表达。或许，美国企业最为显著的特征就在于它们对变化的适应能力。

当今时代，社会变化无处不在且日益加速，其复杂程度在整个人类历史上没有先例。面对这些挑战的新一代企业管理者必须再次做出艰难的调整。多年来，美国企业界的经验反复证明，只有通过采取新态度、培训新技能和灌输新知识的方式才能成功应对变化带来的挑战。简而言之，只有通过教育才能应对新挑战。

企业今天面对的教育挑战反映了即将发生的新变化的范围和强度。为此，企业的响应也必须达到同等比例的广度和深度。

企业的传统作用

在过去一百多年的时间里，企业的作用经历了漫长的变化。一开始，它们的主要作用是作为工业引擎推动社会发展。尽管企业发展的最初目标完全是经济性的，但是从出现伊始它们同样也在社会和教育方面做出了重要的贡献。

例如，我们可以看一下美国企业在吸收外来移民方面发挥的传统作用。大量的工作岗位是吸引一批又一批新移民奔赴美国的主要原因。在一百多年的时间里，厂矿和铁路在很大程度上推动了外来移民的美国化。对数百万新移民来说，工作场所对他们产生了重要的社会化影响。工作和在岗学习自此就紧密地联系在一起。

我们还可以单纯地从教育角度观察广告和其他以产品销售为目的的企业传播方式。人们对于广告的反应并不相同，有人觉得好笑，有人对其不屑一顾，有人认为毫无效果。尽管如此，不可否认的事实是它能带来新的刺激，引发新的关注。广告提供的信息经过受众的理解消化，会成功地改变并塑造人们的感受。

行业培训是企业对正规教育更为明显的支持。这些培训面向各个职业阶层，包括高管、生产线主管和流水线工人。在此类教育开支中，大部分会被企业视为对人力资本的投资，会在以后的年份带来回报。另外，这些活动还能帮助员工学习新技术，从而更好地适应未来变化。目前，从企业内部升级和开发人力资源的需求，已成为深化企业教育的主要推动力。

现代人力资源需求

工业对技能更为熟练的工人和接受过更好教育的管理者的需求，源自多方面的原因。其中的主要原因是：科技进步提高了工业生产的复杂程度，对训练有素的员工产生了新需求；生产经营各个层次的变化速度，使终身学习能力成为一种美德；当今企业在世界范围内运营，因此需要更多高素质的人员。另外，企业规模变大扩大了企业行为的影响和后果，这需要管理者具备更高的能力水平和智慧。

美国劳工部的数据显示，至少截至 1975 年全国对培训和技能升级的需求并不局限于那些对教育水平要求较高、正处于快速增长阶段的专业和技术行业领域。这一需求同样涵盖了其他职业群体。到 1975 年，美国的劳动人口预计会出现近 20% 的增长，从 7800 多万增加到约 9400 万。在新增劳动人口中，预计近 1/3 是白领工作者，只有不到 1/5 是蓝领工作者。截至 1975 年，白领工作者在总劳动人口中将会达到近 50% 的比例。

新知识的快速发展极大地改变了职业模式，以至于 20 岁的年轻人在职场上有可能会换六七次工作。显然，这种变化使学习成为一种终身过程。

以前的情况并非如此，那时的人们通常是在完成全部教育之后再进入职场。只要习得一门技术或职业技能，就可以用上一辈子。

如今，企业和行业已成为改变这一现象的主要促因。

危险在于，伴随着快速的技术淘汰而来的，是有些劳动者的职业消失了，造成人力资源的浪费。因此，企业有责任也有机会帮助员工学习新的技能和观念。只有适应变化，工作者才能继续胜任企业的工作。

正是这种对企业内部各层次的知识型人才的根本且持续的需求，使企业必须在精确规划、有条不紊的基础上，在每一个员工的工作生涯中安排教育活动。

即便企业只是在社会中发挥其经济作用，它也必须找到可以确保个人实现自我发展的途径。显然，任何企业都无法在脱离员工支持的情况下实现快速发展。无论男女，每一个岗位上的工作者只有具备相关的能力才能更高效地工作。因此，企业必须在发挥经济作用的同时，（在员工能力发展方面）承诺做出重要的社会贡献。

教育方面的挑战

尽管企业对经过培训的人力资源的需求在不断增长，仍有很大一部分进入市场的劳动力教育程度低下，甚至完全没有接受过教育。

在美国失业人口中，16% 的人未读完 7 年级。在 20 世纪 60 年代中期，约有 25 万青少年没有读完 4 年级就辍学了，在劳动力市场中被划分为半文盲群体。

在截至 1975 年的 10 年中，约有 3000 万人会离开学校参加工作，其中至少 200 万人可能永远不会进入高中，约 700 万人会中途退学。

这一问题在黑人群体中尤其严重。1958 年，2/3 的黑人青年无法完成高中教育；今天，超过一半的黑人青年获得了高中文凭。另外，在 18 ～ 19 岁的黑人男生中，10% 的人未能读到 5 年级（同龄白人男生比例为 1%），25% 的人不到 9 年级就结束校园教育（同龄白人男生比例为 8%）。更何况，我们要注意的是，读到某个特定年级并不能有效地衡量受教育者的学习质量。

这些趋势无疑为企业、行业，甚至是整个社会，带来了新的问题。一边是企业需要接受过更高水平教育的人才，另一边是大量教育水平不达标的年轻劳动力（特别是来自城市贫民区的年轻人）在涌入就业市场。企业无法吸收大量的无技能劳动者和半文盲员工。由此造成的结果是，一方面企业会变得越来越挑剔，另一方面人力资源也出现大量浪费。

幸运的是，目前已经采取了很多行动来缓解这一状况。教育机构方面，学校开始更多地关注小学和初中教育，以及职业和成人教育，以便了解职场形势，针对工作环境做出调整，而不是像以前那样只提供简单的培训。政府方面，人力资源培训活动从整体上开始对失业率产生一些重要的影响，这种影响对于教育水平较低的人群尤其显著。

当前，为工作者提供教育以使其适应不断变化的职场环境，已成为企业和行业的责任，因为变化正是在这些领域发生的。

教育的新职能

从教育活动的一个层面来看，现代企业已具备解决文盲问题的新能力，可以针对工作流动开展继续培训，帮助工作者向上寻找更好的岗位，或是平行移动从事新的职业。

同样是在这个层面，企业继续承担美国人社会化的传统教育任务。工作是非常好的社会化活动，学习是工作的内在本质。越来越多的黑人接受更好的教育并进入职场，他们会像以前那些来自欧洲的新移民一样，首次有机会接触到同样的进步的学习力量。

从另一个层面来看，企业高管也在改变商学院的教育，使其成为人力资源开发的一个组成部分，而不是单独的教育体验。

这两个层面之间涵盖了在职培训和管理开发课程的全部内容。

可以预见在不久的未来，企业极有可能更为广泛地参与国家的教育进程。

企业关注的根本一直是也应当是如何生存。商标、专利、金融资源和技术知识，一直都是管理者高度重视的，被视为企业的经济根本和心理保证。现在，这些已无法保证企业的生存。企业未来的生存将越来越依靠其创新能力，特别是那些头脑灵活、见多识广且受过良好教育的员工的创新能力。到那时，只有企业的人才质量才能决定其在未来的生存状况。

一流的人才肯定是接受过良好教育的人才。为确保其充足供应，未来的企业必须和政府、教育机构展开密切合作。

教育看起来不再是一项独立的事业。它正在不断打破之前被人为制造出来的界限，一边是商业思维的界限，另一边是教育体制的界限。以前的教育系统作为社会资本的一种形式，完全符合并满足了商业的需求。但是这种社会资本的来源今天已变得不足。如今的教育作为一项终身活动，需要整合所有学科和职业的资源和动力。我认为，这样最终会为所有参与机构带来进步的变化，同时又不会影响每个机构的个性特征。

当然，在激励企业参与知识产业的动机中，最重要的一点是企业认识到，失败的惩罚包括越来越大的福利负担，代价是主要由企业自身承担更高的税收。

从另一种意义上说，企业管理者消除贫困和无知的基本动机是真实存在的。作为社会领导者，企业对社会问题和社会成就都负有责任。城市贫民区可以说是整个社会失败的代表。只要管理者决定施加影响，企业将会在解决贫民区问题上发挥关键的作用。

因此，企业的明智行动是从整体上为每个人的发展承担责任，无论他们是否在岗。

案 例 说 明

从我们公司开发的几个教育项目可以看出，企业能够为教育活动做出哪些方面的贡献。

针对较低水平的工作，科恩产品集团（Corn Products）旗下子公司MIND，面向公立学校和军队拒收的无法教育者成功开发了涵盖基本阅读、写作、算数和其他基本技能的新式教学方法。通过为高中退学生、智商低下者和缺乏教育资源的群体提供教育，MIND 公司取得了显著的成就。例如，一个拥有 38 人、平均年龄 42 岁、教育水平为 4 到 5 年级的学习小组，通过不到 80 小时的培训，词汇量平均提高 2.6 个等级，拼写能力提高 2.2 个等级，算数能力提高 3.2 个等级。换句话说，每经过 8 小时的 MIND 培训，学生就相当于获得了两到三个月的学校教育。

这种教学法在学习环境方面出现了一些变化，例如教师作为权威形象的消失，程序化教学内容和音视频辅助手段的使用，以及学生有机会自主安排学习进度。或许，MIND 学习法获得成功的主要原因是强调学习者的学习动力。首先，他们是在工作场所进行学习，有机会学以致用。其次，他们通过立即应用来巩固学习内容。最后，学习者意识到学习有助于自己获得更好的工作。换言之，他们在整个学习过程中充满了动力。

我们的 MIND 学习法已经从试验阶段发展到商用阶段，经验表明，我们可以开发新的教育方式来满足社会需要，把以前无法就业的人成功转变成合格的劳动力。

对于其他水平的工作，科恩产品集团可提供一系列面向流水线工人、中层管理人员和企业高管的自主研发的培训课程。

另外对于高级工作岗位，科恩产品集团为特定高管职位提供了外部管理开发机会。这些课程精心整合了每个高管的发展计划，以达到改善管理绩效的目的。其中最具吸引力的是校企联合行动，例如在印第安纳州克劳福兹维尔市的沃巴什学院由沃巴什个人发展研究所推出的相关培训课程。

沃巴什个人发展研究所的三年制课程包含两个基本模块，一个是每年夏季总共 7 周的校内课程，重点传授通识教育和沟通技能，另一个是针对每个学员特点，在与指导顾问讨论之后设计的个人发展计划，以确保个人需求与企业当前和未来工作职能的匹配。指导顾问每年都要到企业和学员至少沟通一次，讨论在实施计划方面的进展。在拜访企业时，指导顾问还会和企业的其他高管沟通，讨论该学员的学习情况。通过这种方式，企业也参与到学习过程当中，使企业对每一位学员的期望和计划与学院的课程得到很好的结合。

展 望 未 来

今天的企业，不再像以前一样从中学和大学被动地接受教育产品，而是主动积极地变成国家教育系统的补充成分。这种转变可以更好地满足当今社会对人力资源的需求。

企业要想求得生存，必须积极主动地获得足够的高质量人力资源供应，只有这样才能应对不断加速的变化和不断提高的复杂性。通过产出知识和鼓励新技能的学习，企业其实一直都是教育机构。近年来，巨大的技术突破、日益增多的跨国经营，以及新式管理手段的出现，对企业提出了新的人力资源要求，即增加接受过更好教育的员工、技术人员和管理者的数量。此外，职业和行业的快速变化，也要求劳动者在工作期间继续接受教育。可以说，教育已变得永无止境。

为满足这些需求，企业正在努力拓展企业资助和指导的教育课程的范围和深度。未来几年，企业需要深思熟虑地规划、组织和实施越来越多的教育活动，帮助企业各级工作者提高智识水平。这些活动是工作者们最为需要的，可以帮助他们实现在社会中的价值，保证每个人都能发挥出自己最大的潜力。

当然，这些挑战让我得出的预测是，企业在学习如何教育其员工的过程中，会发现它为社会和人类的利益创造了一份新的有利可图的事业。

商业规划带来的新机遇

迈克尔·卡米

　　每一个企业和组织机构都必须有能力掌控变化，只有这样才能生存下来。对变化管理得好，企业就能前进发展；对变化管理得差或是忽视变化的存在，企业就会消亡。随着技术环境和社会环境变化速度的不断加快，我们必须找到更好的新方法来理解、预测、应对和利用变化。提前规划可以有的放矢地积极应对变化，是一项重要的管理职能。不做规划，变化就会威胁到企业。规划做得不好还不如不做规划，因为那样企业会死得更快。不做规划，管理者起码还能见招拆招，临时应对。

　　规划并非企业众多管理职能"之一"，如生产、营销或研发。规划即管理本身，是一种全面的、涵盖一切的思考过程，决不能划分和安排到某个部门。

　　越来越多的企业开始意识到，在是否应当规划的问题上管理者根本没有选择，唯一能选择的是系统规划还是随意规划。这表明规划作为最高管理层的一项具体任务已经得到了企业的广泛认可，但是我们现在才开始认识到这项任务的全部内容及其意义。无论做任何事情，我们首先会做几次错误尝试，然后才能找到正确的做法。20 年前很多人把规划视为帮助企业预测未来的一种方式。但是我们很快发现，系统化的无知依然是无知，再好的预测也不是规划。我们意识到，规划更多侧重的不是知识而是行动。它要应对的问题不是未来会发生什么，而是我们在对未来进行预期的过程中应该做什么和可以做什么。

我们出现的第二个错误，是把规划定义为"规划人员做的事"。在这种规划活动中，规划者坐在办公室里闭门造车，管理层其他人员自行面对企业出现的问题。只有当显著改变企业管理者的当前做法时，规划才能带来效果。实际上，思考未来确实是一项独立的活动，但思考未来和规划唯一有价值的结果是改变经营管理层的态度和行动。

最后，也是最重要的经验教训在于，我们发现规划是大型成功企业推动创新的系统化方式。它能避免企业陷入往日的常规惯例，帮助企业在当前工作中更好地适应未来。通过向管理层展现未来绩效目标和当前企业能力之间的差距，本文将会说明如何进行有效的规划。

综上，规划的真正定义是，以应对环境变化和为企业带来收益为目的的，持续进行的行动选择过程。在这里还有一点需要强调，即只有备选的行动方案，没有最佳行动。在众多行动方案中，选择是根据企业最高管理层已经采用或本应采用的标准做出的。否则，规划就会变成在没有评估方法和选择依据的情况下对大量选项的处理，成为一项不可能完成的任务。这种情况经常会在进行多样化尝试时发生。例如，总裁会对规划人员说："给我找出最好的项目。"这个"最好"该怎么定义？缺乏对标准的定义最终会导致在没有决策的情况下做大量无用功，造成对无效规划和规划者的广泛批评。

因此，规划过程应包括以下四个步骤：

1）确定标准；

2）确定目标；

3）找出目标和期望值之间的差距，为企业规划设定目标；

4）消除差距。

规划的标准

需要所有相关方确定、理解和同意的主要标准包括：

1）风险程度；

2）企业希望从事哪种业务；

3）限制性规定。

做任何事都有风险，规划得越长远，需要面对的风险因素就越多。规划活动的目标不是消除风险，这是不可能的，而是为企业和管理层选择正确的风险。但是我们可以在事实和科学的基础上为企业确定风险的程度吗？答案是否定的，因为每一个企业都有其人性化因素。管理者会在情感和直觉的基础上确定风险承受标准，这些标准可能相当保守，也可能不切实际。风险标准非常容易辨别，基本上也是可以衡量的。规划者可以针对未来行动提出较高或较低的风险事项，但是要改变人们的视野是很难的。一些企业前期通过大胆冒险实现增长和繁荣，后期会倾向于保守经营，降低风险。在这种情况下，规划者的作用往往是要刺激企业的冒险意识，而不是对其进行压制。理解冒险的心理层面的定义非常重要，冒险并不是要预测成功的赔率，而是要确定企业及其管理者能以多大的胆量承受这种赔率。（是 2∶1、5∶1、10∶1还是 100∶1 的赔率？）

第二个重要标准要求企业明确企业目前从事什么业务以及未来希望从事什么业务。对企业来说，这无疑是最为重要和最难回答、需要深刻思考的问题。未来从事什么业务决定了企业将选择的"正确的"风险。同样，这个问题对任何企业来说都没有唯一且最佳的答案。企业要实现成功可以通过很多种机会和很多种途径。但是这些途径必须和企业及其管理者的基本个性保持一致。管理者从情感上认可某项业务，不单是因为其投资回报率和市场渗透率等数字，还因为喜欢它的环境、产品、顾客和其他方面。比如在荒岛开采鸟粪石，这项业务哪怕回报率再高也会被天天跟前沿科技打交道的技术型总监拒绝。他也应该拒绝，因为他不太可能在自己并不真正相信的事情上取得成功。

在确定企业未来该从事哪项业务时，有几个陷阱我们要避免。我们现在都知道，应当以服务和用途为导向来定位，而不是以产品来定位。以 IBM 为例，其定位是"信息处理业务"而不是"穿孔卡片业务"。如果 IBM 坚持采用以前的定位，就不会发展成今天业界领先的计算机制造商。因此，洗碗机制造商可以对其业务做出各种不同的定位选择。一方面，它可以侧重洗碗业务，通过引进超声波等技术超越常规产品，为行业开创新的技术需求。另一方面，它可以把取消家务活作为业务定位，开发出如陶瓷般精致的一次性餐具，价廉物美，用完即弃。

实际上它还可以更进一步，以餐饮革命和开发代餐为业务定位，用即食片剂取代传统的餐饮。这样一来洗碗问题就不再存在了。当然，有人可能更喜欢围坐在一起共享美食和聊天的过程。顺着这个思路，企业可以进一步研发可使用化学方式改变用户喜好的片剂产品，这也是从改善洗碗机业务的初衷延伸出来的新业务。有人断言，在未来 15 年内，将会出现可以彻底改变人们性格的化学手段。现在的问题是，哪些企业会成为这个领域的领头羊和营销者？是制药公司，还是试图保住价值数十亿美元，生产电器、冷柜、冰箱、电炉和烤炉等产品的家用电器公司？无论做出哪种选择，规划者都必须有能力预见其未来发展结果。

对最终服务做出宽泛定义虽然重要，但规划者还必须清楚服务的细分情况和具体功能。不能说"我们从事的是知识型业务"就完了，这种定位并没有做出清晰准确的说明。知识型业务涵盖了人类思维涉及的所有活动，除非进一步细分，否则这样的定位是毫无意义的，无法指引具体的企业行动。

我们可以明显看出，前面讨论的风险因素与企业未来从事什么业务的定位密切关联。业务范围越广，时间跨度越长，最终服务或是对服务内容的改变越偏离原有业务，企业要面对的风险就越大。显然，厨房革命这一定位非常极端，其风险要比改善洗碗机产品的风险高得多。

实施实用和有意义的企业规划的第三个标准要求企业明确"限制性规定"。在这个方面，同样有必要对需要自愿遵守的商业伦理，以及情感或传统的禁忌进行细分。在商业伦理方面，有些原则是不言自明的，有些则比较模糊。例如，依法经营就是一条限制性规定，所有人基本上都要接受，但肯定不是所有组织都遵守。黑手党和美国黑帮不遵守这些规定，它们经营普通人一般接触不到的市场，如毒品或赌博交易。还有些伦理约束则不太容易界定。例如，有的企业坚持"统一价格不给回扣"的规定，有的企业则默许甚至鼓励相反的行为以增加销售。某些市场会因为前一种企业的政策而对其关闭。

情感禁忌具有很强的约束力。有的企业禁止产品进入消费者市场，只能面向产业市场销售。对于这种情况，企业在花费时间和金钱开发面向消费者市场的建议、服务和产品之前，必须首先修改此类限制性规定。在应对情感反应时，认为好的建议一定会改变管理层看法，可以说是天真且错误的。例如，一个根深蒂固的信念是，做消费者广告会破坏企业在产业市场上科学领先的声誉，这就属于情感禁忌。情感禁忌倒不一定总是偏见，某知名制药企业几年前懊悔地意识到，它的一则专利产品的消费者广告确实严重影响了和主要客户群体处方医师之间的关系。

其他重要的限制性规定包括维持充分就业（即取消季节性用工）、不设工会、避免在城市中心集中用工，以及对海外子公司拥有 100% 的所有权和控制权（这样会失去全球大部分市场）。

企业的目标

接下来，我们可以确定企业的目标了。

企业的目标既要有定量目标也要有定性目标。定量目标对衡量和迭代过程来说不可或缺，对此我们会在后面讨论。常见的定量目标有期望的年销售增长率、利润率、投资回报率，以及企业的资金周转率。

企业个性对定量目标也会产生影响。任何公式、市场调查、竞争对手数据或市场份额指标都无法为企业带来"科学严谨的"目标。你有可能成为在保守市场中拥有高增长业务的幸运儿（如零售行业折扣店的数量大幅增长，或某些铁路公司在大环境萧条下取得的成功），或者成为受管制和保护行业中的佼佼者（很多航空公司都有以相同价格、相同机型在几乎相同的时间飞往同样的城市的航线，总会有个别公司胜出），或是成为潜力无限的快速增长市场中的失败者（例如美国无线电公司、通用电气和西屋电气等巨头进军计算机市场的失败）。管理层需要设置定量目标，并激励整个团队去实现这些目标。说到底，这是关于领导能力和创新激励能力的问题，而不是从精确的数字中推导出来目标的问题。

高定量目标会自动带来高定性目标。高增长目标需要企业对市场快速渗透，其潜在目标是搜索新的未开发市场，以全新的方式快速取代市场中现有的产品和服务。如果我们面对的市场有可能达到饱和，在基本相同的产品服务的基础上，无论是国民生产总值增长率的提高、营销的优化、生产的优化还是其他任何方面的优化，都无法带来企业的高速增长和市场占有率的大幅变化。例如在高度饱和的汽油市场和清洁剂市场，企业常常为百分之零点几的份额拼得你死我活。但是，引进新型燃料和电子清洗设备可以很快在现有市场中打开销路，实现市场的快速渗透。另外，新兴的产品、技术和服务会催生新的市场，如电视机的出现和空间技术的出现。未来，海洋服务也会导致新市场的出现。

找 出 差 距

　　企业当前处于什么市场地位？如果不做出改变未来会变得怎样？这是管理者需要思考的重要问题。

　　众所周知，技术的加速进步导致了淘汰的速度加快，使产品和服务生命周期比以前大为缩短。如果不主动取而代之，竞争对手就会比我们抢先行动。用这些道理来分析别人都行得通，可唯独用来分析自己的企业时大家不当回事。规划人员为企业和目前产品的未来走势所绘制的递减曲线分析图，经常会被讥讽为无稽之谈。管理层认为，只要加大营销力度，降低制造成本或是换家广告公司就能改变问题。实际上，对"照常经营"结果的现实预测往往远低于企业高管们自己制定的目标。

　　这个客观存在的业务上的差距，即可以用量化的方式衡量的差距，只有弥补了，才能抵消现有业务的损耗，实现新的增长。企业管理层的期望越高，与现实业务之间的差距就越大。

弥 补 差 距

　　怎样才能弥补这个差距？

　　首先我们要再次提醒，新事物总是蕴含风险，在通往最终目标的尝试过程中会有错误的开头、不成功的尝试，甚至是彻底的失败。我们还要明白，最终目标其实并不存在，我们只不过是在成功实现上年目标的基础上，每年在不停取舍中朝着不断变化的目标前进。为此，我们必须鼓励相关人员、部门和外部人士向企业高管提出一系列关于弥补差距的想法和建议。

当预计总营收和这个差距相当时，如果据此认为差距可以得到弥补无疑是过于天真和不现实的。即使中等级别的风险也需要我们有足够的新业务来应对，而且至少需要三倍于差距的总营收才有可能取得成功。如果所有建议方案和项目的总营收达不到差距的三倍，我们马上可以得出结论，要么企业没有努力实现目标，要么目标对现有经营情况来说太不现实。接下来，管理层必须马上做出重要决策，是该降低目标，还是改善企业的创新能力（通过更换团队、调整激励方案，或是改变组织结构等方式进行改善）。总之，如果不付诸行动，可以确定的是企业将无法实现既定目标。

创新业务方案的不足，首先表明最高管理层没有投入足够的时间、精力、企业的优秀人力资源和可用的资金。这意味着企业对当前业务和未来业务的投入不成比例。

因此，规划产生的第一个行动结果，永远都是对当前现有业务关键资源分配优先级的调整。这种调整始终涉及风险的转移，即企业今天在已知的现有业务中承担更多的风险，以便为不确定但不同的未来创造更大的成功机会。这种调整始终涉及价值观的变化，维持现有业务和解决当前问题已相对不再重要，更重要的是如何开创未来和优化机遇。关于企业规划，我们还有很多的内容要学习。目前我们对规划的认识充分表明，它能为我们如何在当前组织中构建未来提供一套准则。

投资回报率和类似的财务衡量指标的不足之处，并不像人们常说的那样，没有包括"无形资产"，尤其是企业的人力资源和社会成果。毕竟，财务指标反映不出所有的企业能力。指责这些指标没有发挥作用，无异于批评卷尺量不出人眼是什么颜色一样毫无道理。

　　但是在作为经济表现的衡量手段时，财务指标确实存在很大的不足，它们只能衡量企业以往的经济表现。实际上，"以往"这个时间维度并不存在。经济表现体现为企业对未来期望做出的资源承诺。除非我们能在财务衡量系统中设计出对未来表现进行评估的手段，否则我们始终会对自己形成误导。我们所有的看法和观点其实没有多大帮助。我们需要量化的、系统的、适度严格的衡量标准，这样的衡量标准让管理者知道他们是在支付未来的"成本"，即在一个不断变化和增长的环境中继续经营的成本，还是在以牺牲未来为代价消耗经济资源。

　　现在展开规划行动，可以把未来作为一个经济维度纳入衡量系统中。至少它能说明今天要付出多大程度的努力才能确保未来的经营发展。和所有商业管理手段一样，这种工具并不能自主发挥作用，因为企业经营说到底是一种人类活动。因此，规划的主要目的应当是为管理者创造工作所需的动机，释放人力资源能量以完成工作任务。从这个意义上说，规划活动改变了管理者的工作，把对未来的规划这一维度增加到每一个重要管理岗位的工作中。

管理知识型组织

戴尔·赞德

企业管理的未来将会受到一项最为重要的文化发展的影响，即我们正在成为知识型社会，企业正在成为知识型组织。

在美国，大型公共教育体系指导着超过 6000 万儿童和成人的知识开发活动，教育行业从业人数有 200 多万人。曾经被视为消遣活动的成人教育现在已变成继续教育，面对知识的爆炸性增长，这种变化无疑是必需的。"开端计划"⊖是面向幼儿的教育项目，"职业培训营"⊜和"教师培训营"⊜是高中退学生热门的教育选择目标。另外，美国还有可提供奖学金、学生贷款和免费公立教育的综合性高等教育体系，可以保证每一个有能力和有动力的学生都能接受大学教育甚至研究生教育。

⊖ Head Start，美国卫生与公共服务部向全美 3～5 岁低收入家庭的儿童提供的由家长参与服务，内容涉及儿童早期教育、健康和营养的社会福利项目。——译者注
⊜ Job Corps，美国最大的面向 16～24 岁青年提供的教育和职业培训项目。——译者注
⊜ Teacher Corps，美国高等教育资助教师培训的项目，目标是"增加贫困地区儿童的教育机会和鼓励高等学校扩大师范教育计划"。——译者注

尽管有些突如其来和未曾受到媒体关注，商业机构近年来开始成为推动学习的重要刺激因素。企业越来越多地需要具备良好教育背景且知识丰富的员工，大学毕业已成为很多公司招聘员工的最低门槛。入职之后，企业会为那些希望继续学习的员工支付学费。有不少公司甚至会为员工提供脱产教育奖学金。大学会收到企业捐赠的数量不限的资金，以及资助特定研究项目的大额款项。除此之外，很多大型企业还直接参与知识的传播和生成。例如通用电气、通用汽车和 IBM 等企业不但派各级经理和专业员工到大学进修课程，甚至在内部修建了教育设施，开发了可以媲美知名院校的课程。

美国社会基本特征方面的这种发展向企业管理者预示着十分重要的变化。通过回顾早期变化产生的某些社会经济影响，我们可以窥见未来变化之广阔程度。

300 年前美国还处于农业社会，人们以家庭为单位进行劳作，彼此很少有机会交往。那时，生活中的主要活动是耕种土地和收获果实，市场非常原始，今日意义上的管理尚不存在（在这种条件下也不可能存在）。

150 年前，美国开始向工业和资本主义社会转变。各种工业组织纷纷出现，并随着时间的推移逐渐发展成为重要的机构。它们雇用大量的工人从事工厂劳动，为城市居民创造经济福利。企业对社会发展模式的影响甚至比最大的州和城市的政府都大。

尽管大部分生活在这些时代的人都难以觉察，这些变化实际上产生了极其重大且深远的影响。在这些影响中有一部分是令人愉悦的，如生活水平的提高、产品质量的提高以及数量和种类的增加；有些则是令人沮丧的，如土地被剥夺，森林被砍伐，空气被污染，河流被毒化。与此同时，一种隐形的新式社会契约形式开始出现。

现在我们正处于新的转型进程中，迎接知识型社会的到来。如今，生活必需品（如食品、住房、衣服和其他普通物资）的生产所需的劳动力在总人口中的比例变得越来越小。现在，美国的总人口中，从事农业劳动的人口还不到 3%，完成了所有工业生产的工人不到 12%，而在学校接受教育的人口已经超过了 30%。这些发展变化的影响目前还比较模糊，使管理者需要应对的未来变得不甚明朗。虽然很难预测未来的组织结构将会变成哪种具体形态，但可以确定的是知识型组织将会成为管理者关注的重心。

知识型组织

知识型组织具备哪些特征？从表面上看它的明显特征包括：①知识工作者对生产线工人的比例快速增长。②知识工作者和生产线工人之间的关系出现变化。过去知识工作者需要生产线工人的支持，现在这种情况出现了逆转，生产线工人越来越依赖知识工作者的支持。③知识成为企业具有竞争力的领先优势。如何在产品和市场中应用知识决定着企业生产劳动力的长期扩张或收缩。

知识型组织不太明显但同样重要的另一个特征是，管理者意识到持续的压力迫使企业必须不断学习和使用知识。他们知道，依靠占有稀缺资源、专利所有权和暂时的市场优势来实现企业的生存和发展会变得越来越难，甚至是愚不可及的。他们意识到，5 年前做的产品开发和营销决策很快就会失去支撑企业发展的能力。知识型组织的管理者敏锐地察觉到，实现经济增长和盈利的主要基础在于培养未来的管理者，即知道如何引领企业学习和使用知识的管理者。

最后，知识型组织的核心特征在于，其工作是由脑力完成的。这意味着知识型工作看不见摸不着，不适于分散和相互独立的部门管理，而且很难加以衡量。通常，具有传统生产、营销和财务意识的管理者会认为知识型工作难以理解。

对传统管理者来说，或许最让他们感到恼火和沮丧的是知识型工作的非线性特征。比如，员工可以用一小时构思出一定数量的创意，但你不可能让他用两小时构思出两倍数量的创意。七人小组做出的决策的效果，不一定是一个人做出的决策的七倍。如果我们花费两天时间把某个问题解决了一半，是不是说再有两天就能全部解决？如果某个问题花了 99 小时仍没有破解思路，那是不是还需要再花费 99 小时才能解决问题？我们需要的是超过 99 小时的时间，还是问题会突然迎刃而解，再有 2 小时就能找到合理的解决方案呢？

因此，知识型组织的管理者每天都需要面对生产力是无形的和解决方案存在不确定性的情况。他很难搞清楚员工什么时候在工作，也很难知道自己什么时候取得了成就。他的知识和其他人的贡献密切融合，要确定他的贡献非常困难。

传统的工作监督方式强调规律性、对工作进展的衡量和有序性。在知识型组织中严格实施这种监督方式，结果不但无效，甚至会造成阻碍。

知 识 系 统

当把知识型组织视为一个系统时，我们发现管理者需要关注以下四个方面：

1）对组织内部已有知识的收集和传播；

2）新知识的学习和开发；

3）把知识转化成可赢利的产品和服务；

4）管理知识工作者。

下面我们将依次进行说明。

已有知识

管理者首先要收集和使用组织内部已有的知识。这一步存在的主要困难在于，已有知识不会自动出现在需要它们的工作者面前。我曾经在很多组织中从事过多年的咨询工作，工作者对所在组织的问题和需求的了解程度和思考让我感到惊讶。我总是沮丧地发现，要实现知识在企业内部的自由传播非常困难。

因管理层无法使用已有知识而导致的失败和灾难，不胜枚举。其中某知名飞机制造商的案例曾被广为报道，这家公司决定针对竞争激烈的商用客运机市场开发产品。最高管理层认为市场存在的获利机会足以抵消产品开发的巨大风险。随着工程设计和模型机测试的推进，有几位中层管理者发现最初的成本估算严重不足，实际成本投入可能是最初预算的 4 倍甚至是 10 倍。另外，由于缺乏喷气机的设计经验，开发工作遇到了重重困难，原型机的完成时间一拖再拖。遗憾的是，这些已经存在于组织内部的明确信息未能在第一时间传递到最高管理层。等到最高管理层得知消息时，项目的失败已无法避免。这些信息早已出现，只是到了无法隐瞒的地步才得到确认。最终，这家公司遭受了严重的打击，损失之大使其濒临破产。为应对局面，它不得不大幅裁员，导致员工对最高管理层失去信心。

在另一个研究机构，几位经理估计，要停止一个失败的项目，需要花费200 多万美元，而且需要两年左右的时间。由此可见，在组织中，人们需要相当长的时间才能把负面信息"泄露"给最高管理层。

再说一个例子，咨询机构为某大型粮食种植和营销公司设计了一份未来发展的长期规划，公司最高管理层认为该规划涉及对企业竞争战略和高层组织结构的根本性调整，因此拒绝采纳。随后几年，这家公司遭遇了严重的业绩下滑，董事会在绝望中不得不引进了几位新的高管人员，重新实施之前设计好的长期规划。按照该规划，企业把竞争战略的重心从种植和运输产品改变为新式食品的开发和营销。经过四年的发展，这家公司再次成为高效经营的营利性组织。

今天的组织机构可以被视为知识汇聚的中心，这里有关于新产品、新流程、营销新方式的各种创意，以及改善管理效率的各种新途径。

在这种组织机构中，对已有知识的隐瞒、忽略或奚落，是造成当下管理错误的最为重要的原因。对那些传播不利的消息和分析结论的人进行孤立、疏远和惩罚，是造成未来管理错误的主要原因。

因此，承认组织对知识的依赖是一种重要的管理态度。除此之外，管理者还需要回答以下几个关于已有知识的务实的问题：

1）哪些知识是有价值的？

2）组织机构中的哪些人具备这些知识，或者应当具备这些知识？

3）哪些人需要接收这些知识？为什么？这些知识有何用途？

4）怎样才能改善已有知识的收集和传播方式？

"哪些知识是有价值的？"这个问题值得我们进一步讨论。这个问题会让大部分管理者感到特别头疼。一些管理者发现，他们有时候完全接收不到组织内部的信息，有时候又会被各种无用的信息淹没。知识型组织的管理者必须了解有用信息的各种特征。有用的知识可以帮助我们在决策过程中减少不确定性。无法减少不确定性的知识，不是无用的就是毫不相干的。有用的知识还有另一种特征，它能阐明那些无法减少不确定性的领域。管理者需要了解无法认知的领域，这一点非常重要。此外，管理者还应了解哪些知识对于决策过程代价过高，这些也必须被视为不确定性区域。

知识的搜集不能盲目，实际上，决策并不会在大量信息堆积的基础上自动形成，管理者必须有能力确定自己需要哪一类知识。思考以下两个简单问题可以帮助管理者发现真正重要的信息：①当前的情况要改变多少，我才会改变我的决定？②有哪些目前尚不了解的信息或条件会导致我改变决策？

有价值的知识还能提供额外的探索范围。换句话说，有价值的知识可以对它自身实用性的限制范围做出描述。它会明确指出超过这些限制范围，我们就无法确定当前知识是全部有效，还是部分有效，还是完全无效。

有意思的是，知识不一定都是以明确答案和客观数据的形式呈现的。在管理工作中，对于错误问题给出全面、准确的答案非常危险。这是伪知识，会很容易引导管理层做出错误行动。对于以前难以回答的问题，计算机的出现使回答问题所需的信息搜集工作变得非常简单，结果导致了伪知识的大量涌现。不过，众多案例表明，由于（信息）回答的问题无关，计算机只是搜集数据但相应的数据并未被使用。

在知识型组织中，有用知识的最高表现形式是对相关问题的界定，认识到这一点非常重要。因此，系统地阐述正确的问题正日益成为管理者的一项关键能力。

关于知识，最后要说的是它被过度强调的地方，即冗余知识的心理价值。对已知信息的不断确认，会让很多管理者感到信心十足。他们总是要求"汇报所有数据"，以便"深入了解"趋势和异常情况。实际上，他们的决策很少因为额外信息的出现而做出改变。在知识型组织中，为管理者提供无用信息已成为一项巨大的负担。以某机构为例，一位高管估计他和同事每天80% 的时间都在准备和完善各种报告，向上级汇报上级已经知道的内容。

新知识

对富有远见的管理者来说，知识显然正在快速成为企业实现发展和打造竞争力的基本手段。已有知识决定了企业当前的生产力和竞争技能，新知识决定着企业未来的生产力和竞争技能。然而，获取和生成新知识是管理活动和人类行为领域中一个重大的未知领域。的确，如果说有哪个领域需要新知识，这个领域无疑就是如何获取新知识。例如，管理者需要学习如何自行开发新知识。另外，对于如何获取和探索新知识的整个过程的研究，管理者应给予支持。

新知识包括两层含义，对此我们有必要加以区分：①某个企业不了解，但其他企业了解的知识。②某个企业了解，但其他企业不了解的知识。

"只有我不了解的知识"和"包括我在内所有人都不了解的知识"，这两层含义之间的区别表明我们必须使用不同的方法来获得新知识。第一种情况下要采用获取策略，搜索相关图书，与内行沟通，和对手协商，这些都是了解他人知识的手段。第二种情况下要采用创造策略，进行思辨式思考，展开想象，原创观点，这些都是创造全新知识的方法。从管理角度来看，这是两种非常不同的知识开发过程，通常由完全不同的人来实现。

所有的新知识都可能带来压力。传统思维方式、既定人际关系和决策权力会受到新知识的严重干扰。有两个非常极端且富有戏剧性的案例可以说明新知识对传统认知的这种干扰，即哥伦布提出的地圆说对地平说常识的挑战，以及哥白尼提出的日心说对地心说常识的挑战。地圆说理论被接受之后，全球揭开了航海探索时代的序幕，使殖民主义开始成为一种国家战略，颠覆了国家之间的经济关系，实现了从陆基竞争到海基竞争的转变。日心说的出现，使以地心说为理论基础的神学备受质疑，导致民众和教会之间的传统关系，以及政府和教会之间的权力分配关系被彻底改变，再也无法回到从前。

管理者虽然喜欢新知识，但是跟很多人一样，他们只想看到新知识带来的希望而不是混乱。因此，从别人那里获取新知识的策略会掺杂各种不同的动机。表面上看这种策略非常直接，你只要了解一下别人有哪些新知识，然后拿为己用即可。

当然，你的竞争对手往往会把新知识隐藏起来秘不示人。即使在同一个企业内部，部门之间也会彼此隐瞒新知识，和竞争对手比起来甚至有过之而无不及。

管理者应当意识到，获取新知识的做法会引发强烈的反对和认同。一开始我们并不清楚哪一种力量会占上风。当我们缺乏某些知识并试图从他人那里获取时，通常会引发以下四种阻力：

1）因为新知识不是我们创造的，因此它是靠不住的，要么不相关，要么不适用；

2）对新知识创造机构或部门的轻视，会让我们无法认识到新知识的优点，这要求我们改变对知识创造者的负面印象；

3）我们担心接受新知识的做法会让上级认为我们自身能力不足；

4）我们担心使用新知识会带来不利影响，这种影响可能是对自身能力需求的降低、对组织结构的不利变化，以及个人影响力的下降。

由此可见，获取新知识这样简单的想法会引发很多人发自心底的反对。

另外，意识到新知识的缺乏也会引发强烈的（对新知识获取的）认同。首先，管理层接受新知识的最大动机可能在于，他们担心如果落后于竞争对手太多太久，企业会失去生存能力。其次，组织内部的一些人士会发现新知识的使用将给自己带来利益，如更大的职权和影响力。最后，新知识的创造者或创造机构已经具备能力突出和观念超前的良好声誉，这种声誉有助于消除他人对新知识的疑虑。他们通常会这样想："虽然我们不懂这些，但是这些肯定很重要，否则像 ×× 这么优秀的人（或公司）肯定不会去做。"

无论哪种情况，管理者都在获取新知识的活动中发挥着关键作用。鼓励员工去搜索、感知和了解各种新知识，尽可能地让他们接触各种新知识的来源，是管理者的重要工作。无法定期了解外界的新知识，会让企业处于弱势地位。管理层不了解新知识的重要发展趋势，会极大地增加决策失误的风险，会造成在需要新知识时不知该从何处下手的困境。美国毛纺公司就是一个很好的例子，这家公司曾经垄断美国毛纺制品市场，在二战结束后的 5 年中，市场对毛纺制品的需求爆发，企业获得了大量利润。后来，由于在长达 30 年的时间内对合成纤维和混纺织品相关知识的忽视，这家企业最终被迫破产。最后当管理层决定准备学习新知识时，已经不知道该如何开始了。

在创造新知识时，管理者要面对的是陌生的新世界。曾经对企业日常生产无比重要的稳定、秩序和可靠性一去不复返，取而代之的是一个不同寻常的、充满待发现的事物和不可预测性的奇妙新世界。

新知识的创造需要依靠一些支持条件。在尝试提供这些必要条件时，管理者会发现他们的理念和技能面临严峻的考验。这些条件包括：

1）支持富有创意的异常观点和做法；

2）深入了解已有知识；

3）灵活的时间安排；

4）从不同角度思考问题；

5）吸引不同领域的专家组建团队。

下面我们依次进行说明。

第一，创造新知识往往意味着和传统知识彻底地分道扬镳。很多不成熟的想法和毫无关联的观点，必须经过仔细梳理才能从中发现有价值的新知识。在创造新知识的活动中，管理者的首要任务是创造一个适宜创新思维生长的环境。这些充满想象力的思维必须远离已知和广为接受的知识。新观点需要偏离常识观念，只有这样它们才能成为已有知识的有意义的补充。

新知识的创造过程与其最终产物创意产品并不相同。创造过程需要在鼓励表达不同意见的环境中才能顺利发展。在这个环境中，很多观点会出现，但最终只有极少数可以通过严格的批判性分析测试。因此，管理者必须对各种错误尝试有心理准备，接受各种观点在前期百花齐放，在后期因缺乏价值而被彻底放弃的现实。

第二，创造新知识必须对已有知识进行深入了解，这样可以避免付出精力对已知内容重新进行探索。著名原子物理学家罗伯特·奥本海默经常说，在物理学领域增添新知识并不像大多数人想象的那样困难。他说首先人们必须学习一些相关的表达方式，如数学、概念和实验，这些都是已有的知识。这些学习要投入大量的时间，之后，为物理学增添新知识的过程其实和其他领域并无不同。奥本海默一向谦虚，对自己的才智以及对物理学新知识的贡献只是轻描淡写，但他的观点确实不假，对已有知识的充分了解吸收是新知识创造重要的前提条件。

第三，从事创意活动的人需要灵活的时间安排。高度重复的日常性事务会使他们的感觉变得迟钝，琐碎工作会占用他们的心智和精力，他们必须从中逃脱以获得足够的自由。这并不是说不能为他们安排规律性的工作计划，正相反，无论能否感受到创新思维，善于发现新知识的工作者都需要较为规律的时间安排。在新创意即将取得突破时，他们会夜以继日地长时间工作。如果事后证明这是并不成功的尝试，他们通常需要一定的时间恢复精力和重新整理思路。灵活的时间安排并不意味着无所事事，而意味着工作者在固定安排（指新的目标和方法）出现之前有时间进行调整。

新知识的创造需要确保灵活的时间安排，避免日常程序性活动的干扰。在这个问题上，知识型组织管理者会给自己造成很大的难题。如果完全屈服于短期目标和可衡量的产出造成的压力，从不为自己和团队保留灵活的时间安排，最后很可能导致知识创造活动的失败。

第四，新知识通常是在系统化地从不同角度（角色或位置）思考问题的过程中形成的。例如，我们都知道来自生产、营销、财务和人事等不同部门的管理者，即使从同样的角度看待同一个问题，也会形成不同的问题描述，提出不同的解决方案。在创造新知识的过程中，正确的做法是利用这些不同的观点，而不是去压制它们。如果管理者不鼓励以不同的角度思考问题，新知识就很难形成。

当管理者能够从企业外部人员的角度思考问题时，他们便已经在新知识创造方面取得了非常重大的进步。他们可以这样思考问题："如果我是消费者，我会怎么看这个产品？"然后是："如果我是维修或安装人员，我会怎么看这个产品？"这些问题表明管理者已成功地迈出了一大步。在当今的大规模消费社会中，随着人口的增长，管理者总有一天会意识到还需要思考这样一个问题："如果我需要处理掉这个产品，我会怎么看它？"

管理者可以用系统化方式鼓励员工从不同的角度思考问题。提喻法是一种很好的鼓励创意开发的方法。例如在思考某个问题时，它要求人们试着找出在军事和政治方面有哪些类似的问题，让他们假设自己是自然界中与问题中的事物有相似特征的某种东西，如动物、树木或间歇泉，把自己想象成这些实物去思考问题。比如，在为某外科手术用品制造商的新产品开发进行集思广益时，可以鼓励参与者这样思考问题："如果你是一道开放性伤口，你会怎么想？有什么感受？你会提出怎样的要求？"

关于人类行为的研究很早之前就已经发现，善于改变思考问题的角度的人更有可能解决困难的问题。现在我们要做的是要把这一发现在知识型组织管理中加以应用。

第五，和观点不同的人交换看法也有助于新知识的探索。实际上，引导和建立由不同领域专业人员组成的团队是管理者在知识型组织中的一个重要作用。拥有不同问题概念体系的人一起构思问题，可以很好地帮助彼此找到了解知识的新方法。研究表明，高产科学家都是通过定期与其他领域的专家共同讨论观点和问题的方式来探索新思路的。

因此，知识型组织的管理者必须了解如何鼓励和引导专业小组的工作。这些小组带来的问题是：怎样才能从多样的观点中发现新创意？如今，利用各领域专家组成小组的方式探索新知识正变得越来越普遍。我们一般把这些智力超群的小组称为"智囊团"或"智库"。不过，不管叫什么名字，它们都是获取新知识的异常重要的来源。

知识转化

企业是一种社会工具，它的存在是为社会行使经济职能，提供所需的商品、服务并获得利润。从根本上来说，企业必须使用知识，将知识转化成新的或是更好、更便宜的产品，转化成更有效的营销方式，转化成更高效的资金、材料和人力资源利用方式。

大多数企业管理者都是具备这种转化型思维的。他们对尚处于理论阶段的知识缺乏耐心，感到难以适从。在他们看来，无法给出明确答案或简单方法的理论不是毫不相关就是故弄玄虚。他们对知识探索持怀疑态度，在企业赢利时觉得尚可容忍，当企业不赢利时觉得那简直是不切实际的奢侈行为。

实际上，知识转化过程不但至关重要，而且困难重重。尽管管理者明白无法转化成行动的知识几乎没有经济价值，他们还是不断要面对哪些知识需要转化的取舍问题。举个例子，二战结束后不久一家行业领先的家用洗涤皂片产品公司的最高管理层，被要求批准家用洗衣粉的开发项目。在当时，清洗剂的物理和化学特性是已知的，但这种产品一直以来几乎完全用于工业生产活动，其主要用途是通过浮选法分离和沉淀矿石颗粒（将含有清洗剂的水溶剂和矿石粉末搅拌融合，矿石颗粒会被溶剂产生的泡沫吸附并浮至表层，然后流出水槽进行沉淀）。那时还没有家用洗衣粉。由于该公司的皂片产品在市场上长期取得的成功，管理层最终决定放弃这个项目的开发，即不对已有知识进行转化。与此同时，另一家市场份额小得多的肥皂公司决定进行知识转化，在两年后推出了第一款家用洗衣粉。后面的结果大家都知道了，家用洗衣粉取代肥皂横扫市场，在十多年的时间里占据了市场的主要份额。

在很多情况下，知识现成可用，但出于各种原因未能转化成行动。有时候，其原因是社会性或文化性的。例如，关于如何改善不发达国家生产力的知识早已有之，但是在转化为行动时仍遇到了很大的阻力，原因是这样做会扰乱当地传统的父子关系、男女关系、长老和族长之间的权力关系。即使在我们的文化中也一样，在管理者的传统权力关系受到威胁的企业中，知识往往很难得到转化。另外，知识转化要求改变一些关于工作在生活中的地位和作用的约定俗成的观念，甚至在身为发达国家的英国这也是当前需要面对的问题。

知识的转化或利用是一个尚需进一步了解的独立且独特的过程。这个过程涉及从思考和信息到行动和事物的过渡和转变。面对知识型组织不断加快的知识获取速度，如何确定哪些知识需要转化以及怎样进行转化开始让管理者感到越来越为难。

企业具备经济目标这一事实，充其量只能为知识的转化分析提供某些引导。对下列棘手问题的回答可以为转化决策提供支持框架：①顾客的需求是什么？这个问题假定企业可以识别"顾客"，且其相关需求可以描述。②知识转化怎样才能帮助组织机构实现目标？这个问题假定组织目标不是模糊笼统的概念，而是明确清晰的方向，可以对转化决策的结果做出具体的预测。③转化方案的经济效益如何？与组织机构的总体经济增长计划是否吻合？这两个问题假定企业拥有非凡的能力，能够预测经济成果、竞争对手行为和总体经济状况；假定存在实现经济增长的综合性计划。④最后，转化方案在人力和社会方面的成本和收益如何？这个问题假定我们清楚地了解管理者的个人动机及其行为的道德后果。此类动机和后果通常会在关于经济效益的高度理性的描述中被忽略或掩饰。

尽管存在这些棘手的问题，知识转化决策仍是一项必须做的工作。实际上，管理者需要持续不断地做出知识转化决策，而且每一个组织机构的知识转化方式都有所不同。对此，我们可以用美国银行在国际银行业务中发挥的不同作用的例子进行说明。尽管美国的国际收支赤字目前限制了信贷的外流，但国际银行业务是很多银行增长最快的业务。有些美国银行对外国的商业、政治和金融情况非常了解，这些知识可以为美国企业的海外子公司或分支机构提供极大的帮助。有些美国银行尝试使用管理科学手段，对海外资产的管理加以引导。还有些美国银行把已有知识转化成新式金融工具，绕开信贷管理限制向潜在的欧洲客户提供贷款。

围绕知识转化出现的问题是，哪种关系能够在知识转化过程中提供最大的帮助？通常，企业的组织结构特征是自上而下地传递管理命令，并划分成不同的部门，将知识型员工和一线操作员工分开。因此，知识转化过程中的难点经常以"界面"问题的形式呈现出来。了解知识的人在一个部门，真正负责行动的人在另一个部门。由于双方都想对对方施加影响，这就造成两个部门之间的边界始终处于压力之下。结果，管理人员往往和一线工人脱钩，技术专家和运营经理很难有效沟通。在这种组织机构中，知识转化活动会加大对部门边界的压力，造成矛盾和冲突。不幸的是，这种冲突常被扭曲成最终权限之争。实际上我们要面对的真正问题是：推动知识转化需要思考的真正问题和最佳答案是什么？

对于知识转化过程中的"界面"问题，指定协调员或联络员是一个比较好的解决办法。担任这一居间角色的人员必须在知识转化的社交过程中具备出色的能力，否则，他们的出现只会造成更大的隔阂。如果能力不足，他们会被忽视或是受到两边的嘲讽。更糟的是，如果能力不足又身居高位，他们不但会使问题变得更加复杂，甚至会阻碍知识转化活动，使其彻底陷入瘫痪。例如，某企业为研究部门和开发部门任命了具有决策权限的协调员，一开始双方都试图拉拢他针对另一个部门。为了和睦相处，协调员对双方都是言听计从。这样做并不明智，反而加深了隔阂，两个部门变得更加不妥协，认为只要搞定协调员就能让对方乖乖就范。就这样，这种情况持续了几个月。为了摆脱困难，协调员取消了部门之间的所有会议，要求它们直接向自己汇报工作，他将决定如何解决部门之间的分歧。这种做法让两个部门感到既愤怒又气馁，他们只能汇报协调员需要的信息，而这些信息往往和知识转化决策没什么关系。显然，企业试图协助知识转化的做法最终变成了障碍。

此处依然存在的基本问题是，怎样才能缩短知识转化和知识获取之间的距离？在缩小知识转化差距的过程中，可帮助具有知识转化思维的工作者顺利进入知识获取项目早期阶段的方法会更容易取得成功。很多案例表明，团队中如果有人能综合考虑资源配置、商业可行性和组织结构影响，其知识转化过程会进行得非常顺利。此外，管理者还必须思考如何对自我和某些知识型员工进行培训，以便更好地适应错综复杂的知识转化工作。企业可以尝试换岗管理的方式，例如让研发部门经理与生产部门或营销部门的经理换岗，或是让产品开发部门经理和营销部门经理与生产部门经理和销售部门经理换岗。这种做法虽然比较原始，但至少可以表现出对知识转化工作的关注。

知识转化是一个持续的过程。组织的不同方面的知识会同时转化成行动。因此，当最高管理层尝试制订下一年的计划和预算时，中层管理者和车间主管正在将当前的产品计划转化为行动。这表明，知识转化要求不断审视当前行动和未来行动所需知识之间的关系。在以前，当上级主管接收到的知识与当前环境无关或不适用时，需要将相关情况向上汇报给相关管理层。例如在生产过程中，按照工程设计应当匹配的零部件出现无法匹配的问题，这种情况必须上报给制造部门管理层。组织机构的这种运行方式，首先是确保指令系统的畅通，其次才是解决问题。这种方式对知识转化来说无疑是相当复杂的，甚至发挥着限制性作用。组织行为学中一项很有前途的研究，即全连接网络或矩阵组织，对于解决知识转化之类的问题可以起到更好的帮助作用。

这种方式的具体做法其实很简单，在需要了解相关信息以做出重要决策时，管理者可以先不上报上级，而是组织内部沟通会议。比如在前面的案例中，车间主管在遇到生产问题时可以把负责工程设计、质量控制和采购的负责人叫来一起开会解决。在更高的管理层次上，这种直接接触相关人员的做法更为有用，因为在这些层次上，知识、理解和行动之间的分歧更大。矩阵行为理论认为正规组织结构是非常明确和稳定的，基层管理者通过直接沟通的方式解决知识转化问题并不会威胁到这种结构。

至此，我们假定知识是现成可用的，问题是怎样将其转化成具有经济效益的行动。下面我们要谈的是对知识转化的需求怎样才能影响新知识的产生。新知识的产生具备两个重要的假设前提：①巧合假设，即新知识源自对偶然事件的积极分析。例如查尔斯·古德伊尔意外地把橡胶掉进火堆，由此发现了橡胶硫化作用。②需求假设，即新知识源自对特定知识需求的研究结果。

当社会上没有多少大型组织机构时，巧合假设可以用来说明新知识是如何产生的。对当今社会而言，更多人认为需求假设能够更好地解释新知识的产生。也就是说，管理者对于可转化知识的需求是组织机构中新知识产生的重要决定因素。因此，问题的关键并不是"我们有哪些不了解的知识？"，而是在资源有限的条件下，"我们需要了解哪些知识？"。知识型组织对管理者提出的问题是：我们需要了解哪些新知识？

管理知识型组织中的工作者

在阐述知识的获取、产生和转化的过程中，我们虽然涉及了一些人类行为方式，但基本上都是把人视为知识处理过程的附带对象。接下来我们要转换角度，把知识处理过程视为人的附带对象。

知识型组织是一种与众不同的社会系统，在某些不易觉察的方面与催生它的等级生产型组织有着很大的区别。这些区别为工作者带来了新的压力，要求他们做出不同的响应。重要的是，知识型组织对人类关系带来的最为深刻的影响是赋予权力的基础发生了隐性的变化。生产型组织的管理者，凭借他在组织中的正式角色，不仅有权以加薪和有吸引力的任务来奖励下属经理，还有权在工作中对各个细微方面做出指导，这一点甚至是他的职责所在。倘若管理者无法坚定且定期地行使这一权力，他往往认为别人会把他看成软弱或无能的人。奇怪的是，在知识型组织中坚定地行使这一权力的管理者反而会被视为软弱或无能的人，被下属认为无法运用自己的知识能力。

在知识型组织中，管理者的奖惩权依然存在，但通过直接命令的方式来确定目标和方式的做法已基本消失。这是因为在知识型组织中，知识的相关性和准确性已成为决定权力的最终基础。尽管等级权力仍然存在，但其作用仅限于对难以调和的重大冲突的解决，在其他情况下都是以知识作为权威的基础对组织机构进行指导。这种情况看似简单，但是在知识型组织的实际应用中，基于职位的权威和基于知识的权威之间始终存在着竞争。

另一个具备普遍影响的特征是，知识型组织在解决知识项目时可快速建立工作团队和组织结构，在问题解决之后再快速解散临时团队。换言之，知识型组织就是一连串招之即来挥之即去的临时性社会系统。在这种组织中，管理者和知识工作者深度参与某些项目，一般性参与另一些项目，还有些项目，他们仅参与一些边缘事务。无论是否深度参与，每个人都会在项目中做出重要贡献。

这种变化无疑带来了新的压力。在传统的生产型组织中，工作压力大体现为身体疲惫、单调和无聊。在知识型组织中，工作压力大体现为精神疲劳、身兼多职，以及不断加重的心理负担。生产型组织强调的是工作者的体力而不是智力，知识型组织强调的是工作者的智力而不是体力。生产工人以精神刺激和娱乐消遣作为休息方式，知识工作者以体育锻炼和体力活动作为休息方式。

如今，心理学家正在日益关注工作者应对现代生活压力的能力。知识型组织是工作者能力经受重大考验的领域之一。知识型组织的管理者必须应对以下问题，这些问题中的每一个都会带来巨大压力，组合在一起甚至可能造成致命性压力：①高度复杂的工作情景。管理者必须确定和选择目标，目标有各种可能性，不存在唯一确定性；目标的取舍会随着工作进展不停改变，为此必须制订替代行动方案；任何行动方案都会有不利的后果，最终结果往往取决于其他人的行动，但是他们的行动目标和你的又不一致。②模糊性。行动方案和行动结果很难关联，有些成果可以通过行动实现，有些成果并非行动产生的结果。如何对其加以辨别？只能靠管理者的推测。这就造成管理者在以后的决策过程中毫无头绪，甚至是在错误的信息环境下做出决策。③多重监督。除了顶头上司，每个管理者还必须应付具备同等重要性的其他临时上司，因为他们具备知识权力。④多重小组身份。每一位管理者必须习惯在快速组建和快速解散的项目团队中确定、维持和脱离组员身份。⑤观点和自我的冲突。知识是知识型组织的基本运行要素，不同于产品和人的分离，观点的价值很难和人的价值分离。尽管如此，这种分离依然是必要的，这是因为，即使是最有价值的管理者，也有可能提出没有价值的观点。

作为知识型组织的重要组成部分，这些压力的根源是无法被消除的，我们只能对它们加以管理。这表明，知识型组织的管理实际上包含对复杂的人际网络的管理。在知识型组织中的人的问题并不比生产型组织中的更简单，如果说有什么不同的话，那就是它们有可能更具破坏性。

那么管理者应当具备哪些行为知识和行为能力呢？我认为以下几点至关重要：

1）了解在知识型组织中使用职务权力的缺陷，以及如何使用这种权力；

2）了解知识型组织的结构特点，与知识工作者打交道的方式跟传统等级制度下的权力－服从模式有何不同；

3）行为能力（或者说鼓励探索、创新和承诺的行为）具有重要意义；

4）深入了解知识工作者的态度和关注点。

了解职务权力的权限和使用方式

在知识型组织中，管理者虽然有决策的职务权力，但这种权力会受限于他和下属、同事以及上司之间进行知识沟通时的理解能力。管理者如果不能持续更新其知识储备，快速发展的知识将使他们很快落伍于时代。生产线工人知识落伍只会影响其个人发展，管理者知识落伍却会为企业带来巨大灾难。在职务权力的作用下，其知识缺陷造成的不利影响会成倍放大，因为管理者可以对企业重要部门的发展形成阻碍。

例如，某电子测试设备制造企业的财务副总，他在财务理论和电子数据处理方面的知识已经落伍。他所在的部门招聘了几个拥有商业管理硕士学位的年轻人，这些年轻人还具备使用计算机进行财务分析的工作经验。在这位副总看来，使用这些知识能为公司创造利润简直匪夷所思。他拒绝在财务汇报和数据处理方面做出改变，尽管这些知识在当时已经被很多竞争对手使用。知识工作者的流动率非常高，这位副总的决策不但限制了企业在财务领域的现代化，还进一步导致库存管理和定价出现问题，市场开发费用出现错误。后来，这家企业被一家大型企业收购。由于财务副总的能力问题，财务方面的管理权逐渐被总部收回。

如果知识型组织的管理者注重其职务权力又缺乏知识能力，它就会存在极大的失败风险。这么说并不是要求每一位管理者都必须比下属或同事知识更丰富，而是说随着知识的发展，管理者必须预见到自己在知识储备方面与他人存在的差距。否则的话，管理者多半会无奈地接受下属的平庸，并可能抑制他们的知识增长。

管理者的任务是要不断实现个人发展，确保自己和团队的知识差距维持在可控范围之内。他必须清楚他收到的建议和信息会带来哪些后果和影响。在知识型组织中，管理者使用职务权力切断与工作者之间的沟通以免接触自己不了解的知识领域，无疑是对企业最具破坏性的事情之一。

另外，随着知识工作者在组织机构中的影响越来越大，管理者还必须面对被称为"知识的傲慢"的新现象。知识工作者有时候会从模型中推导出一些抽象概念，这些概念可能会让管理者感到困惑和恼怒。现实世界的复杂性往往无法简化成管理者能够理解的抽象概念。那些要求在现实世界和模型中每个元素之间建立简单的逐一对应关系的管理者对此感到失望。

这种理解上的差距会对知识工作者和管理者之间的关系造成压力。管理者认为知识工作者天真、迟钝且傲慢，知识工作者觉得管理者知识水平差、处处戒备且过于自我保护，双方之间互相妨碍。在这种情况下，就知识所做的沟通往往会沦落为一系列的争执。管理者对此必须保持高度的警惕。

管理者有权要求工作者对知识背后的假设和理论做出解释，同时也有义务使用其权力鼓励员工对管理者无法理解的知识概念进行小规模测试。例如，某银行管理层决定成立管理科学部，不断鼓励该部门开展研究以改善其资产管理制度和决策。几年之后，该部门开发出一套可有效协助管理的决策模型。实际上直到现在，除了一些常用术语之外，在那些有权决定该部门是否留存的管理者中，没有几个人真正明白整个模型是如何设计、测试和使用的。尽管如此，他们仍全力支持该部门做出的分析结论，乐于提供附加的决策情景以供研究之用。

尽管管理者的知识能力会在不知不觉中限制其职务权力的使用，影响他们在工作中的人际关系，但是在很多情况下管理者使用职务权力仍是必要的。在没有知识的时候，知识的出现会让情况变得清晰和明朗。管理者及其团队必须了解哪些是不知道的，这一点非常重要。不可靠或不够全面的知识无法为决策提供足够的支持。遇到这种情况，管理者必须依靠其直觉、判断和不拘一格的洞察力。归根结底，管理者有权做出决策，他也必须这样去做。

知识型组织的结构和沟通

在知识型组织中，管理者的工作是找到超越个人知识局限的方法。就雇员数量而言，组织已经很庞大；就结构而言，也已经很复杂。错综复杂且含义丰富的知识，是组织中被忽视的第三个维度。在组织结构等图表中，知识目前还是一个难以直观体现的复杂要素。

大型组织机构的总裁需要的知识，正在日益超越一个人的精力和能力所能承受的范围。在以前，总裁的工作会得到多级下属和委员会的服务和支持。如今，一些机构（如美国联合碳化物公司、通用电气和博登公司）正在使用不同的组织结构方式拓展总裁的能力。它们的总裁办公室里会有好几位高级经理，大家一起工作，互相弥补专业知识方面的欠缺。这一做法所体现的理念完全不同于单一上级概念，它尝试以创新方式满足企业对知识处理能力不断延伸的需求。这样做虽然会让工作上的互动变得复杂，但好处是不会像传统方式那样在关键决策环节限制知识的流动。显然，越来越多的企业都难以承受（传统管理方式带来的）如此高昂的代价。

不只是企业总裁，实际上各级管理者都发现组织机构会变得越来越松散，他们通过增加互动的方式来促进知识的流动。换句话说，整个组织机构会被视为一个大型人力资源中心。管理者只需明确工作目标和标准，目标一旦确定，一个以临时成员和有限目标为特征的临时系统（或是一套班子，随你怎么命名都可以）马上就可以建立起来。在此过程中，随着知识目标的确定，会有来自各个职务层级的工作者不断加入系统，等目标完成之后大家又即时离开系统。这种形态即所谓的自由式组织结构。这种结构对于重复性生产活动毫无用处，但是对如何改进生产等知识探索活动具有非常重要的作用。

对于自由式组织结构，管理者往往会产生误解，认为它是传统组织结构的替代物。实际上，自由式组织结构是传统组织结构的补充形式，主要用于推动知识型工作的开展。

行 为 能 力

知识型组织的自由式特征对管理者的行为能力提出很高的要求。管理者要不断适应在陌生的领域和不同工作者一起工作的情况。技术问题的解决方案之所以难以取得进展，并不是因为知识的缺乏，而是因为管理者和知识工作者不具备足够的行为能力。例如，某公司总部的营销顾问受某地区销售经理邀请检查该地区的营销计划和方法，这位营销顾问头一次去就公开批评他们绩效不达标，暗示地区销售经理的工作存在问题，这位经理感觉受到了冒犯。因为不好当面发生冲突，这位经理接下来花费大约一年的时间搜集各种证据，向总部证明该营销顾问资历不够。实际上，他是一位很有能力的营销顾问，但是因为他的所有建议都没有被采纳，他几乎被该地区彻底排斥出去。后来，与地区销售经理一起工作的一位行为指导专家建议该地区的高层管理人员与该营销顾问举行会议，讨论如何改善共同工作的状态。在会议中，营销顾问描述了自己无法影响组织的失望之情。地区销售经理在讨论和营销顾问之间关系的进展时，说自己逐渐接受了对方第一天对他的"侮辱"。营销顾问听到后大吃一惊，压根儿没想到自己的话会让对方如此受伤。在他看来，适当的批评可以表现出自己在这个领域的专业性，表明他不会低调处理工作中发现的任何不利问题。这件事谈开之后双方冰释前嫌，整个团队开始采纳营销顾问的建议开展工作。

为了提高团队合作能力，管理者应当认真考虑行为科学的指导作用。在团队行为方面，行为科学已经积累了很多重要的知识，开发出一些经过重大改进的方式（如"实验室教育"），可以帮助管理者成为更有效的团队促进者。由于自由式组织中的关系更多的是协商性的，而不是指令性的，管理者必须提高给予和接受帮助的能力。管理者必须对自己的感受、感受的表达以及处理矛盾冲突的方式有深刻的认识。管理者通常需要了解的是自己会怎样无意识地陷入自我保护模式，从而使需要鼓励的研究、创新和承诺活动受到干预。

知识工作者的态度和关注的问题

当今一代进入知识型组织的工作者展现出新的态度和关注的问题。他们正在改变组织的文化。一方面，他们似乎高度自主，这是因为他们的教育成长环境始终强调探索的自由。在探索模式下长大的这一代，其特点概括起来就是：如果有不懂的地方，自己去搞明白；开发测试自己的理论，用自己的思维去推理，用自己的方式解决问题。受此影响，他们会质疑老师，对权威观点持批判态度，很快就能发现人们言行不一之处。对他们来说，任何问题都可以问，任何理论或权威都不是绝对的。

另一方面，他们又充满焦虑，如果无法积极使用先进知识做出社会贡献，他们会感到内疚。他们这一代目睹过巨大的公共观点冲突，如违反现行法律的劳工罢工、民权示威游行，以及支持和反对战争的抗议活动。是否参加某种形式的抗议活动，面对这种选择他们必须自行做出决定。此外，他们还有各种机会提升个人的责任感。例如，他们当中很多人都参与过学生自治活动，这些活动鼓励学生在很多原本由父母、公共机构或校方负责的事务中进行负责任的自主管理。受此影响，他们学会了如何有建设性且负责任地表达不同的观点。例如，纽约大学法学院的学生认为有必要开设一门新课程，讨论军事司法对公民自由产生的影响。校方对此反应并不积极，于是他们决定自己组织教学，并获得了该领域一些权威机构提供的支持。这门课虽然不计学分但一直延续了下来，现在这些学生正在设计开发其他一些非学分课程。

追求个人成长、多样性和新挑战机会，以及对成就的渴望，始终是知识工作者关注的问题。知识工作者往往是通过消极同化而不是积极激励的方式被引入组织机构中，这一点似乎与他们关注的问题背道而驰。企业总是给员工描绘很多的未来机会，但刚开始工作时他们只能做毫不起眼的、高度重复的工作。如果管理者试图有意打消知识工作者的积极性，这恐怕是最好不过的手段。知识工作者需要持续接受新教育，可能每过两年就需要重新接受某种形式的教育。他们需要的是能够拓展个人能力的工作任务。尽管会对加班有所抱怨，但在内心深处他们并不希望以其他方式工作。

在知识型组织中，知识使用方面的道德规范也是工作者们关注的问题。他们意识到社会不公和国际困难的存在，质疑人是否应当沦为组织机构的奴隶（人创办组织的初衷是想做组织的主人）。他们对政治经济、社会福利、政府、国际战略和经济价值有自己的理论，而且会在工作过程中不停地思考这些方面的问题。他们越发清晰地意识到，政府及其机构在改善社会不公和

约束破坏行为方面需要引导和帮助。他们把知识型组织视为富有成效的社会
手段，希望为此类组织找到更多有效途径，为解决社会不公问题采取直接
行动。

简而言之，未来的知识工作者会和他们的前辈完全不同。他们更有见
识，凡事持怀疑态度，喜欢质疑权威，习惯表达不同意见，注重亲力亲为和
展开行动。显然，这些都是可推动自我引导式创新反馈和行动的重要动力，
如何通过释放这种动力进行工作者管理，同时对管理过程中必然会出现的各
种矛盾加以建设性利用，将会是未来管理者需要面对的挑战。

系统化决策

杰拉尔德·格拉瑟

本章要讨论的是决策问题——如何在充满不确定性和复杂性的环境下进行决策。不确定性和复杂性这两个词较好地描述了当今商业环境的特征。本章主要介绍如何用定量分析法协助决策活动。我认为这种方法未来将会变得越来越重要。未来的管理者，也包括今天的管理者，都应当了解这种决策方法。

这篇文章的主旨在于，定量分析法不只是一套工具和方法，更是一种思维方式。

这种思维方式为哪个级别的管理层带来最大的机遇和挑战？定量分析法适合所有级别的决策管理者，尤其适合最高管理层，他们要处理的一般都不是日常经营中出现的问题。我认为，目前主要影响中级管理层的定量分析，未来将会以很快的速度对最高管理层产生影响。

当前定量分析在商业领域的应用状态如何？众所周知，使用数学和统计方法解决商业问题的做法近年来日益受到关注，成为商业领域的一个重要发展趋势。在很多企业中，定量分析法的应用十分普及。实际上，很多此类应用的根本目的是为管理决策提供更好的信息支持。可以说，面对数学和统计应用带来的巨大效益，任何管理者都会表现出巨大的热情。其实，"为管理决策提供更好的信息支持"这一表述，至少在我看来，意味着在搜集事实和数据这一科学处理过程与将其转化成管理决策的主观判断过程之间，存在着差异。幸运的是，近年来人们一直在试图消除这两个过程之间真实的或是表面上的差异。很多学界人士和实践者对决策活动越来越关注，特别是在不确定和复杂环境下的决策活动。这种行为主义哲学导致了定量决策理论的诞生，这是一种研究如何在不确定和复杂环境下进行决策的理论。

决策理论即本章要讨论的主题。

决策理论的本质

"定量决策"听起来令人生畏。使用数学和统计方式进行决策让人感觉似乎有些狂妄。实际上，统计决策理论的设计目的并不是代替管理者做出判断，而是以最有效的方式利用管理判断。另外，统计决策理论的主要内容不在于各种公式，这一理论的主要特点是对思考方式的规范化，其设计目的是取代漫不经心、直觉式的随意性推理。定量分析法的主要贡献并不在于解决问题，而是更为准确地描述问题，从而更好地解决问题。

换句话说，统计决策理论是一种以系统化方式处理管理问题和其他问题的理论。它提供的概念框架可以帮助决策者更好地认识问题、分析问题和解决问题。

这一理论还有一个很重要的方面。从某种意义上说，它是一种假设，甚至可以说是一种限制条件。定量决策理论的发展过程表明，它实际上是决策活动中的一种一致性理论。其主要目的是帮助决策者做出理性判断，理性在这里是指决策者能够根据对问题的了解和个人看法选择最为合理的行动方案。换言之，统计决策理论可以在不确定和复杂环境下提供符合逻辑和一致性推理的思考方式。

使用决策理论做出的决策，有可能明智，也有可能不明智。我想重复说明一下，决策理论的设计目的是帮助决策者根据对问题的了解和个人看法做出看似明智的决定。实际上，使用逻辑分析方法做出的决定是否明智，取决于决策者是否在已知和认为正确的事实的基础上进行逻辑分析。

事实表明，大多数决策者使用决策理论做出的决策比不使用该理论做出的决策都更为明智。这是因为决策理论为他们提供了一种方式，可以对已知情况加以最有效的利用。

接下来要谈一下本章的两个关键词：不确定性和复杂性。首先要说的是不确定性和复杂性只是一种心理状态。通常，给定决策问题中的所有相关事实都是未知的，把问题详细研究到了解全部事实的做法也不可行。这就意味着给定决策的结果存在不确定性。实际上，任何商业决策都存在某种程度的不确定性，一些人认为这会限制定量决策法在商业中的应用。这样说是极其错误的。统计人员擅长应对不确定性，他们并不担心不确定性的存在，而是利用概率论对不确定性加以分析。实际上，对不确定性的处理正是决策理论的一个组成部分。

很多商业问题都很复杂。有人认为复杂性会阻碍统计决策理论的应用，觉得问题过于复杂，无法使用统计决策理论。其实恰恰相反，我认为越是复杂的商业问题，就越需要从统计决策理论的角度去分析。这一理论的应用会强制管理者对问题进行结构化处理，从而消除其中很多看似复杂的干扰，然后才能找到合理的解决方案。

应 用 范 围

统计决策理论适合在什么情况下应用？我认为，凡是无法马上找到明确答案的决策活动，只要决策者有能力应用该理论来处理，就都可以应用该理论来处理。小的方面，人们可以在个人生活中应用统计决策理论来解决问题，例如决定选择哪种午餐，早上几点起来去赴约，在哪个地铁站下车，以及解决生活中的许多不那么琐碎的问题。大的方面，在农业、医学、科学、政府和商业领域，统计决策理论不断被用于处理各种重大问题。随着企业管理者对定量分析手段的日益了解，未来几年该理论的应用范围将会快速扩大。

目前在商业领域已投入实践的一些重要应用包括处理工业检测问题，它涉及对入库原材料、加工件和制成品的检测次数进行决策。统计决策理论可以帮助管理者制订生产和库存计划。此外，该理论还可以帮助广告公司及其客户对广告文案和媒体做出选择，可以对金融资产组合、信贷风险承受能力以及人事安排方面的决策提供帮助。资金预算是统计决策理论帮助很多企业取得成功的一个非常重要的应用领域。其他应用领域还包括与新产品营销相关的决策活动。

在上述所有领域中，统计决策理论应用都有一个共同的目标，即对问题进行结构化处理，以特定方式对已知事实和判断进行量化处理，从而以逻辑分析的方式解决问题。在接下来的篇幅中，我会对统计决策理论的各个步骤进行详细说明。

统计决策理论的三个主题

为便于理解，我们可以把统计决策理论分成三个相互联系但各不相同的主题。首先，它为决策问题开发了一个通用形式。这个主题涉及的是通用描述，也就是说，它提供了一种可以用标准方式描述决策问题的通用方法。

其次，它为分析问题和选择行动方案提供了通用程序。这一程序和通用描述一起构成了决策理论的基本框架。本文的讨论主要集中在这个部分。

最后，是有助于决策者分析问题的具体技术。这些技术指的是统计方法（具体方法新旧不一），通常是概率论的具体应用。最后这个主题通常也被称为贝叶斯分析，因为其中会经常用到贝叶斯定理，这是一种源自概率论的计算法则。也有人喜欢用贝叶斯分析指代整个统计决策理论，其实这样命名有时会造成误解。

决策问题的通用模型

如前所述，决策理论的第一个部分是使用通用和标准的数学方式来描述决策问题。尽管每个决策问题都有其特征，但一切决策问题显然都具备某些普遍的特点。首先，每个决策问题都存在至少两个备选的行动方案。在决策理论中，每一个备选方案都应当是对问题解决方式的完整描述。所谓决策就是在这些备选方案中做出取舍。

在决策理论中，我们使用一些约定标准来定义备选方案。备选方案之间应具有互斥性，只能选择其中唯一的方案。另外，备选方案必须具备完全穷尽性，即总会有某个方案被选择。

这样一来，任何决策问题都可以体现为一组行动选择：

$$a = \{a_1,\ a_2,\ \cdots,\ a_m\}$$

例如在制成品的工业检测问题中，通常会有两种可供选择的行动方案：①该批产品不用检测直接通过（验收合格）；②检测该批次的所有产品，挑出残次品。在这个案例中，a_1 代表通过，a_2 代表检测。

另一个常见问题是广告公司对广告文案的选择。如果要从三个广告文案（A，B，C）中选择一个，我们可以把问题描述为：

a_1：（A）

a_2：（B）

a_3：（C）

如果要从中选择两个，问题可以描述为：

a_1：（A 和 B）

a_2：（A 和 C）

a_3：（B 和 C）

这样既符合互斥性要求，又能穷尽所有备选方案。

信贷业务的常见决策问题通常涉及两种选择——a_1：授信，a_2：不授信。此外，授信额度也是经常需要决策的问题。使用标准方式来描述的话，不同授信方案可以体现为各种美元额度，决策问题就变成了在不同额度中进行选择。

再比如资金预算问题的决策，管理者要决定是租赁设备和场地还是购买设备和场地。用最简单的方式来描述，这个问题包括两种选择——a_1：租赁，a_2：购买。再复杂一点的话还会涉及不同的租赁协议，每个协议都可以视为一种行动选择。

资金预算问题还会涉及工厂扩建的问题。对此，备选方案可以描述为：

a_1：维持目前的工厂产能，仅在市场增长的情况下扩建以维持市场份额

a_2：马上建造新工厂，争取扩大市场占有率

有些问题会出现大量备选方案，例如需要定期下订单（如每周一）的库存问题，我们可以把不同的订购数量作为备选方案，描述如下：

$$a_i: x \qquad x = 0,\ 1,\ 2,\ \cdots,\ n$$

投资组合问题也涉及大量的备选方案，每一种选择表现为股票、债券和现金的具体组合形式。可以看出，即使投资组合的购买日期和持有时间已知，待选证券清单已经过预选（如某信托机构的合法投资清单），投资组合的整体头寸已知，潜在组合的数量也是非常庞大的。

综上，面对决策问题，统计决策理论的第一个原则是要思考你有哪些行动选择，即行动备选方案有哪些。

问题的状态

在每一个决策问题中，决策的结果都取决于某些变量。问题的状态是指由各种可决定盈亏结果（或是其他结果）的变量假设而成的一组值。简单地说，状态即描述问题情况的可能出现的事实集合。

在每一种盈亏决定变量值已知的情况下，我们是在确定环境下进行决策。"确定"是指决策活动只存在一种可能状态，即决策者已知所有的相关事实。

以规范方式表达决策问题的第二步，是要确定与给定问题相关的变量，考虑问题可能存在的状态。

如果相关事实并不完全清楚，我们就需要面对不确定环境下的决策问题。这表明，对决策者而言，某些基本变量的值不确定，可能存在几个不同的值。在不确定环境下，决策问题会出现多种可能的状态，表示如下：

$$s: \{s_1, s_2, \cdots, s_k\} \qquad k \geqslant 2$$

对此，我们同样要遵循互斥性原则和完全穷尽原则。

例如前面提到的存在免检通过和全部检测两种备选方案的工业检测问题，我们要考虑的相关变量包括单位检测成本 k，残次品通过检测的单位成本 K，批次的产品数量 N，以及批次的残次品比例 π。在很多决策问题中，k，K，N 的值都是确定的，但是某个批次的 π 的值是不确定的。无论哪种情况，决策问题的状态都可以表示如下：

$$s_j: \{k, K, N, \pi\}$$

我们可以看出，这里存在很多种状态，每一种状态都包含不同的 π 值，这就需要在不确定的情况下做出决策。

与此类似，关于租赁还是购买的资金预算决策问题也存在几种相关的变量，其中包括：①购买所需的现金支出；②所考虑的设备的使用寿命；③需要考虑的租赁期内适用的利率水平；④同一期间的税率水平。如果不能准确预测其中一个或几个变量，那么这个问题就是不确定环境下的决策问题。关于工厂扩建的资金预算决策问题，其中至少包含两个重要的附加变量，因为不做任何行动也是一种选择。除此之外，新的变量还包括新老工厂使用年限内的市场需求，以及行业内其他公司做出的投资决策。

以建筑行业的竞争性投标决策问题为例，企业的备选方案体现为可能存在的报价：

$$a_1: x \qquad 其中 \, x \geqslant 0$$

这个问题中的相关事实有两方面，一是最低报价 y，二是完成施工的总成本 K。这两个变量的值都是不确定的，因此这是不确定环境下的决策活动，问题的每一种状态都存在。

最后我们来看一下投资组合的决策问题，相关变量包括组合持有期间内的国民收入增长率 g，以及同一期间的期末利率 k。如果这些变量都无法准确预测，我们可以用以下方式对不确定环境下的决策进行描述：

$$s_j: \{g, \, k\}$$

注意在这个案例中，问题可能存在的状态有无数种。

条件性结果

除备选方案和状态之外，我们对决策问题的总体描述还必须包括另外一个成分，即可能出现的结果。管理者采用的每一种备选方案 a_i 和每一种可

能存在的状态 s_j，都会出现一组结果。

这些结果是条件性的，根据 a_i 的每一种可能存在的状态 s_j 的具体情况确定。为全面描述决策问题，我们必须考虑 a_i 和 s_j 的可能存在的所有组合。我们可以用 c_{ij} 来表示一组特定的结果。对于某些决策问题，有可能只需要从盈亏角度对 c_{ij} 进行衡量。但是在其他问题中，至少我们需要考虑的部分结果是非货币性质的。

例如前面提到的制成品工业检测问题，备选方案为：

a_1：免检通过

a_2：检测所有产品

问题状态的描述为：

$$s_j: \{k, \ K, \ N, \ \pi\}$$

那么，以总成本方式来体现的结果可以表示如下：

$$c_{1j} = N\pi K$$

$$c_{2j} = Nk$$

第一个等式表达的是通过检测的残次品数量乘以残次品通过检测的单位成本，第二个等式表达的是批次的零件数量乘以每个零件的单位检测成本。

在前面提到的竞价投标问题中，备选方案是可能出现的报价 $a_i: x$，其中 $x \geqslant 0$；问题状态可以用两种变量来描述：y 代表最低报价，K 代表我方完成施工的总成本。那么，从营收额的角度考虑，决策问题的结果可以表示如下：

$$c_{ij} = \begin{cases} x - K & \text{若} x < y \\ 0 & \text{若} x > y \end{cases}$$

其中，第一行表达的是我们的报价低于最低报价时的利润额，第二行表达的是我们因报价低而失去中标机会的概率。

综上，决策者在使用本文讨论的规范方式描述决策问题时有三个方面必须明确。这三个方面分别是：①备选方案的集合 a；②决策问题的相关变量及其可能存在的状态的集合 s；③所有条件性结果的集合 c_{ij}。有了这些表达，任何决策问题都可以用取舍表（见表 1）进行分析。

表 1　取舍表

行动	状态					
	s_1	s_2	$\cdots$	s_j	$\cdots$	s_k
a_1	c_{11}	c_{12}	$\cdots$	c_{1j}	$\cdots$	c_{1k}
a_2	c_{21}	c_{22}	$\cdots$	c_{2j}	$\cdots$	c_{2k}
.	$\cdots$	$\cdots$	$\cdots$	$\cdots$	$\cdots$	$\cdots$
a_i	c_{i1}	c_{i2}	$\cdots$	c_{ij}	$\cdots$	c_{ik}
.	$\cdots$	$\cdots$	$\cdots$	$\cdots$	$\cdots$	$\cdots$
a_m	c_{m1}	c_{m2}	$\cdots$	c_{mj}	$\cdots$	c_{mk}

我们以工厂扩建决策问题为例，假定其中无法准确预测的变量是竞争对手的投资决定，如果相关状态为竞争对手维持现有产能和竞争对手新建厂房使产能扩大 50%，这样我们就能得到一张 2×2 的矩阵图。在这个案例中，如果我们是从投入资金的角度而不是从利润的角度对结果进行表达，则表中数据体现的是企业做出资金预算决策后所投入的资金带来的回报率。具体表达如表 2 所示。

表 2　工厂扩张决策表

行动	状态	
	竞争对手维持现有产能	竞争对手新建厂房
维持现有产能	0.10	0.04
新建厂房	0.15	0.02

关于决策问题规范化表达的一些说明

至此，我们只讨论了如何使用规范的表达方式对决策问题进行描述，还没有谈到怎样做出决策。尽管如此，这种规范的表达方式本身就是一种强大的工具，它能为决策问题的解决提供一种思考方式。

显然，具体问题的规范化表达需要做大量的前期工作。确定哪些备选方案值得考虑，识别备选方案评估需要哪些事实依据，这些在很大程度上都是细致复杂的工作。无论如何，运用决策理论首先要做的都是对问题的规范化表达，并且假定这种表达是可行的。

这种规范化表达有时也被称为决策问题的数学模型。它涵盖了决策者认为相关的事实，囊括了决策者希望做出或必须做出的各种假设。经过规范化表达的问题是真实问题的模型，在某些方面它可能会忽略某些真实存在的复杂性，或认为这些真实存在的复杂性不存在。

"模型"这个词会让一些企业管理者产生顾虑，他们认为模型缺乏真实性，不应当使用模型进行决策。的确，大部分决策问题的模型都是它们所代表的真实问题的简化版。实际上，企业管理者和科学家在使用非正式分析（非数学分析）方式处理每天遇到的相同决策问题时，在综合相关事实的过程中也需要对问题进行简化、忽略和假设。无论是否采用数学分析方式，人类思维在分析任何复杂问题时都只能考虑有限数量的条件或要素。数学分析方式至少能够让简化、忽略和假设更为明确。

例如在投资组合选择问题中，预先确定持有期显然是不现实的，但是通过反复分析可选的持有期，数学模型可以明确展现这一变量会对投资组合带来的影响。

换言之，决策者很少（或者说从不）分析真实问题。他们分析的只不过是自己对真实问题的看法和理解。

确定环境下的决策

接下来要谈的是解决决策问题的方法。决策问题的解决方案，实际上就是从备选方案中做出某个选择。

确定环境下的解决方案在概念上很简单，然而以数学规划方式解决任何给定问题的实际操作都会比较烦琐。例如，某投标集团在发行市政系列债券时要确定合适的票面利率表，这个问题的总体目标看起来既简单又直接，即实现净利息成本的最小化。但是要实现这个目标，所需的运算是相当枯燥的（特别是在没有计算机的帮助下）。

确定环境下的决策之所以在概念上简单，或许是因为决策者确定自己的行动会带来怎样的结果。因此，只需通过确定那些决策者认为会带来最优结果的行动选择，他们就能在确定环境下解决问题。例如，这种决策可以体现为最大收入或最小成本。

另外，有些不确定环境下的决策也会转变成确定环境下的决策，前提是决策者愿意假定其自然状态下的预测具有合理的准确性。例如，尽管近年来在体现不确定性方面取得了一些进展，经过高度发展的线性规划手段仍含蓄地假设所有相关的自然状态都是事先已知的。

不确定环境下的决策

但是，不确定条件意味着决策者并不确定行为选择会带来怎样的后果，因为他无法确定自己了解到的事实是否全面，他的问题存在几种不同的状态。任何特定行动的选择都会导致与问题的实际状态不同的结果。

不确定性从本质上来说并不新鲜，在不确定环境下以非正式方式进行决策的情况每天都在发生。一般来说，分析此类问题的合理方式是什么？首先，决策者要考虑问题的每一种可能状态出现的可能性。其次，他们要考虑各种结果的相对可取性。最后，他们要根据个人判断，基于这种可能性和可取性，选择可带来最佳结果的行动。

决 策 理 论

下面我们来考虑，对于具备非正式性的观点的不确定条件下的决策问题，如何使用规范的方式进行分析。在这种情况下我们采用定量分析法进行决策，因为它要求决策者在任何给定问题中对其目标和判断进行量化处理。如前所述，这种方法有时也被称为统计决策理论或贝叶斯分析法。

决策理论要求决策者在分析问题时完成以下两个预备步骤：第一步，必须以效用来衡量他对风险（即不确定）状况下可能出现的后果的偏好；第二步，必须用概率来判断问题出现不同状态的可能性。

接下来的步骤是：先计算每一种行为的预期（平均）效用，再选择预期效用最大的行为。所有这些步骤都基于这样一个事实，即对效用的定义和衡量，是以决策者会在预期效用的基础上做出理性选择为前提的。

因此，在给定明确的风险偏好和概率判断的基础上，决策理论可以提供一个框架帮助决策者分析复杂问题，推断采用哪种行动更为合理。决策理论只是提供了一种具备逻辑性和一致性的分析方法。如果决策者能够以量化的形式提供这两个基本信息，他接下来就能通过数字运算解决任何决策问题。

需要强调的是，决策理论只是针对问题的细节（即结果和状态）为决策者提供了规范化表达个人偏好和判断的方式。对这些基本要素的明确关注，要比不借助规范化表达，把个人偏好和判断杂糅在一起的做法，更有可能带来较好的决策。

个 人 概 率

不确定环境下的决策理论有大量内容涉及概率论及其相关概念并不奇怪。这就需要我们对这些概念进行重新评价。如前所述，决策理论所需的一部分分析，要求决策者用概率来判断问题出现各种状态的可能性。但是，大部分决策理论专家认为，从不同于传统统计学家的视角看待概率问题会更有意义。过去，几乎所有的统计学家都把概率定义为长期性的相对频率。但是决策理论开发者认为，把概率解释为个人赔率更有助于说明情况。于是，"主观概率"和"个人概率"的说法应运而生。

需要强调的是，即使按照主观方式，我们也希望决策者在评估概率时受到从过去相关事件所获得的经验的影响，并且在可能的情况下受到对以往类似事件观察频率的影响。即使不考虑这些个人方面的影响，决策理论仍基于决策者能以概率的方式表达个人判断这一假设。按照决策理论，他应当通过内省的方式做出这些判断。

按照主观主义理论，内省过程涉及与某种标准抽彩球方式的对比。因此，要评估事件 E 发生的个人赔率，决策者可以想象自己在试图赢得一大笔钱或是其他价值不菲的奖品。这时，他取胜的情况有两种：第一种，事件 E 发生；第二种，从已知红球比例为 p 的球池中抽中一只红球。那么，p 值等于多少时两种获胜方案之间会毫无差异呢？这个值即事件 E 会实际发生的个人概率。

彩球理论只是为了修正个人标准，因为个人概率是根据个人标准来衡量的。确定这一标准并不需要去抽彩球，可以为其设计更有意义的其他形式。实际上在评估个人概率时，决策者更希望以长期相对频率的形式，而不是以标准彩球的形式去思考问题。

不管怎样，有关类似事件过去发生的相对频率的客观证据，可以为任何评估个人概率的决策者提供实用信息。至于哪些信息是相关的，不同类型的证据要赋予多大的权重，这些是由个人来决定的。当然，决策者的最终判断会在其个人概率中得到反映。

例如，在信贷经理决定是否为贷款买车的客户提供授信的问题中，行动备选方案为：

a_1：授信

a_2：不授信

问题状态可以根据客户能否完成还贷来定义，即

s_1：成功偿付

s_2：抵押物收回

对于特定客户，所有贷款全部偿付的概率有多大呢？从个人概率的角度来看，这是一个需要决策者考虑的问题。需要强调的是，具有不同经验的信贷经理会对不同的考虑因素赋予不同的权重，对客户的偿付概率做出不同的评估。

每一位信贷经理都会考虑潜在交易的性质，以及客户的个人资信。然后通过内省（包括思考标准抽彩球）的方式评估对方的偿付概率。如果他认为彩球方案中 0.75 的 p 值为无差异点，那么可能状态 s_1 就会被赋予 0.75 的概率。由于概率被定义为满足互斥性原则和完全穷尽原则的结果的概率总和为 1，状态 s_2 出现的概率就等于 $1 - 0.75 = 0.25$。

如前所述，评估个人概率的过程十分抽象，以至于很多使用者觉得很难应用，至少在形式上是如此。在这个方面有两点需要说明。首先，在很多问题中，人们为问题状态赋予的概率可以直接建立在以历史相对频率为表现形式的客观证据的基础上。例如，如果投资组合选择问题中的持有期无法确定，在历史相对频率的基础上对利率水平和自然收入增长率的概率进行估计是完全可行的。尽管如此，在参考以往数据进行分析的所有问题中，必须考

虑到这些数据的可比性，以及现有客观事实在多大程度上反映了个人赔率。因此，使用彩球方式进行正式评估，是一种可以检查现有事实适用性的很有帮助的做法。

其次，需要说明的是，概率论可以为决策者评估问题状态的出现概率提供很多工具。我们会在后面详细讨论概率论在决策过程中的作用。

效 用 理 论

实际上，决策者在评估各种问题状态可能出现的个人概率之前，还有一项预备工作要做。第一项任务是以效用来衡量他对风险或不确定情况下可能出现的后果的偏好。这一措施的目的是用量化的方式反映决策者的偏好。对效用的衡量需要决策者在平均（预期）效用的基础上做出，也就是说，要以给定行动可能出现的所有结果的平均效用为基础。这些效用应按照问题的可能状态被赋予的概率进行加权。

至于衡量尺度，我们首先要注意效用标准必须唯一到可线性变换的程度。这样，我们就能任意设定效用标准的最大值和最小值。在给定问题中，如果 c^* 代表最佳结果，c_* 代表最差结果，我们可以用 u^* 和 u_* 分别表示分配给这些结果的效用。如前所述，u^* 和 u_* 是可以任意设定的，唯一的条件是 $u^* > u_*$。

决策者可通过内省方式确定其他任意结果组的效用。具体来说，他们要回答这样一个问题：假设你要在两组结果中做出选择，第一组是确定性结果 C_{ij}，第二组是概率为 p 的结果 c^* 和概率为 $1 - p$ 的结果 c_*，那么当 p 值为多少时会出现 $p = p'$，从而使两种备选方案没有差异呢？（当 $p < p'$ 时，C_{ij} 为优选结果；当 $p > p'$ 时，$c^* = c_*$，组合方案为优选结果。）对于这个问题的答案，C_{ij} 的效用根据定义表示如下：

$$u_{ij} = p' \, u^* + (1 - p') \, u_*$$

（如果按照 $u^* = 1$ 且 $u_* = 0$ 的惯例，则 $u_{ij} = p'$，我们的衡量尺度就得到了简化。）所有可能的结果组都必须使用效用标准进行评估。

企业管理者能否对效用函数进行实际评估？或许最好的回答是，有些人可以对某些问题进行评估，有些人无法对任何问题进行评估。说到底，管理者必须训练自己从量化的角度思考问题，要做到这一点并不容易。但是在很多以货币价值为标准衡量结果的问题中，决策者愿意在预期货币价值的基础上做出判断。这表明他们的效用标准和货币是线性相关的。在这种情况下，决策理论的应用会大大简化，因为决策分析所需的个人偏好衡量尺度是现成可用的。在决策活动涉及的金额在决策者看来不算过于庞大的情况下，使用预期货币价值通常是合理的。关于车票问题，大部分通勤者极有可能在预期货币价值的基础上做出选择。

另外，如果用当前收益和资本升值率来体现投资组合问题的结果，效用仅与相对较小的美元总投资组合的预期货币性结果线性相关。

再看一个例子，在工厂扩建问题中，效用标准不可能成为投资回报率的线性函数。这里面有几个原因：首先，在扩建工厂的过程中，资金投入可能差别很大；其次，所有者型经理（或股东）会考虑有价资本（股利、政府债券）的其他用途；最后，所有者型经理（或股东）的税务状况不一定和资金预算决策的各种结果线性相关。

在异常大额的资金存在风险，或者是非货币性结果发挥重要作用的情况下，管理者在应用决策理论时必须建立明确的效用标准。

决 策 过 程

综上，统计决策理论在分析决策问题时要经过以下三个步骤：①决策者

必须根据效用标准 u_{ij} 对可能出现的结果进行个人偏好衡量；②决策者必须对问题可能存在的各种状态进行个人概率评估，我们用 $P(s_j)$ 来表示；③决策者应根据这些状态出现的可能性，为每一个行动方案计算在所有可能状态下的预期效用。具体公式如下：

$$E_j(u_{ij}) = \sum_j \{u_{ij} P(s_j)\}$$

预期效用最大的行动方案即最佳决策。

概率论的作用

至此，我们已经完成了对决策理论基本框架的讨论。接下来要谈的是该主题的另外一个方面——统计和数学技术。我们会讨论此类技术的一般性质，以及它们在决策理论中发挥的作用。具体方法不在本文讨论之列。

具体来说，我们要考虑概率论的作用，以及统计信息在决策过程中的应用。

概率论通常可以帮助人们为比较复杂的问题找到解决方法，因为他们对这些问题缺乏直接经验，只能在比较熟悉的简单问题的基础上进行思考。概率论是一种逻辑思维方式，它可以帮助企业管理者和科学家最有效地利用个人判断和经验。这是因为，概率论允许使用者以最直接的方式应用其个人判断和经验，在此基础上对问题做出回答。

概率论在决策问题中通常会发挥同样的作用。因此，决策者可以使用概率论为问题状态赋予个人概率。换言之，在某些问题中决策者可以回答那些能够最大程度直接利用以往经验和判断的问题，同时利用概率论计算各种问题状态出现的概率。

贝叶斯定理和统计信息

在评估为问题状态赋予的概率时，概率论中的贝叶斯定理是一个非常有用的公式。从数学角度来看，贝叶斯定理只不过是计算条件概率的标准公式的变体。但实际上，很多文章对贝叶斯分析的大量引述表明，该定理在决策理论中具有非常重要的意义。

贝叶斯定理的公式如下：

$$P(s_j \mid x) = \frac{P(x \mid s_j)P(s_j)}{\sum_i P(x \mid s_i)P(s_i)}$$

这个公式对于决策问题非常有用，因为它把附加证据以样本信息的形式体现出来供决策者使用。（公式中的 x 代表一组样本结果。）这样一来，决策者就可以在了解样本结果之前对赋予问题状态的概率进行修正。在这个公式中，$P(s_j)$ 代表先验概率，$P(s_j|x)$ 代表修正后的后验概率，即在给定附加信息 x 的情况下为问题状态赋予的概率。

在使用贝叶斯定理时，必须具备先验概率 $P(s_j)$ 和条件概率 $P(x|s_j)$。根据以往经验和判断评估这些概率要比直接评估后验概率 $P(s_j|x)$ 更容易。（否则的话，我们应直接评估后验概率。）因此，贝叶斯定理和概率论中的其他公式一样，只是提供了一种方法，在回答较简单问题的基础上回答复杂问题。

简而言之，贝叶斯定理提供了一个可以将样本信息纳入决策过程的基础。正因为如此，这一过程被称为贝叶斯分析。

不确定性的预期成本

在不确定环境下做出的决策存在的风险在于，在问题的真实状态确定已知之后，我们会发现决策是错误的，因为事实证明对于问题的正确状态存在着更好的行动选择。对于在不确定环境下冒险做出的错误决策，最好衡量一下其预期损失。衡量预期损失的作用之一是它能指导决策者决定是否通过收集附加信息来降低不确定性。

预期效用最大的行动方案即最佳选择，为定义这样的衡量标准，我们可以先将决策问题中最佳行动的预期效用表示如下：

$$\max_i \{ \underset{j}{E}(u_{ij}) \}$$

接下来，我们假设问题的正确状态可以在做出行动选择之前得到确定。对于某个给定状态，将采用效用 u_{ij} 为最大值的行动。所有状态效用 u_{ij} 最大时的预期价值即确定环境下的预期效用，表示如下：

$$\underset{j}{E} \{ \max_i u_{ij} \}$$

此处的预期效用最大值大于（或等于）前面公式里的最大预期效用，两者之差即不确定性的预期成本，表示如下：

$$\underset{j}{E} \{ \max_i u_{ij} \} - \max_i \{ \underset{j}{E}(u_{ij}) \}$$

这个结果在决策理论中具有重要意义。例如，它代表了决策者为完美信息赋予的最大值。显然，不完美的信息具备的价值较低。

统计研究的设计

统计研究的设计是统计学家关注的一个特别领域。在最简单的案例中，统计研究的设计只需确定所需的样本量。在其他案例中，还必须确定样本在分层中的分配，以及实验中变量层次的选择。

统计研究设计问题在概念上可以被理解为某种特殊类型的决策问题。其备选方案体现为可能出现的不同设计，如规模不同的随机样本。

如前所述，样本结果的值是多少，代表了它能降低多少不确定性预期成本。当然，研究规划阶段会存在很多种可能的样本结果，实际会出现的结果是不确定的。通过一些给定的数量，每一种结果都会改变不确定性的预期成本。特定样本设计的值即这些变化的预期价值。统计学家解决问题的目的，是要实现样本设计的价值和成本之间的差异最大化。

样本设计价值的评估过程有时也被称为预后验分析，目前决策理论的很多研究都和这个课题相关。

对未来的影响

在过去几年中，商业领域对统计决策理论和贝叶斯分析表现出浓厚的兴趣。这一趋势会对企业管理者造成怎样的影响？我认为，统计决策理论的主要贡献在于，无论该理论的具体细节能否得到正式应用，它都能为管理决策提供一种重要的全新思考方式。未来几年，统计决策理论无疑将会对企业决策活动产生重大的影响。

新的管理概念和工具

戴维·赫兹

包括计算机系统的创新和高效应用在内的管理科学技术，已经为很多企业带来了领先对手的关键优势。通过改变重大商业决策依赖的信息输入、决策的类型，以及保证决策成功所需的关键要素，这些技术为管理过程带来了革命性的影响。

管理科学的具体应用，如运筹学、关键路径调度技术和计划评审技术、商业模型搭建，以及新兴的系统分析法，已经在大型企业和政府机构的使用过程中获得了很高的声誉。例如，某大型食品加工企业应用管理科学技术开发了一套模型，用于管理 6 个生产车间向 70 个仓库运输产品时的路径优化。这套新系统每年可为公司节约数十万美元的直接运输成本。后来，公司进一步使用管理科学技术对全国范围内所有的仓储系统进行了规划。

一家大型纸制品公司开发了一系列系统分析工具，对计划推出的新产品进行评估。结果表明，在新系统的帮助下，与全国 200 强包装品制造商 75% ～ 95% 的新品推出失败率相比，这家公司的新品推出成功率得到了显著提升。类似的例子还有很多，如某知名飞机制造商大量使用管理科学技术改善其长期经济和销售预测活动，某高度多样化机构使用计划评审技术控制其复杂的制造开发业务，某大型石油公司使用管理科学技术分析重大业务的风险和投资回报率。

其实，管理科学的应用并不局限于大型企业。经验丰富的使用者发现，小公司的利润率有可能比大型企业的更高。例如，一家生产 20 种不同款式厨房水槽的中等规模的公司，需要对其唯一的生产线进行频繁变更。由于变更成本过高导致利润微薄，企业聘请了管理科学团队想办法降低成本。经过努力，这支团队设计出一套生产调度规则，使成本缩减了 1/3。

一家向产业客户销售系列便携式机器的小公司对市场营销问题很关注，为此聘请了管理科学团队对日常销售拜访活动进行分析。按照行业经验，销售人员一般每个季度只会对 2/5 的客户进行拜访，这家公司并不清楚这是太多还是太少。研究人员发现，在一个季度内未被拜访的客户平均有 30% 的概率不再活跃；即使活跃，该客户产生的业务也只能达到拜访活动所能实现业务的 70%。综合这些数据可知，客户拜访活动可以带来 50% 的业务增长。调查团队进一步研究了销量上升对制造和分销成本的影响，并制订了详细的利润最大化方案（在符合经济成本要求的前提下让销售达到最高水平）。以此为依据，公司管理层决定增加 50% 的日常销售拜访，最终实现了 6 位数的年销售额增长和可观的利润。

这些案例表明，管理科学不但具备显著的效力，而且已经在企业中得到了广泛的应用，任何管理者都无法忽略它带来的机遇或隐患。任何到目前为止仍不了解或是未能利用管理科学的管理者，会使企业未来的生存受到威胁，其个人发展也会变得岌岌可危。另外，管理科学仍处于发展应用的初始阶段，几乎所有级别和所有部门的管理者都能从中找到很多走向成功的机会。

　　先简要回顾一下管理科学的一般特征和最近的起源，可以帮助我们更好地了解管理科学。前面的例子已经充分说明管理科学为什么会成为一种快速发展的新型决策方式。现在，几乎每一所商学院、工业管理学院或工程学院都开设了（或是在积极筹划开设）管理科学课程，以及管理科学相关领域的其他课程，如运筹学、定量分析、计算机系统和数学规划课程。

　　今日的管理科学应用就如同 30 年前的会计应用和 20 年前的统计质量控制应用。即便是现在，也不是所有企业都使用好的成本会计核算方法，不是所有企业都使用或是需要使用统计质量控制。尽管如此，这些工具依然毫无疑问地被人们普遍接受，认为是健全管理的一部分。它们逐渐取代比较原始的方法和概念，从一个企业到另一个企业，从一个学校到另一个学校，从一门课程到另一门课程，慢慢地发展出适合各种规模和各类业务的应用，无论目标是各种类型的制造型企业、采矿企业、服务机构还是营销公司。我们现在有适合以上各种组织的、可以满足各种需求的、各种价位的成本会计核算和质量控制方法。

　　作为一门年轻学科的管理科学，其用于通用目的的应用开发时间并不长。专家学者普遍认为，管理科学出现于 20 世纪 30 年代晚期，[一] 在二战期间以作战研究或作战分析的方式进入大规模使用阶段，因为当时的军事人员要面对极其复杂的战略和战术决策的新问题。1939 年，温斯顿·丘吉尔要求英国的顶尖科学家研究出一种方式，对当时刚刚发明出来的，数量非常有限的雷达进行最有效的应用，以达到保护英国领土的目的。想象一下英国地图、德国飞机可能采用的攻击路线、数量众多的轰炸目标、英国可用的空军机场，以及区区 20 个用于侦测敌机的雷达，你就会明白这是一项多么复杂

　　[一]　管理科学在二战前的应用主要是在大型百货商场（新泽西州纽瓦克市班伯格商场）的数学技术应用。在该公司担任财务主管的哈罗德·列文森（他曾是一位天文学家），以及数学家亚瑟·布朗博士，负责确定商场晚间营业时间、广告效果等方面的模式优化工作。

的任务。经过努力，这些数学家和科学家为 20 个雷达设计出一套近乎完美的部署方案，在历史上著名的不列颠空战中为英军侦测德国战机提供了有效的帮助。

雷达部署问题带来了很多新的复杂的技术、运行变量和关系，这些是军事人员难以应对的、无法用标准技术进行优化的问题。通过对大量备选方案可能出现的结果进行定量评估和管理类别分类，作战研究为决策提供了依据。

对建议行动可能出现的结果进行定量评估，依然是今日管理科学对企业管理者或决策者的重要贡献。二战时期执行的任务还有很多，虽然成败不一，但这些任务的共同特点是科学家和军事人员密切合作，以及在解决实际作战问题时对各种备选方案进行量化评估。

这些研究分析的新颖和实用之处早在当时就已经显露出来了，但是关于新方法的明确陈述花费了数年时间才逐渐成形。⊖如今，"管理科学"这一表述已成为运筹学更为合适的表述，类似的工具也开始出现。本质上，它代表了科学家可用于分析管理问题的各种方法。

当今管理科学的一个重要组成部分继承了军事运筹学的传统，继续从事分析模型的开发，用来确定、分析和表达相关信息。对于复杂或不确定的商业或政府问题，这些信息可以对各种备选决策可能产生的成本和收益（或效益）进行分析。根据实施主体和领域的区别，此类工作可以分别称为运营研究、运营分析、系统分析或成本效益分析。其目的是通过量化分析决策来改善绩效。管理科学领域的关键词包括：

1）改进的分析方法；

⊖ 在此期间，美国运筹学学会于 1953 年成立，管理科学学会于 1954 年成立。这两个学会取得了很大的发展，出版了该领域的专业管理期刊。很多大学开始提供运筹学和管理科学的课程和学位，其中包括凯斯理工学院、哥伦比亚大学、宾夕法尼亚大学、西北大学、斯坦福大学、加州大学和麻省理工学院等。

2）复杂或不确定的商业问题；

3）备选决策；

4）成本和收益（或效益）信息。

因此，解决不确定性问题和复杂性问题的分析模型可以说是管理科学的根本。管理科学的很多应用都是以数学的两个分支（即概率统计和高等代数）为基础的。鉴于它们的重要作用和使用频率，有必要在此做一些简单说明。

概率统计是一种非常强大且有效的逻辑分析工具，用于描述不确定性以及在不确定环境下做出的决策的结果。未来总是不确定的，我们时常要做出很多重要决策，其结果取决于各种变动事件的后果。任何事都不会以完全相同的方式发生两次，总是会或多或少地出现波动。这种不确定性也为有进取心的企业管理者带来了机遇，让他们有机会通过冒险推出新的产品和业务。企业的销售每周都在变化，设备故障发生在不同的时间，产品从生产线上下线的频次不固定，无处不在的不确定性成了一切规划问题的核心。对于这些问题，管理者的解决方案是设置安全边际还是试着预测不确定性机会？例如，你可以准备库存以应对需求变化，提供备件以预防设备故障，安排备用劳动力以免生产线人手不足，或是聘请研究人员开发和营销新的产品。

设置安全边际成本高昂，承担风险既有可能失败也有可能获利。可以说，不确定性既是管理者的敌人也是管理者的机会。这是一个绝好的概率逻辑的问题，即衡量和确定不确定性的极限。硬币连抛 10 次正面朝上的概率有多大？这可能类似于以下问题：一件商品通常每天只售出 1 件，每天有10 个顾客来购买这件商品的概率是多少？管理科学使用统计方法来评估安全边际的大小，我们需要为在特定成本范围内销售商品的特定概率提供这个安全边际。统计方法可以确定任意指定库存水平下出现缺货的概率，通过这些方法，维持额外库存的成本可以和特别处理成本或销售损失的成本抵消。

统计方法作为一种管理科学工具还可以在很多其他问题中发挥作用。例如，超市设置多少个收银台才能避免顾客排长队？货场设置多少个装货口最为适宜？这些技术还经常用于确定仓库和其他材料处理设施的最佳规模和位置。此外，概率概念和统计方法在投资备选方案的风险分析方面也发挥着重要的作用。

另一种常用的数学逻辑是描述指定状况的一系列复杂等式（特别是线性规划和数学规划），用来解决包含多个变量或要素的问题，通过不同的组合找出可实现具体目标的最佳选择。例如，今天的炼油厂一直使用线性规划来确定哪种原材料和处理方法的搭配能够产出利润最大的产品组合。不难想象，这些方法可以帮助管理者解决很多极其复杂的问题。现代商业管理，需要从大量可能的行动方案中做出选择，从各种同时存在的条件、资源限制和产出要求中找出可带来最大利润的特定组合。

因此，饲料生产商可以根据每种饲料成分的不同成本（可能每天都有变化），使用不同的成分组合来满足市场对饲料的营养和包装的要求。市场的要求（如对成本的要求）是已知的，企业的目标是以最低成本生产出满足这些要求的饲料，同时还要满足养分和其他方面的要求。线性规划工具可以非常直接简单地解决这个问题，它不但能给出最佳生产方案，还能明确给出其他备选方案的成本。除此之外，线性规划工具还能回答很多令人头疼的其他问题，比如降低某个限制条件的值会怎样？假设 X 原料以 Y 价格限量供应，那么以更高的价格购买多少 X 原料来生产饲料是值得的？或者，如果市场对价格为 B 的饲料 A 的需求是有限的，通过降低价格刺激需求的做法能带来多大收益？线性规划对于此类问题能做出非常明确的回答。

作为确定资源最佳配置以达成活动或运营目标的一种工具，线性规划可以在很多方面大显身手。车间可以用它确定在哪台机器上生产哪种产品，卷纸厂家可以用它确定纸卷切成多大规格最经济，建筑企业在建造房屋、办公楼或住宅区楼房时可以用它确定怎样规划施工步骤效率最高。对于企业管理者，线性规划不但能帮助他们解决此类复杂问题，还能解决如何实现生产、运输和储存的成本最小化的问题，如何维持最小库存与客户服务的需求保持一致的问题，或者是这几个方面综合在一起的问题。

为帮助企业以最好的方式做出选择，管理科学试图为管理者提供更为强大的方法或系统，使他们可以获取和使用与企业的成本和收益关系有关的信息。无论管理者是否做出系统化判断，这些系统都会涉及他们必须明确了解和进行决策的问题领域。这些需要实现信息改善的领域，会为很多问题的决策提供基础。

每一位管理者，无论企业规模大小，都必须从长期的角度考虑未来。（即使管理者认为毫无前途，打算彻底忽略未来的机会，这样做也有所帮助，可以通过某些管理科学方式进行系统化表达。）当然，很多管理者搜集和分析与长期未来相关的信息的方式，会对他们的决策产生影响。管理者需要以长期的角度处理的信息包括产品需求、竞争、价格变化、成本模式等。管理科学研究人员可以有效地搜集此类重要信息，为确定备选行动方案可能出现的结果提供依据。

另外，企业管理者还必须着眼于当下，从短期的角度开发解决当前问题（例如明天、下周或是下个月的问题）的方法。无论方法如何，管理者都必须决定要维持多大的库存，要雇用多少员工，要准备多少现金。在这个方面，很多会计和控制手段可以发挥有效的作用。只有在所涉及的条件过多、存在不确定性的高度复杂的情况下，管理科学才会派上用场，例如在需求不确定的情况下如何设置实现理想的客户服务所需的库存水平的问题。

如何针对需求进行资源配置也是一个需要考虑的问题，尽管每一位管理者或多或少在这个方面都有自己的方法。如前所述，管理科学可以在这个领域发挥很大的帮助作用，例如分配维修人员以最大限度减少劳动力、材料和停机时间的成本，向车间或机器下达订单，生产加工部门之间的原材料分配，以及无数与此类似的工作。

管理者还必须确定各种活动的顺序，确保管理者、员工和机械有条不紊地工作，同时还要确保达到理想的利润水平。换句话说，管理者必须明确什么人在什么时间做什么工作。货车线路规划、建造和维修项目控制、销售员的客户拜访安排、机器运行排班——这些都是可使用管理科学方法进行流程优化的活动，类似的还有很多。

获取资源（包括原材料、机器、备件和人力等各种资源），也是管理者需要面对的问题。在采购商品、更换设备，以及确定新机器或新工厂的各种组合的相对效率方面，新技术可通过提供成本和收益信息的方式帮助有效提高效率。

不难想象，上面这几个方面其实是相互关联的。例如，企业的长期预测和短期预测，毫无疑问都会涉及资源配置、工作流程和资源获取。明白这一点，我们就能理解新式改良技术在这些方面的应用会为企业带来全面的有利影响。

综上，管理科学可以成功地建立模型，帮助大小企业的决策者回答各种各样的问题，例如：

1）哪些资本投资项目可行？

2）企业库存应占用多少资金？

3）大额订单可以享受多大的数量折扣？

4）要维持最低总生产成本，如何根据需求波动调整车间产能？

5）生产计划如何安排，按机器还是按生产流程？

6）怎样安排建造或维修项目施工计划？

7）机械设备在其生命周期内的维修、维护成本如何变化？设备转售价值可能出现怎样的变化？

8）产品的运输、仓储和交付怎样组合效果最佳？

应用管理科学解决上述问题，可以在给定管理规则和外部条件的基础上，为可供选择的行动决策提供一种信息结构，以确定其在成本和收益方面的结果。另外，此类系统还可以在其他规则、外部条件和临时计划的情况下对决策表现进行预测。这些研究可以帮助管理者深入了解运营条件、企业绩效和相关决策过程之间的关系。在实际应用中，无论任何问题，这些系统都能找到可实现成本最小化和收入最大化的行动方案。

企业应当怎样使用这些新的技术呢？首先需要提醒的是，管理科学并不能凭空解决问题，正确的解决方案需要良好的数据支持。要想通过具体分析解决任何重大问题，信息的搜集必不可少。而且，对关键问题开展管理科学研究有助于准确地找出企业的弱点和信息需求。

牢固的信息基础一旦奠定，接下来的行动分为两步。第一步有两种做法，一种做法是，管理者应当对管理科学稍做研究，选择要决策的问题领域，然后指定至少一位称职的人开展这项工作。在此过程中，管理者必须有耐心，因为需要花时间去搜集数据、开发关系、把问题具体化成可以执行的对象，等等。

第一步的另一种做法，是从公司员工中选出一位有能力的人，最好是有物理和数学专长的人，让他上大学的专业课程和参加相关研讨会，掌握管理科学的技术。完成专业培训后，可以先让他从相对简单的项目入手，逐步开展管理科学研究活动。这位员工应该向一位赞同和支持管理科学技术的高管汇报工作，后者应为其提供学习和发展的机会。另外，企业还可以从商学院或工科院校招聘管理科学专业的毕业生，为其安排更长的时间来学习和发展。

第二步最为关键，企业的首席执行官（或是另一位重要高管）应当对管理科学的应用表现出兴趣，愿意从公司最高层为其提供全力支持。如果缺乏最高管理层的全力支持，就会严重降低管理科学项目的成功概率。

总而言之，管理科学技术是一种可以帮助任何规模的企业解决问题的非常实用的技术。无论从哪个方面来看，它们都不能再被视为不切实际的理论。它们广泛而成功的应用让每个高管都必须正视这个问题：你的决策所依据的数据和信息是你能得到的最佳数据和信息吗？特别是当你知道竞争对手有更好的方法可用时，你如何看待这个问题？

综上可以看出，管理科学提供的系统本身并不具备全面规划和控制的能力，它所提供的只是各种工具。因此，相关活动的一个非常重要的方面在于，管理者要确定复杂的现代组织机构怎样才能开发有效使用综合性管理科学方法和相关新技术的能力。对于这个问题，我们需要进一步思考具备现代管理能力的组织究竟是怎样的组织。我认为这样的组织必须满足以下 5 个基本要求：

1）它必须了解并接受使用必要的现代化工具完成关键工作的需求。

2）它必须拥有或能够设计此类工作必需的工具。

3）它必须传授技能，让相关人员能够有效地使用这些工具。

4）它必须帮助所有在开发和实施过程中发挥重要作用的人员建立动机，以完成商定的工作。

5）最后，它必须解决关键问题，使所有这些新程序、新技术和新硬件工具成为其日常管理和决策过程的一部分。

换言之，新的管理方法必须成为组织的内在文化。对横跨多种科学、管理和工业领域的大型复杂企业来说，拥有管理科学能力既意味着理解或接受已知的新观念，也意味着需要开发工具、培养技能、激发积极性和确保使用。

随着管理科学的进步，未来的管理环境将会继续被改变。决策工作将会提升到全新的、难度更高的水平。我们已经增加了对决策经济学的理论了解，开发出一些可以解决具体问题的方法。现在我们要面对的是如何在这些方法中进行选择，如何改善我们对这些新工具的使用。

对于管理决策能否实现自动化这个问题，答案似乎是如果决策可以自动化，它将不再是一种管理职能。无论管理科学研究人员提供哪种算法，管理层仍需要做出决策。有效的领导存在于决策领域，这一点无论对决策者还是受决策影响的人而言都是显而易见的。因此，管理层将保留做出选择、拥有和使用偏好以及形成行动决议的意识。未来这种情况会和当今一样真实，或者说从艺术角度来看会比今天更为真实。这是因为，管理层对问题的了解程度越深，可以从中推断出的意义就越多。

实际上，由于使用了这些新的决策工具和概念，不但出现了管理工作环境的改变，也出现了管理所使用的语言的改变。由于看待的角度完全不同，以至于问题呈现出几乎全新的特征。正如700多年前复式记账法给商业世界带来了革命性影响一样，深入了解和掌握如何衡量、量化和分析问题所带来的竞争优势是如此之大，以至于每一位管理者都会受到管理科学的深刻影响。

3

第 3 部分

国 际 商 业

导　言

　　二战之后，企业开始出现国际化趋势。相应地，企业管理者的工作也呈现出国际化趋势，使得管理者的系统化培养和教育走向国际化。但是企业作为一种具有社会属性的组织，其管理始终会在某种文化背景下发生。为此，本书第3部分探讨了美国之外其他几个主要国家和地区（具体包括英国、欧洲大陆、拉丁美洲和日本）的企业管理趋势。另外，第3部分还探讨了跨国企业和跨国管理者。这些文章的观点认为，管理任务如今正变得越来越国际化，世界各地的企业都面临同样的管理任务。与此类似，世界各地的管理者承担的经济和社会职能在很大程度上是相同的。另外，管理工具也国际化了，无论在日本、西欧还是美国都同样适用。与此同时，主要地区的特有社会和文化传统对企业管理产生的影响也在日益深化。尽管企业管理这门学科正变得越来越国际化，但是其实践正日益成为一种特定的文化和社会资产。第3部分6篇文章的结论表明，管理是最佳意义上的多元主义——管理的多样性产生了有机的统一。

跨 国 企 业

小约翰·鲍尔斯

I

1967 年，法国知名政治记者让·雅克·瑟凡·施瑞贝（Jean-Jacques Servan-Schreiber）出版了一本名为《美国的挑战》（*Le Defi Americain*）的商业著作，这本书在法国和整个欧洲大陆都非常畅销。作者预测 15 年后，即 20 世纪 80 年代早期，由美国控制的在欧洲运营的跨国企业将会成为全球第三大工业力量。

这一预测唯一的错误之处在于，这种情况如今早已成为现实。1966 年，美资企业的海外生产总值约为 1250 亿美元，略高于联邦德国或日本的国民生产总值，而联邦德国和日本在传统的工业国家排名中排在美国和苏联之后，都在竞争世界第三大工业国家的地位。

尽管如此，跨国企业的发展并不仅限于美国企业。虽然很多美国企业在全球已经经营很多年，例如辛格缝纫机公司和国际收割机公司已跨国经营

100 多年，但现代跨国企业的先驱却是总部位于欧洲小国的一些企业。受限于本国市场的狭小，它们很早就开始进行跨国经营。源自荷兰的联合利华和飞利浦就是很好的例子，除此之外还有很多瑞士的化学和制药企业。

在过去 20 年中，很多其他地区的企业也出现了和美国企业势头同样迅猛的国际化趋势。

二战结束时，瑞典在很大程度上仍是以采矿业和原材料生产为主的经济体。它的制造业虽然技术很先进，但市场主要局限在斯堪的纳维亚半岛。如果不算美国对外直接投资额中对海外石油行业的直接投资，从 1950 年开始，瑞典对制造行业（如电力机械、精密机械、高级工程等）的直接投资的增长速度，甚至超过了美国对制造业的直接投资的增长速度。美国对外直接投资总额从 1950 年的 120 亿美元增长到 1966 年的 600 亿美元，几乎每 6 年翻一番。在同一时期内，瑞典对海外跨国企业的直接投资总额，从不到 1 亿美元增长到 10 亿美元，几乎每 4 年翻一番。我们有理由相信，瑞士跨国企业的投资也会以类似的速度增长。

跨国企业的发展虽然是全球性的，但目前美国跨国企业在这场竞争中仍处于领头羊的位置。按照这个速度，不出 20 年，美国跨国企业就会跨越各国的行政边界，在世界范围内建立起第二个美国经济体。

II

美国企业在海外市场大幅直接投资和生产背后的原因是什么？

施瑞贝在其作品中给出的一个重要原因是，现代化的技术、运输和管理需要大型一体化市场。今天的大型企业要实现资源有效利用所需的市场，即使欧洲最大的国家也难以提供。的确，就连面积和消费能力如此庞大的美国国内市场，也在日益沦落为地区市场。但是，施瑞贝在其书中指出，欧洲大国（特别是法国和联邦德国）的政府限制了本国大型企业向欧洲市场的扩张，从而导致美国企业纷纷来到欧洲"共同市场"寻找机遇并逐渐成为商业现实。

另一个同样重要的原因是购买力、品位和共同需求的逐渐均等化。如今，就连最贫困的国家也要努力为国民提供现代制药企业生产的药品，即使像拉丁美洲或印度这样的不发达地区也出现了城市大众市场。从总体需求来说，这些市场要求有大型的生产和销售组织，它们有高度熟练、专业化、灵活的管理，以及分析和控制大型企业和先进工业地区所使用的工具。

当然，这些发展也促进了贸易，使全球贸易实现快速增长。从 1950 年到 1966 年，美国出口额实现近两倍的增长，从每年 100 亿美元增长到 290 亿美元。其他国家（特别是日本）的出口贸易增长的速度更为迅猛。

首先，要注意的是，出口贸易和对外直接投资不是非此即彼的选择，更谈不上相互排斥。实际上，两者之间是相互补充的关系。我们有充分的理由相信，像美国这样高度发达的工业国家，其出口能力将会越来越依赖对海外制造业部门的投资。

其次，现在的国际贸易虽然比强调国家主义的 20 世纪 30 年代的国际贸易相对自由，但离真正的自由仍相距甚远。跨国企业的所在国政府会以法律规定的形式，切断成品甚至某些原材料的进口，或是对其征收高额关税，来要求企业在本地生产。但是，尽管如此，要在任何主要市场上有效地竞争到较多的份额，都需要在这些市场进行直接投资，设立销售办事处和仓库，如果不设基本生产单位，至少也要有包装和装配厂。在 20 世纪下半叶，单靠出口是不可能在某个市场拥有长期的重要影响力的。

另一个重要事实是，很多美国企业主要面向国内市场。即使这些企业有国际业务部门，它们对这些部门的管理资源和财务资源的分配也并不重视。很多企业对高度复杂的国际业务经营缺乏动力。由于国内市场可以提供足够的机会，对于去遥远、未知的国度开展业务，在国内管理层直接监督之外进行重金投资的建议，美国企业的反应并不积极。可以说很多企业有这种态度不无道理。它们资源有限，从管理深度来说无法在国际业务上有所突破，而且在美国国内市场有足够的增长潜力，因此，它们把业务集中于国内市场也是一种谨慎的做法。

但是，对那些已经在美国市场拥有相当份额的企业，或是那些成立不久的、其新产品在世界各地都存在巨大需求的企业来说，国际营销几乎有着难以抵抗的吸引力。让竞争对手抢占海外发展先机，无异于对其做出大量收入的让渡，帮助它们在包括国内市场在内的各个市场中更有效地竞争。对希望开展海外业务的企业来说，开展出口贸易是走出去的第一步。更重要的是，这些企业将会不可避免地进行海外直接投资，一开始是设立营销部门、销售办公室和仓库，直到在必要时成立海外工厂。因此，在美国当前市场条件下希望拓展国际业务的企业，将会走向海外市场。只需 10 年左右的时间，原来面向国内市场的企业的管理层就会发现，企业的很大一部分资产被部署到了海外，很多外国人成为企业员工，企业收入中很大一部分是外国货币，企业的经营在相当大的程度上脱离了美国的管辖范围。

面对这些新情况，企业发现不但业务实现了增长，而且出现了转型。在对外直接投资的过程中，企业开始转变成跨国企业。在这种情况下，尽管企业的总部仍在美国，尽管它在美国市场仍占有很大的份额，但是其组织方式必须是国际性的。企业的资产和活动，必须根据经营所在地的市场机会进行国际化管理。

关于跨国企业的最佳组织方式，人们对其有很多思考。无论具体解决方案是怎样的，很明显我们在努力寻找的是可以反映企业内部各种新关系的组织模式。从最宽泛的层次来看，我们必须在母公司及其国际分支机构之间，以及母公司管理层和国内业务之间建立合适的关系。我认为，判断一家跨国企业是否成熟，很关键的一点是要看其国内运营机构和母公司是不是彼此独立的可正常运转的实体。

这种变化不只体现在组织结构图中。随着跨国组织的成熟，员工的态度也会发生变化，变得更加国际化。国际化观点的形成并不是一蹴而就的，它是一个需要习得和持续强调的过程。无论职位高低，工作者都必须接触新的经验。企业必须不断培养参与过国际业务和国内业务的工作者，在不断培养管理人才的过程中，必须让这些人有机会拓展他们的思维，并从各种不同的经验中发展出真正的国际化视野。

除了组织结构和人员方面的变化，我们发现以国内业务为主的企业在逐渐发展成真正的跨国企业的过程中，还必须面对来自新环境的一些新问题。在二战之前，对绝大部分美国人来说，国际商务意味着进出口，如今这种情况出现了很大的变化。如前所述，美国的跨国企业已经意识到自主开展海外业务的必要性。它们在某个国家扎根，在美国身份的基础上增加了新的国外身份。它们购买土地，聘用并培训当地员工，从当地金融机构借贷，和当地政府沟通谈判，其业务经营刺激了其他行业的发展。它们为当地带来了住房和教育事业的发展，成为所在国国民经济发展计划的一部分，或是参与该国的出口扩张或进口削减活动。换句话说，跨国企业致力于所在国的经济发展，对其未来的经济增长发挥着不可或缺的重要作用。

对很多小国来说，来自跨国企业的大型投资无疑会对其社会发展带来革命性影响。即使是发达国家，美国投资带来的累积影响也不可小觑。它们会刺激行业竞争，改变金融制度及其实践，改变劳资关系，改变社会习惯，打破阶级壁垒。如同在美国国内一样，在海外经营的美国企业可以为没有社会背景的人才提供成功机遇，从而显著增加社会流动性。尽管这些现象在美国已经习以为常，但是在阶级壁垒森严的海外国家，跨国企业带来的这种社会影响不但在当下非常大，而且在未来甚至会更为深远。

在这种情况下，跨国企业带来了很多压力。作为社会、经济和文化方面的变革推动者，跨国企业起到了标兵的作用，其业务经营跨越了地理边界，造成了政治管辖的重叠。正因为如此，所在国对跨国企业的反应总是好坏参半。一方面，它们支持和欢迎跨国企业；另一方面，它们厌恶和反感跨国企业。跨国企业带来了就业也带来了竞争，它们虽然引进了技能和技术，但是其外国身份有时会触及国家的敏感问题。这些困境都是显而易见的。的确，每个国家都希望提高生活标准，但同时又担心在此过程中外国投资会导致它们失去某些方面的独立自主。

这种看法是否现实？国家现代化的确要付出代价，但是与其说是失去独立自主，不如说是相互依赖地增长。各国的政治史和经济史正在趋同，跨国企业在这种趋同的过程中发挥着重要的作用。尽管处于不同的发展阶段，各个现代经济体往往表现出类似的特征。计算机设备、超市、电话系统、汽车组装线和制药厂，这些都是超越国家的、具备国际特征的工业技术的地方性表现形式。如果没有海外新技术和新产品的持续引入，这些设施很快就会过时。这一过程在很大程度上要得益于跨国企业的贡献。

<h2 style="text-align:center">Ⅲ</h2>

但是如前所述，跨国企业并不总是受到所在国的欢迎。鉴于其身份敏感性，这种情况的出现似乎不足为奇。真正令人不解的是，这些企业往往会遇到来自本国政府的敌意。很多在政治和金融领域从事国际政府机构建设的政府人士和大学学者，反而很难看到国际性私营机构和私营金融企业发挥的独特作用。英格兰银行前行长克罗默爵士最近在纽约大学的演讲中曾直言不讳地说："尽管二战之后全球出现了国际合作的趋势，但是在国际投资领域政府的思考方式仍落后于企业界和金融界。"

在对外直接投资方面，企业实践走到了理论和政策的前面，而且这种差距正变得越来越大。越来越多的问题领域，要求从跨国企业经营的角度对影响国际商业的法规和政策进行讨论。跨国企业被要求和希望成为业务所在国的良好公民，但它们有时很难满足相互冲突的管辖权提出的政治需求和经济需求。总部位于美国的跨国企业需要遵守美国的法律规定，但它们在世界各地的经营机构同样要遵守所在国的法律和政策。这种情况显然会不时地造成冲突，使跨国企业夹在其中左右为难。

美国政府基于自身利益会对美国企业的海外分支机构的业务进行多大程度的管辖，这是一个需要考虑的问题。例如，1961 年美国政府曾部分成功地要求跨国企业的海外收入按美国税法纳税，尽管这些收入都是在海外发生的。一些外国评论员认为，按照国际收支自主计划，美国政府对企业海外经营进行跨境控制的做法是有害的。美国现行法律中对美国与社会主义国家之间的贸易规定，包括美国企业的海外分支机构与社会主义国家的贸易规定，已经受到了批评，尤其是在加拿大。最后一个难题是，美国反垄断法在国内的实施令我们颇为困惑，如果美国跨国企业在海外的行为符合所在国的法律和习俗，那么反垄断法在多大程度上适用于这些行为？

自相矛盾的是，对跨国企业最大的威胁恰恰来自支持其发展且从中受益不菲的国家——美国。无论是 1965 年推出的美国企业对外投资自愿限制规定，还是目前为改善美国国际收支实施的强制计划，都无法在短期内带来良性改变。长期来看，也许在未来三年之内，这些措施将会为美国国际收支带来极其严重的甚至是无法弥补的伤害。由于跨国企业的国际化经营、快速发展和有力投资，通过出口到海外分支机构、海外利润分红，以及日益普遍的海外居民购买美国企业证券等形式，长期以来，美国企业的对外直接投资一直都是创造外汇收入的摇钱树。

在过去 15 年中，欧洲对美国证券的投资实际上超过了美国企业对其欧洲分支机构的投资。欧洲对美国企业的偏爱，在很大程度上是因为它们是欧洲企业希望成为但未能成为的跨国企业。

毕竟，对外直接投资一直都在创造收支盈余。来自跨国企业海外分支机构的股利和资本支出始终超过美国对这些分支机构的投资金额。如果扣除经济援助性质的出口，尽管对外直接投资产生的净收入依然庞大，但美国目前的贸易收支呈赤字状态。

投资账户盈余目前是美国国际收支中最大的积极因素。但是，美国现在以改善国际收支为名对对外投资进行限制。这是一种非常危险的做法，根本无法解决国际收支平衡问题。实际上，美国的国际收支赤字只存在于公共部门，私营部门并不存在这个问题。

IV

美国经济的根本问题比表面上的经济数据要深刻得多，它涉及世界经济结构的问题。

有人说，企业家的作用是实现各种经济资源全新的、更有效率的组合。这一作用要求管理者不能消极应对新的商业条件，而是要积极主动地行动，展望未来并做好当下的工作。曾担任美国副国务卿，现任联合国常任代表的乔治·博尔，最近在东京演讲时被问到当前的工作目标是什么，他的回答是必须建立起真正的全球化经济。他说："这不是不切实际的幻想，而是冷静明确的预测。技术的发展正迫切要求我们发挥好这一作用。"

跨国企业无疑是这一经济中的关键部分。的确，跨国企业不但是具备一体化能力和独立性的真正全球化经济的缔造者，同时也是其具体制度的创造者。跨国企业的增长、自由和繁荣应成为美国国内和海外政策的主要目标。跨国企业不但是自二战以来最为重大的管理成就，同时也是美国为建立一个不断增长和充满活力的世界经济和一个自由的国际社会而长期奋斗的最重要成果。

未来的欧洲企业管理者

克里斯蒂安·加瑟

"欧洲企业管理者"这一说法是否存在？我曾经和欧洲的企业管理者一起工作过，但是从没听说过有人称自己为"欧洲企业管理者"。在他们当中，有德国人、意大利人、瑞士人、丹麦人、法国人和英国人，每个人都对自己的国家感到自豪。欧洲经济的说法倒是存在，但"欧洲企业管理者"的说法肯定没有。

无论在纽约派克大街还是在伦敦、东京或圣保罗，就像所有大型办公楼都具备"国际风格"一样，世界各地大型企业的管理风格也会被冠以"国际化"或"世界性"。另外，就像大型建筑在风格和结构方面的差别会反映出土壤构成或区域规划等外部限制条件一样，大型企业在管理风格和结构方面的差异，也会体现出在政府压力、法律、资本市场限制等方面的外部限制条件，而不是在管理政策或管理原则方面的区别。在美国，企业管理者从纽约搬到明尼阿波利斯只不过是换了个城市，但是住在罗马、在跨国企业任职的意大利总裁多半不愿搬到哥本哈根或伦敦，变成一位外国工作者。这种情况造成了人事方面的僵化，但并不是欧洲企业管理的典型特征。

我认为，有一个群体可以说是具备典型的"欧洲企业管理者"特色，即中小企业的所有者型管理者。在欧洲，中小型企业在很多方面仍是创业、创意设计和创新的主要来源。欧洲的多样化、小型化，以及对本地根基的强调成了欧洲的力量来源。我认为，这一点才是欧洲管理的特色和优势。未来，这一欧洲特色将会继续发扬光大而不是日趋式微。

去年秋季我去汉诺威参加欧洲机床展会时的经历可以充分证明上面的观点。在展会上，各家中小型机床企业展现出的多样性、创业活力和独创性给我留下了深刻的印象。但我认为这是理所当然的，因为我在这个行业工作多年，对这个行业相当了解。在回程的航班上，坐在我旁边的是一位来自美国的机床制造商，我本以为他会看不上欧洲展会的表现，但没想到他的话让我相当吃惊："欧洲这个展会的规模是我们在芝加哥的机床展的四到五倍，据说机床行业还是欧洲已经过时的夕阳行业。"

关于美国和欧洲之间的技术差距，这已经是老生常谈的话题。但是我发现，除了在动辄需要投入数十亿美元预算进行研发的美国国防和太空领域，如航空、计算机和一些电子领域，这种说法并没有得到什么证据支持。或许这种差距应当从另一个角度来看，由于欧洲企业不像美国企业拥有雄厚的研发资金，所以我们不得不在资源方面精打细算，把每一分钱都掰成两半来花。关于研发我们还有很多地方要向他人学习，其实我对欧洲的研发工作很不满意。例如，我们在研究成果向适销产品转化方面做得很不好，跟美国同行或竞争对手相比还差得远。但是欧洲企业和其他国家的企业之间并不存在技术差距。真正的差距，存在于科学家、工程师和企业管理者之间，他们本应形成密切合作的关系。另外，我们总是过于注重技术，认为产品质量应满足设计工程师的要求，而不是满足消费者的需要。

实际上，欧洲的技术质量和产品效果与全球任何地区的相比都毫不逊色。作为一个瑞士人，我毫不夸张地说，我们在制药行业的创新表现可以说领先全球，如巴塞尔的嘉基制药、罗氏制药、汽巴制药和山德士制药。

每当听到人们谈起美国和欧洲之间的管理差距，我总是对此有所怀疑。的确，和大型欧洲企业常见的充满官僚主义作风的最高管理层相比，大型美国企业的最高管理层通常给人的印象是富有远见、胆识和干劲。但是，我们发现在美国企业中除了最高管理层之外的工作者普遍都缺乏主动性。相比之下，欧洲企业的重要中层管理者表现出很强的自立精神和力量。我了解的很多欧洲企业，即使它们的最高管理层听起来感觉不靠谱，单靠高级职能经理也能实现对企业的有效管理。另外，在欧洲，很多人以工匠精神为荣，宁愿做一名出色的工程师，也不愿做一名平庸的总裁。

欧洲人还有一种倾向，就是以数百年的当地传统为借口，停滞不前，拒绝改变。欧洲人非常珍视自己的文化传统，对于那些会对其构成威胁的科学、技术和经济变化很难接受。每一位欧洲的企业管理者总是这样反复提醒自己："企业的生存发展要求我接受变化，鼓励变化。"反之，在美国，人们只是因为新鲜而接受新事物，这已经成了一种社会风气。有时候我甚至想，之所以会这样，是因为喊口号要比实打实地做出成绩容易得多。

当然，这些差异只是程度上的差异，而不是本质上的差异。我认为，不同行业之间在管理态度和方法上的差异，例如钢铁行业与制药行业或百货行业之间的差异，要比欧洲和美国相同行业之间的差异更为显著。

大型企业的组织结构要求，而不是地理位置或历史，在很大程度上决定了欧洲管理的发展。

但是中小企业发挥的作用无疑具有鲜明的欧洲特色。当然，美国也有很多中小企业，我和这些企业也打过几年的密切交道。美国中小企业的典型特点，是以供应商或经销商的方式与大型企业形成共生关系。欧洲中小企业的特点是自主经营。美国中小企业都想做大，认为企业规模和管理能力成正比。就好像草蜢压根儿没想过要成为大象一样，欧洲中小企业对扩大规模毫无兴趣，它们更希望在同类企业中占据领先地位。美国中小企业认为自己是大型企业的追随者，欧洲中小企业的自身定位是领导者，哪怕从事的是市场高度狭窄的行业或技术领域。美国中小企业大多从事本地业务，而欧洲中小企业通常是国际化经营。令人感到惊讶的是，欧洲一些主要国家的政府会不断施加压力，要求大型欧洲企业成为纯粹的本国企业，即法国企业、联邦德国企业或者英国企业。在欧洲，很多小型独立企业虽然关注的领域比较狭窄，但其业务范围却延伸到了全球。例如，某家族式企业只有不到200人的规模，却是全球机械工具行业的领头羊；在奥地利一个群山环抱的小山村，有一家员工不到400人的小公司，它生产的干草切割工具在全球久负盛名，在世界各地都能看到这家公司生产的各种镰刀和刀片；在瑞士有一家专门生产微型滚珠轴承的小公司，其95%的产品销往全球，这家公司一共只有不到300人。

在世界偏远角落出差的美国商人，大部分是在为大型跨国企业工作。在飞机上，坐在他们旁边的欧洲人，很可能是来自奥地利的镰刀厂家、法国或瑞士的专用纺织机械厂家，或是英国的自动烤炉厂家的高管。虽然这些厂家都是小型企业，但是它们无一例外都是全球化的，都是所在行业的引领者。欧洲的传统虽然对大型企业形成了限制，但是为小型企业提供了发展力量。

以欧洲小国瑞士为例，这个国家有三种文化，使用四种语言。瑞士有25个州和3000个拥有很大地方自治权的自治市镇。在瑞士人眼中，这种多样性不是缺点而是力量之源。它能创造出一种环境，使中小企业的独立性和多样化，以及对技术和市场某个细分领域的自发关注，成为中小企业获取力量、展现自豪感和吸引优秀人才的源泉。与此类似，欧洲资本市场不利于大型企业的缺点，反而成了独立的小型企业的优势。美国的资本市场总是"推动"企业扩大规模，因为美国的资本市场是以大量寻求股权投资机会的个体为基础的，只有规模足够大的企业才能够上市。在欧洲，我们缺乏此类资本市场。欧洲的银行家（既是商业银行家又是投资银行家）负责为企业投资筹集资金。这些银行家更倾向于把拥有足够增长潜力的小型企业作为投资目标，因为小型企业的融资不会过多占用他们的资本。

我预计欧洲的大型企业会快速增长，同时也预计欧洲的中小企业将进一步增强自己的实力，产生更加重要的影响。独立的中型企业在管理方面有哪些需求？我认为这是欧洲未来的商业和管理的核心问题。对此，我的观察结果如下。

1）我们确实需要更好的管理。无论欧洲还是美国的大型企业，我认为首先都需要创业的火花。中型企业也必须具备这一点，否则很难长期发展下去。中型企业在使用新式管理原则方面落后很多，管理者通常认为"只有大型企业才需要管理，我们靠临时应付也能解决问题"。这种想法在中等规模的制造型企业中很常见。相比之下，美国企业在这个方面的平均表现要比我们好得多。美国工厂的生产周期只有欧洲工厂的一半，特别是对生产周期较长的产品而言。我在访问美国企业时对这一点非常佩服。在欧洲劳动力成本低下的过去，企业可以用粗糙的管理应付差事，现在这种情况已无法继续满足管理的需要。

与此类似，欧洲的中型企业在营销方面也必须做得更好。我们了解顾客，但是很少试着去了解市场，特别是那些尚未涉足过的市场。

总体来说，对于小型企业比大型企业更需要管理原则这一事实，我们目前还缺乏足够的认识。小型企业无法承担员工和控制活动带来的巨额开支，这些控制活动在大型企业中可以用明确的目标、具体的责任和有目的的指导取而代之，至少可以在短期之内取而代之。在中小企业中，管理混乱很快会将优秀的创业表现消耗殆尽。我认为这一点是欧洲的所有者型管理者在很多情况下需要深入了解的问题。

2）我们需要更多的年轻人走上最高管理岗位。目前欧洲大多数中型企业的最高管理层成员都年事已高，这种情况在董事会尤其明显，而董事会中的老人不太可能让管理层的老人退休，对年轻人进行提拔和晋升。未来的经济要求今天的管理具备年轻人的主动性、勇气和灵活性。在很多欧洲企业的管理层，有太多人仍活在过去，他们应当被具有未来视野的年轻管理者取而代之。

3）最后，我们还需要在教育方面进行深刻的变革。欧洲学校普遍认为知识是没有应用价值的东西，这种观点导致大学和经济之间，以及教授和学生之间出现了巨大的鸿沟。

另外，完成学校教育的人也必须认识到，拿到文凭并不意味着教育的终结。在知识为王的现代社会，正规教育的结束并不代表人们在生活中不再需要继续学习。研究生继续教育实际上应该成为企业高管的必修课。遗憾的是，在欧洲，成年人返回学校接受继续教育的情况十分罕见。

在过去20年中，西欧地区成立了很多管理发展研究生学院。虽然这些机构的工作水平很高，但大部分都是在高校之外组织的，它们很少和高校教师联系。另外，这些学院的教学过于重视传统刻板的教学方式，以灌输知识为主，很少尝试其他教学方法。来自中型企业的高级管理者很少参加这种课程，甚至不愿让企业中优秀的年轻人去学习高级管理课程。实际上，从继续管理教育中受益最大的可能就是中型企业。

未来的欧洲企业管理者要面对重大的挑战，他们要在维护传统价值的同时创造新的经济和技术。在企业中，他们既要成为富有创意的企业家，又要成为系统化的管理者。他们既要充满想象力，又要了解并且能够应用严格的量化管理。他们既要在视野和经营中展现出国际性，又要具有地方性和多样性的特点。

我相信无论在美国还是欧洲，企业管理者都要面对与此类似的要求。欧洲的不同之处在于，这里的中小企业的所有者型管理者最有可能将这些挑战转变成发展机遇并取得成功。

未来的英国企业管理者

H. F. R. 卡瑟伍德

对于英国未来的发展战略，目前的共识是进行重新部署，把重点从各个遥远的前哨转向欧洲共同市场。这一共识从很多方面来看不无道理。我们和附属领地之间的贸易份额，随着当地工业雏形的建立大幅下滑。我们和欧洲工业国家以及和美国之间的贸易份额正在快速增长。目前，欧洲自由贸易联盟有超过 1 亿人，涵盖了不少非常富裕的欧洲国家。通过和欧洲自由贸易联盟的伙伴一起合作，我们不但可以为欧洲其他地区提供更大的市场，还能提供英国的国际贸易专长和先进技术。如果欧洲想要建立可以和拥有丰富资源的美国大企业相匹敌的国际性企业，那么在主要的欧洲国家中，只有我们有组建国际财团和经营国际性企业的经验。就像巨大冰山在海面上露出的一角，壳牌石油和联合利华代表了英国众多成功跨国企业的典范。我们拥有伦敦金融城的专业服务，可以在内部和外部对欧洲的储蓄金进行部署。欧洲凭借其略微偏低的货币价值和从英美国防开支中获得的收入，积累了不少现金盈余，可以极大地提高英镑的短期流动性。对英国和欧洲的大部分人来说，这似乎是英国发展的正确方向。它能为英国的管理带来非常有价值的任务，为西方世界的繁荣稳定做出重大贡献。

与此同时，英国既要对欧洲承担实际的和潜在的义务，又要对以前的势力范围继续承担基本上没有回报的义务，这使得英国捉襟见肘。在军事方面，我们在东南亚设置驻军以保护马来西亚和澳大利亚，在联邦德国驻军以保卫西欧地区。按照老的汇率计算，我们的国际收支可以承担其中一项任务，但无法做到同时兼顾。我们一方面努力使工业投资在国民生产总值中达到所需的比例，以保障英国在欧洲一体化市场中的份额；另一方面，我们努力维持在海外英镑市场（以及某种程度上在这些市场之外）的庞大投资计划。为此，我们乐意接受潜在伙伴的支持，增强英国的国力，帮助我们继续在维护全球流动性、投资、贸易和世界和平方面做出贡献。否则，英国可能会在重压之下放弃这些任务，进而使伙伴关系受到伤害。无论过去还是现在，对英国来说这都是一个非常不情愿但是又不得不做的选择。

实际上，英国要想成为大陆经济体的一部分，未来英国企业的管理需求会变得相当直接。北美是一个拥有2亿多人口的大型大陆经济体，尽可能地适应可为此类经济体服务的管理技术会是个不错的选择。我们对欧洲大陆经济体之外的出口，很可能像美国出口在其国民生产总值中的比例一样微不足道。例如，通过考文垂和科隆，以及曼彻斯特和米兰等欧洲城市之间的产品互通，我们可以实现专业化生产和更大规模的生产。尽管欧洲人固执地认为这是英国的未来，除此之外没有其他选择，但是我个人仍觉得英国不会成为大陆经济体的一部分，而是会继续保持自己独立的海权国家身份。这种情况无疑会使英国的管理面临更复杂、更困难的工作，但这可能更适合我们的民族性格和传统技能。这表明，我们将继续通过致力于国际贸易和投资发展的方式，而不是通过对欧洲大陆经济做贡献的方式在国际社会谋求生存。

这种情况如果出现，不一定表示英国要完全自力更生。单打独斗意味着撕毁对各种国际义务的承诺。但是，如果我们在贸易方面不必单打独斗，如果存在某些范围更大、更为自由的贸易区，包括已有的欧洲自由贸易联盟和未来的澳新自由贸易区、美加自由贸易区，那么我们贸易地位的提高可以帮助英国继续跟美国一起分担欧洲之外的防务工作，帮助英国保持海外投资，不用继续出售在美国的资产。

英国管理怎样才能最大程度地利用我们的国际专业知识和作为贸易商和银行家的信誉呢？面对不断变化的国际金融环境，伦敦金融城表现出了极高水平的适应性。其优异表现充分证明，英镑区的衰退并不意味着英国商业银行体制的衰落。尽管欧洲共同市场曾试图为其交易开发融资手段，但欧洲美元市场的中心并不在欧洲共同市场内的三个大国，而是位于伦敦。英国银行有能力经营任何有存款盈余的货币储蓄业务，据估计英国银行系统有 2 亿英镑的交易盈余，继续发展这一优势对我们至关重要。正因为如此，继续打造我们在国际银行和金融领域取得的管理能力至关重要。英国的保险公司和投资信托公司管理着价值 100 亿美元的海外投资，这些投资为我们的国际收支带来了大量盈余。由英国母公司控制的对外直接投资总额高达 200 亿美元，尽管总体收支出现赤字，我们的对外直接投资仍以每年 10 亿美元的规模增长。这些投资在国家资源中所占的比例很高，几乎比其他任何国家都高，随之出现的是国际经营业务方面的高水平能力。对很多美国管理者来说，到海外工作意味着脱离企业的主要业务，意味着从此升职无望。但是在英国企业中，如壳牌石油、联合利华、力拓集团和英美烟草，到海外工作是通往最高管理层的必经之路。显然，这些能力是未来的英国企业管理者必须具备的。

除了大量的对外投资，其他国家（特别是美国）对英国的投资也一直处于较高的水平。目前，约有 10% 的英国制造业由美国企业持有。这些企业严重依赖英国管理层，其中不少企业都把英国作为国际业务的大本营。一般来说，在英国经营的美资企业最多只会派一名来自美国的常驻经理。因此，英国管理者不但在经营英国跨国企业方面的经验越来越丰富，而且在经营克利夫兰、辛辛那提、底特律、旧金山或纽约控股的企业方面，经验也日益丰富。美国企业投资的盈利相当可观，英国管理和美国能力的结合在大多数市场中都近乎无敌。与海外企业主合作，以及利用美国技能和技术的能力，对未来英国管理者的重要性会变得越来越高。

如果英国不加入大陆经济体，英国企业就无法享受规模化市场和专业性生产的优势，就必须在国际合资企业中更大程度地利用自身的专业技能。英国虽然是高度创新的国家，但并不具备规模足够大的、稳固的同质性市场，使所有潜在的赢家都能实现盈利性批量生产。与此同时，英国还必须和已经具备这种稳定的市场基础的大陆经济体竞争。建立国际合资企业是确保英国跻身一流竞争者行列的一个办法。我曾参与过至少 8 个大型国际合资企业的工作，这些企业要求管理层具有高度的职业意识，能够凭借诚信和能力赢得具有不同国籍和不同背景的人的信任。我可以介绍一下这 8 家国际合资企业，以便大家了解其中存在的多样性。在这些企业中，规模最大的是英国铝业公司（British Aluminum Company），一家主要由英国人管理的英美合资公司；与这家公司合作经营的是加英铝业（Canadian-British Aluminum），一家主要由加拿大人管理的英美合资公司；位于几内亚的 FRIA 公司，是一家法国人管理的由英美法德和瑞士五国出资成立的合资公司；位于挪威的 DNN 公司，是一家挪威人管理的由英国和加拿大合资成立的公司；Australuco 是一家澳大利亚人管理的由英国和加拿大合资成立的公司；Costain Blankenvoort 是一家荷兰人管理的由英国和荷兰合资成立的公司；Costain Raymond International 是一家英国人和美国人按项目轮流管理的英美合资公司；Costain West Africa 是一家英国人管理、尼日利亚人担任董事长的由英国和尼日利亚合资成立的公司。对拥有无穷组合的合资企业来说，这些只不过是其中很小的一部分。这些合资企业都有来自英国的参与者，无论在其他方面的表现如何，他们都对合资企业的经营贡献了自己的专业技能。这些合资企业的共同点包括：①各方分工明确，特别是技术、管理、资金和营销分别由谁来负责很明确；②明确划分合资业务所在市场，各方以协议方式避免各自利益和合资企业利益之间出现冲突；③对合资企业目标的明确理解；④有谈判程序和谈判意愿，这能帮助各方以最小的争执和利益冲突快速解决问题。这些企业的成功并不是一帆风顺和毫无代价的。只不过，每次出现困难时我们总是可以在英国得到国际谈判专家的帮助，他们设计的方案可以很好地得到各合资方的同意和执行。这种相对稀缺的能力在英国的管理传统中并不罕见，是一种需要我们继续发扬光大的管理技能。

无论我们多么善于通过海外投资和国际合资经营的方式创造业务，我们在未来很长一段时间内仍离不开对各个国家的直接出口，而各国的关税壁垒、消费偏好和限制条件又各不相同。英国有 1/4 的制造业产品流向出口市场，本国市场和大陆经济体相比规模太小。受国际事务的拖累，本国市场一直增长缓慢。面对大陆经济体批量化生产的做法，英国管理者要学习如何适应市场需求的变化，更好地为批量生产型经济体提供服务。虽然肯尼迪回合谈判降低了关税壁垒，略低的平价水平也有助于解决剩下的关税壁垒问题，但是从长期来看，无论是在哪种类型的目标市场上，企业都必须满足市场对不同产量的需求。

在直接销售方面，很多英国企业都需要做出转变，从被动的代理销售转变为派员工到海外市场主动营销。代理销售人员是任何业务都谈，但企业员工则不同，他们会寻找与企业生产最为匹配的业务。从代理销售模式转为直接销售模式的企业会发现，新模式带来的额外利润很快就会抵消直接销售产生的费用。大量证据表明，直接销售不但能降低生产成本，还能提高商品的价格。代理制度可能起源于英国在全球分布广泛的英联邦市场，实际上如今英国近 2/3 的市场位于工业发达国家。在这些工业发达的国家里，英国商品不是和通过代理销售的其他外国进口商品竞争，而是和营销手段层出不穷的当地产品竞争。菲利普亲王曾经抱怨，他在很多出访的国家都看不到英国商品的广告宣传。这充分说明了代理销售模式存在的问题。

货币贬值造成的出口盈利能力的提高，会使英国企业的直接销售变得更有价值。一旦采用直接销售模式，企业几乎不可能再回到代理销售模式。那时，国内销售和出口销售将会成为协同化营销体系的组成部分，生产过程与市场需求的匹配将会使企业销售的批量化变得可行。

无论加尔布雷思教授的观点如何，企业都无法控制市场，消费者始终想要更多的品类，而不是严格符合经济效益的选择。研制出浮法玻璃制造法的英国发明家皮尔金顿的另一项重大贡献，是可以在不影响批量生产效益的情况下对新工艺多次进行短暂调整。未来英国的生产管理者也必须成为这方面的专家，从小的定制化订单中获得批量生产的经济效益。计算机可以让订单开发和维持库存等工作变得更简单，但企业也需要具备很高的生产技能。

在国外市场经营的英国管理者应学习利用劣势方的机会。在这些市场中，本地制造商通常是价格领导者。如果全面降价，本地制造商的损失最大。为了维持整个市场的价格，本地制造商可能宁愿损失一部分销售额。因此，它们并不会跟随每一位进口商降低自己的产品价格。英国曾遭受过精心设计的商业算计，对手利用行业定价结构中的异常现象迫使英国企业降低价格、损失利润，或是要求英国企业对可满足国外供应商生产需要的特定范围的产品进行降价。如此一来，英国必须学会在劣势中发挥自己的能力，利用10%的市场份额让企业盈利。要想为英国商品找到盈利最丰厚的市场渠道，未来的英国管理者必须了解如何运用定价和成本策略。

所有这些都要求未来的英国管理者对创业技能有一定程度的关注。英国工业是以生产为导向的，这是一个老生常谈的说法。从某些方面来说，这样的说法并无不妥。低价销售设计精良的产品，总好过为设计糟糕的产品开发一个人为市场。创业管理的关键不在于推广无用的产品，而在于巧妙地利用稀缺资源以获得最大的收益。创业者首先要准备好做出艰难的商业选择，他要及时止损，不断优化产品线，直到所有产品都能带来最大效益。他了解市场结构，知道什么时候该以价格换销量，什么时候该以销量换价格。他不但了解自己的经济状况，也了解顾客和供应商的经济状况。他煞费苦心地确保经销商通过销售他的产品赚钱，客户通过购买他的产品获得经济收益。他会非常谨慎耐心地选择供应商，投入时间精力培养关系，通过不断降低成本的方式确保企业和供应商都能赚钱。英国零售连锁品牌玛莎百货就是这样一家创业型企业。每次英国外交官休假回国，都会在牛津街的玛莎百货为家人购买够穿 5 年的服装。来自荷兰、比利时、法国甚至苏联的家庭主妇会专程赶到伦敦玛莎百货采购。在大宗商品市场（如白糖市场）和伦敦金属交易所，英国同样具备高超的创业技能。未来的英国管理者需要将零售和大宗商品交易中的这种技能应用到制造业，特别是工程行业中去。

无论英国是否置身于大陆贸易体系之外，它对国际贸易的依赖意味着英国企业必须与从事国际贸易的众多公司的资源相匹配。这意味着很多行业最终会出现一家大企业在国内市场占据主导地位的局面，行业内的其他公司要么变成这家大企业的供应商和分包商，要么成为独立的专业化公司。两年前，拥有 3.75 亿美元资金支持的产业重组公司（Industrial Reorganization Corporation）成立，就是为了推动市场中的此类合并活动。目前，英国的大型电子工程企业已经从 3 家合并成 2 家，大型造船厂从十几家合并成 3 或 4 家，预计电子行业和其他行业还会出现更多的大型企业合并。这些大型企业不但更有可能成功获得融资以推动英国的产业创新，而且有更大的机会实现超过平均水平的出口占比。在英国，目前绝大部分出口业务是由大约 150 家大型企业完成的。

这表明，更多的英国企业管理者必须学会管理大型企业。我们当然也有国际知名的大型企业，如产业重组公司、壳牌石油和联合利华，以及国有化的煤电企业。在美国境外大型企业的榜单上，英国企业的排名相当靠前。除工业之外，英国一直都有大量熟悉大型组织管理的人，这些人现在在工业界找到了一席之地。英国的殖民地机构和武装部队在过去10～15年中不断缩减规模，很多从这些部门出来的殖民地地方官员、法官、校官和尉官转而投身工业界，并带来了大型组织所必需的专业管理能力。

与世界各地的最高管理层相比，我敢说英国的最高管理层毫不逊色，甚至有可能表现得更好。但是我们缺乏优秀的中层管理者。在未来10年或更长一段时间内，刚刚发展成形的英国大型企业有大量岗位空缺需要弥补，包括优秀的工业工程师、冶金专家、值班主管、仓库助理、运营研究员、工厂会计、销售工程师、化学研究员，以及刊登在周日版报纸的招聘版中的各种岗位。这种空缺部分是由我们的教育问题导致的，英国的教育注重培养精英，忽视了对精英和普通工人之间的阶层的教育。相比之下，美国的教育系统培养出大量的潜在管理者，而大型企业则有效地培养了这些适合做具体工作的人才。英国的企业培训倾向于培养可以胜任任何岗位的全能人才，如果候选人达不到全能标准，他们只能回到普通岗位。美国的企业培训与此不同，更贴近每个企业的具体需求。在我看来，对英国来说，英式教育和美式教育的中间状态以及英式培训和美式培训的中间状态，对未来的企业管理者更为合适。尽管我们需要更多的员工，但是和面向大陆经济体销售的企业相比，面向国际市场销售的企业需要员工具备更为多样化的能力和更高程度的个人主动性。个人主动性高一直都是英国人性格的主要特点，无论在工业界还是在战场上都是如此。因此，我们必须确保这一传统的延续，使其能更好地发挥作用。

和美国工业相比，英国工业目前具备较高的劳动密集性。因此，在同等产量的情况下，英国企业需要更多的一线监督。尽管出台工资价格指导原则和英镑贬值的目的都是使英国劳动力在国际市场上处于较为廉价的水平，但从长远来看，英国必须把劳动力视为稀缺资源和昂贵资源。出于这个原因，我们必须在对一线工人的实际组织和指导的过程中注入更多的技能。一些企业已经在这个方面做出新的尝试，它们不再像以前那样从一线工人中选拔工长，而是指派接受过培训的年轻工程师负责一线生产监督工作。和通过传统方式提拔的工长相比，工程师不但训练有素而且思维灵活，对生产流程方面的知识掌握得也更多。虽然这只是解决问题的一种方式，但毫无疑问英国企业必须解决这一问题。由于英国报纸对劳动问题日复一日的宣传和海外传播的夸大其词，全世界对英国劳动者形成了完全失实的印象。具体问题包括盲目罢工、茶歇问题、迟到早退、机械设备的人员配备不足、不同机械之间操作人员调动死板，等等。我认为，在所有这些问题的争论背后，都存在一线监督管理不足的问题。如果对同一个城市具有相同工会背景和劳动水平的两家企业进行比较，一家企业可能会出现上述所有问题，另一家可能完全没有任何问题。既然两家企业的劳动水平和工会背景没有差别，那（出现这种结果）肯定不是人的问题而是管理的问题。的确，曾经在英国和美国工作过的同事告诉我，英国工人要比美国工人更容易沟通，他们在适应性和灵活性方面也比美国工人更强。在我的印象中，美国企业的一线监督管理更为集中、更加专业，也更为严格。或许是因为英国工厂中需要监督的工人更多，我们的一线管理存在不必要的过多的等级。由于劳动力价格相对低廉，其使用出现了很大的浪费。实际上，即使我们刚刚通过英镑贬值在国际上降低了劳动力的成本，未来这一资源也迟早会变得稀缺。从一线主管开始，未来的英国企业管理者必须有能力对劳动力进行组织，实现最大效能的利用。

　　未来 10 年，英国要面对的一个重大问题，是把夕阳行业的劳动力重新部署到朝阳行业。煤炭行业曾经是英国最大的行业之一，面对石油、核电和北海天然气的冲击，如今的煤炭行业正在快速萎缩，机械化开采的应用极大地削减了对产量低下的人工开采的需求。棉纺、毛纺、铁路和钢铁行业对劳动力的需求也在下降。这些行业未来仍会发展，但不可能继续保持竞争力低下的劳动密集型特征。另外，建筑工程等行业缺乏大量的劳动者，特别是具备专业技能的劳动者。未来几年，我们必须在这两类行业之间进行大规模的劳动力迁移。但这不会是一劳永逸的迁移。英国要想继续维持在国际市场中的地位，继续利用国际贸易中的增长点，就必须建立更为灵活的经济。这就需要劳动者能够在较短的时间内提高自身的技能。因此，无论当前还是未来，英国对技能的培训和再培训都有着巨大的需求。英国虽然有出色的教育体系，但是在工业培训方面并没有发挥出全部潜力。实际上，英国工业曾经在战时体现出巨大的适应性。在战时，学校老师教学生们建造船只、制造枪支弹药。尽管工程行业和造船行业都要求很长的学徒期，但是在战时人们只需很少的培训就造出了船只和枪支弹药。战争结束后长期学徒制被恢复了，我认为现在很多人的共识是这种制度需要做出一些改变。在过去几年中，英国几乎在各行各业都建立了行业培训委员会，这些委员会对业内全体会员征收强制性的费用，然后根据企业提供的培训量支付相应的费用。委员会的这种做法，目的是利用自身地位改善培训的质量和强度，缩短培训的时间。此外，政府在全国各地成立了大量的培训中心，帮助那些从夕阳行业退出的劳动者接受再培训。所有这些活动都是在相对静止的经济中发生的。随着英镑贬值后出口型增长的逐步发展和失业率的下降，未来的培训活动将会出现更为迅猛的增长。由于培训师资力量的欠缺，未来将会出现全新的教学方式。那时，我们可能会越来越多地依靠教学机器和程序化教学，而不是以教师教案为主的传统教学。

在英国，管理层和工会之间的关系总体上看和其他国家的情况相差无几。各种数据表明，英国工人罢工造成的劳动时间损失比大部分工业国家要低，仅相当于美国的一小部分。英国的工资水平远低于美国，工资年增长率也低于大多数工业国家。英国向来有全国性工资谈判的传统，设计工资价格指导原则的目的是让主要的工会机构在全国范围内主导会员工资的谈判活动。但是在英格兰中部和东南部的工业地区，由于劳动力的需求压力较大，在工厂级别的谈判中工人的工资出现了很大程度的浮动。目前，生产率谈判正在成为一种新的趋势，相关方试图通过地方生产率委员会引导工厂谈判。一些企业，尤其是标准石油公司在福利港的炼油厂，已经采取这种方式，还有一些企业正在进行尝试。显然，这种谈判方式将会让工厂管理层担负起更多责任。在工厂层面，传统观点一直坚持协商和谈判要分开进行。在实践中，这种做法经常导致协商话题局限在餐厅和厕所卫生等无足轻重的细节上，谈判不过是看哪一边更能说会道，与企业的生产率问题毫无瓜葛。显然，身兼协商和谈判职责、负责向工会官员和车间管理人员介绍企业经济状况的工厂委员会，在这个方面还有很长的路要走。反对工厂委员会的最有力的论据，是企业不具备就非通胀性生产率协议进行谈判的专业能力。实际上，很多所谓的非通胀性生产率协议已经达成，但生产率因素往往是虚假的，成了工资变动的掩饰。一些企业开始为生产率委员会制订实验计划，实验的成功将会为生产率谈判更为广泛的应用提供验证依据。更高的生产率以及对劳动力的更好应用对于英国经济的扩张至关重要，未来的英国管理者必须成为生产率安排和工厂生产委员会等机制的专家，能通过这些机制与工会进行协商。

尽管英国在科技研发方面的投入仅次于美国，而且比其他工业国家要高很多，但英国在研发方面的记录却不怎么理想。很多英国发明都是在美国发展起来的。从某种程度上说，出现这种情况也是难以避免的。我们不可能指望世界上所有的喷气式发动机、所有的气垫船、所有的青霉素都是由我们出售的，但是我们可以更好地利用项目开发管理方面的专业技能。即使英国没有大陆经济体，也不具备美国那样丰富的资源，它仍然可以利用自身巨大的发明创造资源，为经济创造出比目前更大的盈利能力。英镑贬值为英国经济带来的更高的增长率对此可以发挥很大的帮助作用。近期一份研究流失到美国的英国工程师和科技人员的报告表明，新科研项目的开发对工程师和科技人员的吸引力和金钱相比同等重要。在经济高速增长的美国，新科研项目的数量比经济增长速度较低的英国更多。随着经济增长速度的提高，未来英国将会有更多的科研项目，吸引更多的科技人员从大学和大型政府研究机构投入其中。我们并不缺乏人才，缺乏的是为科研项目开发进行融资的潜力。这是一个迫切需要解决的问题，为此我们应当在实验室和生产线的沟通方面引入一些新的思考。这个问题一端涉及科研活动，另一端涉及生产和销售，要想解决这个问题我们需要形成新的认识。只有最大型的企业才能拥有持续从事项目开发的团队，这种团队拥有必要的专业知识，能够选择具有商业回报的项目，知道何时止损，何时推动项目，如何解决初级阶段的问题，如何安排项目进度以满足市场需要，知道科研人员什么时候真正取得了有市场价值的突破，什么时候只是在追逐空洞的学术成果——所有这些都需要极先进的专业知识，在我看来，这种专业知识对于英国的管理者甚至全世界的管理者都是非常稀缺的。未来英国的管理者应该让科研取得最大程度的回报，这对于英国的未来发展是至关重要的。

由于英国高度依赖国际贸易和国际流动性，我们的工业发展与政府的经济管理能力密不可分。因此，政府必须和工业界形成密切的关系，这也是1964年工党政府执政时，部长们能够与企业界和银行家坐在一起共同讨论问题，导致工业协商和联合规划活动大幅增加的原因。隐藏在受国防和流动性不足拖累的英国经济背后的棘手的根本问题，并不能靠协商和规划的方式解决。这一协商过程充满了压力，双方都认为自己在交换中得不偿失。但是即使在压力最大的时刻，政府和企业界都敏锐地意识到彼此之间的相互依赖关系，意识到必须继续合作下去。协商活动有很多宽松的安排，每个行业都有其主办机构，例如代表石油行业的电力部，代表农民、食品加工、渔业和林业的农业部，代表化工和纺织行业的商务部，以及代表工程行业的科技部。这场政府和各行业之间的平等对话，是由国家经济发展委员会、22 个行业经济发展委员会（每个主要行业设一个委员会，隶属于国家经济发展委员会）以及其子委会和工作小组实施的联合行动。首相代表国家经济发展委员会，每个行业经济发展委员会派出 6 ～ 10 位管理人员，与政府代表、工会高层官员，以及一名独立主席和其他专家共同讨论该行业存在的主要机遇和问题。工作小组讨论行业在进出口、投资、生产率、行业结构、技术性劳动力需求、劳动力使用、关税壁垒以及税务等方面的模式，然后分别向行业、工会和政府提出建议。但是，如果没有行业经济发展委员会和行业之间的密切协商，特别是与每个行业中主要企业的规划部门的密切协商，经济和行业分析这样艰巨的工作就无法进行。这一活动刺激了英国企业规划的发展，那些以前对市场目标和资源配置从不做切合实际的预测、满足于年复一年平稳发展的企业，如今不得不进行慎重的考虑。然而企业规划人员供不应求，未来一段时间内英国会需要大量的此类管理者，他们能够分辨出企业发展目标是基于现实的预测，还是销售副总们不着边际的幻想。我们需要的是这样的管理者，他们能够说服董事会不是行业内的每一家企业都能实现市场份额增长，他们能够预测出进口率以及企业和行业市场的哪些领域容易受到进口的影响，他们能够在世界贸易中发现增长点并说服董事会把目标市场从传统市场转向增长型市场。显然，管理者需要具备超出常识的更为深刻的见解才能说服董事会。

英镑贬值仅仅几周后，一些英国企业就已经制定出应对贬值的临时企业战略。例如，利兰卡车（Leylands）和凯旋摩托（Triumph）这两家企业，在英镑贬值后马上针对每一个主要出口市场制定了新的定价策略。对任何英国企业来说，或许未来最大的收益将来自对企业规划的正确应用。毫无疑问，那些以全球为市场目标、能够有意识地选择不同企业战略以实现长期利润最大化的企业，会意识到市场的某些领域存在机遇，某些领域存在限制；会意识到首选方案可能会失败，它们必须准备好预备方案。只有这样的企业才能实现营业额的增长和盈利能力的提高，才能让企业欣欣向荣。因此，未来的英国管理团队也应当具备能力突出的企业规划人员。

最后，专业精神是大多数工业国家根深蒂固的传统，英国在这一点上拥有无与伦比的优势。我们一直都有强大的专业精神。虽然无法证明专业精神源自英国，但毫无疑问我们很早就已具备公正服务的概念，无论是在医药行业，还是在法律界、教会、陆军、海军、司法系统、国内公务员服务系统，还是在快速赢得世界美誉的较晚出现的会计行业和土木工程行业，英国都具备优良的专业精神传统。大量的工作者从传统职业领域转到工业管理领域，他们的专业精神传统将会继续发扬光大。未来，这种专业精神传统将会继续成为英国管理的稳固基石。专业精神涉及公认的知识体系和行为规范，需要具备强烈的服务意识，以及对降低服务标准以快速换取经济利益的行为说"不"。或许英国并不存在真正的企业管理职业，但是即便如此，英国的管理仍会受到专业精神的深刻影响。

日本的企业管理

盛田昭夫

I

日本和美国在商业组织的传统、态度和政策方面，特别是在员工及对他们的管理方式方面有一些根本性的区别。这些区别是如此显著，以至于虽然日本企业和西方企业在法律结构方面几乎完全一样，但是两者的行为却完全不同。作为日本大型企业索尼公司的创建者及其美国分公司的创建者和管理者，我时常陷入对这些区别的思考。我不时扪心自问，日本企业有哪些值得维持和发扬光大的优点，又有哪些根深蒂固的传统已不再符合日本经济和社会的现实要求，无法继续满足竞争性世界经济的需要？

终身雇佣制

每年 4 月份，大多数日本公司都会招聘我们所说的应届生，即 3 月份日本学年结束的时候刚从学校或大学毕业的年轻人。公司根据它们未来的需要，而不是根据目前的需要，来考虑要招聘多少人。应届生们先要接受必要的培训，以便成为公司的终身雇员。公司每 2～3 年就会更换他们的岗位，使他们有机会得到全面发展。一般来说日本员工进入企业后不到退休不会离职，显然企业希望每一个员工都能获得与各个岗位有关的足够丰富的经验和知识。这种做法尤其适用于企业为专业岗位和管理岗位招聘的员工（一般是大学毕业生）。

日本企业往往从长期角度出发对员工进行观察和培养，而不是强调他们马上做出成绩。通过轮岗锻炼，管理层会逐渐发现最适合员工的工作，以及员工具备哪些对企业最有价值的能力。每次更换岗位时，都会对员工提出更为严格的任务要求，因此同一年龄段的员工中能力更出色的会升迁得更快。当然，并不是所有的员工都会一直升迁，最终晋升为企业总裁的人通常是能够以最快速度胜任要求更高的工作的员工，而其他员工还没等到接手高级管理任务就达到了法定退休年龄。

因此，在很多日本企业中，能力出色的员工其晋升速度是很快的。但是这种晋升和美国人说的"晋升"完全不同。在日本企业中，能力出色的员工很快会承担更有挑战性的工作任务，但是他们并不会因此拿到更高的薪资，也不会得到更高的头衔。在日本，除了少数从中层晋升到高层的人，员工的工资和头衔是按资历而不是按责任确定的。但是，这并不意味着日本企业无视权力与责任对等的原则。对我们来说，员工的权力是由工作任务的要求决定的，而不是由薪资或头衔决定的。

通常来说在日本企业中，除非员工违反法律，否则他永远不会被开除。因此，员工可以一直工作到法定退休年龄。一般情况下男女都是 55 岁退休，企业最高管理层除外，对他们没有法定退休年龄的限制。这一点和美国完全不同，美国企业可以随时根据需要雇用员工，不需要的时候再随时解雇。在美国，企业可以随时开除表现不佳的员工，员工在觉得没有得到应得的赏识时也可以随时离开，这些都是很常见的情况。这种职业流动在今天的日本是非常罕见的。

终身雇佣制是怎样形成的

100 多年前，日本结束了长达 300 年的闭关锁国，开始引进西方文明。在国家开放后的头 50 年中，日本曾经存在过就业流动性。当时，换工作是获取更高薪酬和岗位的唯一方法，在一家企业长期从事某个岗位并不会带来自动晋升。

一战之后的经济萧条迫使日本工业进行现代化，大规模生产和现代管理系统的出现要求企业提高员工的素质。企业需要的是充满活力、思维灵活、易于适应现代管理方式的年轻工作者。为此，日本企业争相聘用接受过良好教育的刚刚毕业的大学生，为他们提供培训以使他们适应新的工作环境。通过培训，企业逐渐掌握了管理技能，员工也建立起了对公司的忠诚。日本企业在历史上首次形成了真正具有日本特色的雇主雇员关系，这是一种以相互忠诚和相互负责的传统信条为基础的关系。

与这种关系一起出现的是新型人事制度。为了留住员工，打消他们在培训之后的跳槽念头，企业不得不推出了薪酬和职位按工作资历自动晋升的办法。

以终身雇佣制为基础的资历晋升系统，为日本现代经济的腾飞做出了重要贡献。终身雇佣制可以在员工中有效地培养忠诚感，向他们灌输"公司即家，家即公司"的概念。这种概念不但带来了很高的生产率，还能使员工紧密团结在一起。从员工的角度来看，这种制度也有很大的优势。一旦入职，他们就可以无后顾之忧地对人生做出规划，例如什么时候结婚，什么时候建房，等等。

管理人员招聘方法

日本企业的管理者一直都是从大学毕业的新人中培养起来的。新人的选拔需要经过考试，包括笔试和面试。显然，这种选拔并不能真实反映候选人是否具备对企业有用的能力。

尽管如此，通过选拔的员工都会被终身雇用，其薪资、头衔和岗位都会按照资历自动调整（薪资方面一般每10年翻一倍）。美国企业很难理解为什么日本雇主在招聘时不给出具体的岗位要求，以对候选人进行更准确更有效的筛选。实际上，我们招聘应届毕业生的方法使我们无法按需招聘。我们认为，企业要先有人，然后再为具体的人提供相应的岗位。这一点和美国先确定具体的岗位要求的做法完全相反，当然，很多美国企业在校园招聘中的做法跟我们并没有多大区别。区别在于，日本企业不像美国企业那样有很高的新员工流失率，日本的新员工一旦入职就会稳定下来。

在日本，求职的大学生一般都想到大企业工作，他们认为大企业不会轻易倒闭。来自倒闭企业的人员是很难在市场上再次找到工作的，几乎会永久失业下去，所以在小企业工作比在大企业做一份无趣或停滞不前的工作风险更大。只要企业不倒闭，员工在整个职业生涯中就没有失业之虞。

另外，潜在雇主会强调申请人的学校背景，有时甚至会凭借第六感判断对方对企业是否合适。简而言之，日本企业的招聘和企业当前或未来的需要没有多大关系。申请人一旦入职，企业几乎肯定不会将其开除，哪怕他们的能力远低于公司的预期。

社会保障型组织

通过这种毫无意义的考试招聘员工，而且即使员工工作不努力也无法将他们开除的企业，可以称为社会保障型组织，而不是商业组织。

为提升忠诚度和强化"公司即家"的概念，日本企业为员工提供了很多额外福利，如公司住房、宿舍、医院、度假屋、娱乐设施等。虽然这些福利为员工创造了日本特有的家庭的感觉，但同时带来的问题是，员工往往会因此忘记企业存在的真正目的。

个人表现评估

在这样的企业中，评估个人的能力并不明智，根据评估结果确定级别和薪酬毫无可能性。而且，评估往往会造成组织成员的不满和分歧。

在美国，如果员工对绩效评估不满意，他可以离职寻找新的工作。能力评估在就业流动性充分、雇主和雇员都可以进行双向选择的国家是有价值的。

但是在以新人招聘为主和缺乏就业流动性的日本，员工被企业开除无异于个人职业生涯被彻底毁灭。同样，员工辞职寻找新的工作很可能葬送其个人生计。因此，在日本企业中对员工进行能力评估基本上毫无意义。

企业要想避免员工内心不满带来的各种问题，接受度最高的折中办法是按资历对员工进行排名，因为没有人能对资历提出异议。入职时间早的人享有更高的职位和薪资，不会让其他人轻易嫉妒。

关注教育背景

同样，一个人在入职前的教育背景和个人经历是客观、公开的信息。求职者毕业于哪所大学，大学的知名度如何，雇主很容易根据这些信息做出判断。显然，这些信息是决定员工岗位级别和薪酬水平的主要标准。大企业通常喜欢聘用知名大学的毕业生，并把他们视为企业内部的精英分子。在这种情况下，人人都希望拥有显赫的教育背景。通常情况下，求职者毕业的学校要比其个人能力具有更重要的意义。在日本，教育的目的有时只是进一所名校，而不是培养学生的能力。

沟通

日本企业还有一个特点。美国企业中的工作者拥有各种不同的背景，包括种族、国籍、宗教等方面。日本企业的员工全都拥有相同的民族背景和文化背景，他们说同样的语言，在同样的环境中长大。因为日本是一个小国，比美国的加利福尼亚州还小一点。

日本的大众传播业，如报纸、杂志、广播和电视业高度发达。虽然日本拥有超过一亿人口，但整个国家是同质的。在这种环境中，人们的思考方式和感受非常相似，就像在同一个屋檐下长大的家庭成员会有相似的思考方式和理解方式一样。

美国企业和日本企业的员工在相互理解程度上有所差异。在日本企业中，员工相互不会给出详细的解释，人们相信大家能彼此理解，这种情况在美国企业中是很难想象的。

面对个人背景各异、经验参差不齐的员工，美国管理者首先要做的重要工作是在员工中建立行之有效的沟通方式。为此，美国社会在发展沟通和理解方面付出了很大的努力。美国通信系统（如电话、电传、广播电视）的发展，以及地面和空中运输系统的发展，都是为了克服一个超级大国的不同地区和城市的人们在沟通和理解方面存在的困难。

日本管理者不认为沟通是需要重点关注的问题。人们对彼此有信心，相信彼此之间存在很大的默契。在西方可能造成困惑的东西，在日本人眼里可能只是一些微不足道和无关紧要的理解上的差异。

对工作的道德态度

外国人可能会想，如果只建立在相互理解的基础上，日本企业是如何管理和运营的。在漫长的历史发展过程中，日本人在儒家学说的基础上形成了一种共同的道德观。日本人认为懒散是一种罪过，人无论在任何情况下都要努力工作。因此在企业中，员工普遍认为凡是责任范围之内的事情都必须主动去做。企业经营依靠的是每一位员工的努力工作，尽管这种基于自我判断的努力工作不一定能为企业带来很高的效率。对日本管理者来说，提升员工士气和培养合作氛围的能力至关重要。美国企业的管理则有所不同，要让员工充分理解各种规定，强大的领导能力不可或缺。

和谐性

有效的日本管理者更像是大家庭的一家之主，有能力让整个团队士气高昂并和谐相处。基于教育背景和个人资历的晋升体系，可以为每一个努力工作的日本员工提供安全感和工作动力。从日本管理者的角度来看，这是确保绝大多数员工满意的最佳解决方案。企业为员工提供直至法定退休年龄的全面支持，换来的回报是员工最高的工作效率。

员工激励

通过为年轻员工创建和谐相处的氛围和有效激励的环境，管理者能够有效激发员工的工作积极性。这样一来，管理者会有更多的时间对企业未来进行思考和规划，而不必纠缠于日常事务。在日本，一般认为日常事务应该由年轻人来做，最高管理层不必操心。此外，年轻人通过这种激励性的工作可以相互了解，建立起团队合作的良好习惯。

在这种情况下，日本企业中的个人责任与美国企业中的有所不同。在美国企业中，个人责任的范围一般有明确的界定，人们认为每个人都应该意识到自己的义务和责任。在日本企业中，明确划分个人责任的做法既无必要也不明智，人人都要像家庭成员一样去行动和帮助彼此。如果工作出现错误，管理者追究个人责任的做法是很没有品位的行为，更为明智的做法是调查造成错误出现的原因。如果犯错者的姓名被披露，虽然他可以继续留在企业，但他可能会失去资历晋升资格和职业发展动力。反之，如果错误出现的原因被找到，犯错者将会永远牢记于心，其他同事也会引以为戒。

在日本企业中，很难确定谁有真正的权力，谁能做出最终决策。即使是企业高管，在进行决策时也需要征求其他同事的意见。企业高管之所以能成为高管，既是由个人资历决定的，也是由领导能力决定的。为确保团队的和睦关系，管理者必须表现出家庭成员的做派。在决策问题上，不能让一个人决定，而是要征求大家的意见。这样一来，决策责任就由集体来承担。换句话说，日本企业是由集体权力和集体责任来管理的。

II

上述日本的传统管理方式现在遇到了两大问题，一个是外部问题，一个是内部问题。

外部问题是，随着国际贸易的拓展，日本企业如何应对理性的、专注于盈利的西方企业的竞争。显而易见，像社会保障型组织一样运作的企业很难与像商业组织一样运作的企业竞争。

内部问题是如何应对年轻一代的思维方式的改变。今天能力出色、接受过高等教育的日本年轻人，不再满足于传统的论资排辈，他们希望得到更多的机会和挑战。当今日本企业管理者的主要任务，是通过重组应对新的竞争形势，以及在维持传统优势的情况下对年轻一代进行有效的激励。

索尼公司案例

索尼公司一直都在尝试解决这些管理问题。索尼公司在 1946 年成立时只有 20 人，经过 20 年的发展变成了一家拥有 8000 人的大型企业。为满足快速发展的需要，公司不能只依靠每年的新员工校园招聘。通过熟人介绍和公开社会招聘等方式，索尼公司拥有了一大批来自不同领域的人才。受此影响，教育背景和个人资历不再作为索尼公司招聘时的考虑因素。个人能力和任职资质成为工作委派时要考虑的基本条件。但是在索尼公司刚起步时，管理层受到了来自日本传统社会影响的巨大压力。为保持招聘自由，管理层决定删除员工人事记录中的学校信息。这在日本社会是一个非常大胆的举动，结果大大鼓舞了索尼公司全体员工的士气。这一决定引起了轰动，并得到了在日本努力引进现代管理的人们的高度赞赏。

另外，索尼公司管理者意识到，完全抛弃资历晋升制度的做法也不可取，会让老员工及其家属感到失望。在日本，论资排辈是一种根深蒂固的商业理念和社会传统。不过，为了保持活力，适应激烈的国际竞争和快速发展的电子技术，索尼公司必须在人事管理方面具有灵活性。为此，我们设计出一套折中管理方案。一方面，我们按照传统的资历给员工授予经理助理、经理和总经理等头衔；另一方面，部门的职能和责任范围由该部门负责人的能力来确定。为实施这一改革理念，索尼公司的表现高度灵活，经常根据需要改变其组织结构。

在日本大型企业中，各部门通常是僵化固定的。日本传统观念认为，经常改变组织结构是不好的，这表明对管理缺乏信心。索尼公司的经验表明这一传统观念需要改变，任何系统和组织都可以根据现代工业的要求以及个人的能力进行快速且频繁的调整。

索尼公司了解到，在很多大型企业里，有能力的人不满于老旧的传统，而且缺乏动力，因此除了每年的校园招聘之外，索尼公司还从外部引进富有进取心的年轻专业人员和技术人员。这些处于不同年龄段的新员工，为企业带来了很大的灵活性，打破了传统论资排辈观念的刻板约束。

不过，索尼公司信奉并实行终身雇佣制。索尼公司按照资历，或是按照后来者入职时的年龄确定薪酬，在很大程度上按照资历安排头衔。与此同时，索尼公司也强调根据员工的能力和主动性，而不是头衔或薪酬，来分配工作和责任，尽力把员工安排到最能发挥他们能力的职位上。

我相信，未来日本所有的大型企业都会或多或少地借鉴索尼公司的做法。日本企业的管理者要有能力为接受过良好教育的年轻人提供知识工作者愿意接受的机会和挑战。面对不断发展的全球经济，日本企业必须在管理方面具备竞争力。当然，尽管我们有必要在管理实践方面做出重大改变，但也有必要保留我们社会传统中基本的日本价值观。以下是我们具有独特优势的价值观：拥有工作的动力和为共同目标付出的意愿；在一个要求奉献但也能给予绝对忠诚作为回报的大家庭式企业中拥有成员身份的安全感；年轻人愿意为责任而竞争，同时也愿意接受平等的薪酬和头衔，并愿意相互帮助。

未来日本企业的管理，要像世界各地的企业管理一样现代化、熟练化和专业化。与此同时，就像日本的风光、文化和艺术代表着日本的价值观一样，我们的管理应当也能够具有真正的日本特色，真正代表日本的价值观。

拉丁美洲的企业管理

厄恩斯特·凯勒

在纽约大学工商管理研究生院为 50 周年院庆研讨会准备的会议指南上，有这样一句话："未来 50 年，商业和管理必将出现和过去 50 年同样程度的变化。"就拉丁美洲而言，我们可以有把握地说，未来几十年商业和管理将会出现的变化绝对要比这一断言所说的深刻得多。

拉丁美洲现状

为说明南美洲的商业和管理现状，对未来挑战做出某种预测，我们有必要简单介绍一下拉丁美洲目前的情况以及一些必然要面对的变化。

拉丁美洲虽然面积比美国大，人口比美国多，但与拥有极其开放和广阔的市场的美国不同，它被众多国界分割成一些规模和潜力各不相同的经济单元。拉丁美洲各个国家的面积差异很大，从 850 多万平方公里（约占拉丁美洲总面积 43%）的巴西到 2.1 万平方公里的萨尔瓦多不一而足。人口方面，从拥有 8470 万人口（在拉丁美洲占比 1/4）的巴西到拥有 130 万人口的巴拿马各不相同。

但是在了解拉丁美洲国家的经济潜力和市场规模时，面积和人口方面的数据往往会对人产生误导。拉丁美洲拥有近 2.35 亿总人口，但是所有国家的国民生产总值之和还不到 900 亿美元。这里的人均年收入约为 350 美元，高位年收入约为 750 美元，低位年收入约为 150 美元。超过一半的拉丁美洲人口不具备购买力，被排除在市场经济之外。

除了向全球市场出口农产品、海产品，以及矿石、金属和石油之类的原材料产品，拉丁美洲国家的商业活动几乎完全是向国内市场提供产品和服务。通过前述的人口和购买力信息，我们可以轻易了解这些市场的规模，及其相应的生产规模和产品服务的营销规模。

经济规模和国内市场过小是拉丁美洲国家的主要特征。除了个别国家之外，大部分国家向国际市场销售的产品都很容易出现剧烈波动。除个别经济体之外，大部分拉丁美洲国家的经济持续存在或是经常出现通胀压力和货币贬值。

拉丁美洲国家之间的贸易规模很小，仅占总外贸额 11% 的比例。主要原因在于，大部分国家出口的都是相同的农产品或原材料。另一个原因是，拉丁美洲国家之间缺乏共同贸易协定和特别关税协定，导致本地生产的产品无法和来自高度工业化国家的进口产品竞争。拉丁美洲国家的工业面向的是规模有限的国内市场，无法实现大规模生产。

拉丁美洲的商业潜力

从上述情况好像很容易推断出，拉丁美洲的未来并不乐观，在拉丁美洲经营的企业也没有一个光明的未来。

但是我的观点恰恰相反，拉丁美洲具备工业化国家已经失去或正在失去的一些优势。这里拥有丰富的原材料资源，它们是很多西方国家日益依赖的生产基础。目前，拉丁美洲的自然资源仅有一小部分得到了开发，我敢说，目前已探明的资源还不到全部资源的一半。拉丁美洲具有巨大的人力资源优势，有大量劳动力可以培训并投入工作。尽管目前这一点被视为发展劣势，但大部分高度工业化的国家很快会意识到其潜在优势。拉丁美洲拥有广袤的空间，可以容纳数倍于当前数量的人口，而且能够提供足够的粮食。因此，巨大的人口资源意味着这里将会成为未来的潜在市场，意味着人口快速增长、市场经济消费群体不断扩大，以及人均购买力不断增长带来的复合效应。

人力资源及教育情况

人力资源是一个国家或大陆未来发展最有价值的资产。目前拉丁美洲的人力资源丰富到了被视为负担而不是资产的程度，而且这种情况在未来仍会持续一段时间。

拉丁美洲的人口成分复杂，包括很多种族以及来自很多国家的移民。要介绍每个国家的人口在能力和态度方面的特征和差异，恐怕要单独写一篇文章。如同各国在地理特征和经济环境方面存在显著的区别一样，拉丁美洲国家在人口方面也存在显著的区别。

在评估拉丁美洲的人力资源时人们很容易犯一些重大错误，经常会做出不公正的判断。很多情况下，人们会把拉丁美洲人民的基本能力和工作态度与其教育和培训水平混为一谈。

拉丁美洲人民与生俱来的基本能力并不比美国人和欧洲人的差。差距在于这里的教育水平落后，而且很不幸的是这种差距似乎还在不断扩大。我在这里所说的教育，指的是包括家庭养育、初级和中等教育、高等教育，以及充分的职业培训在内的整体概念。我认为，绝大多数年轻一代缺乏和睦的且经济上有保障的家庭养育环境，这是拉丁美洲需要努力跨越的最大的障碍。家庭养育对于塑造人们对生活和工作的态度至关重要。如果没有打好坚实的家庭养育基础，后面的初级教育、高等教育和职业培训都可能完全白费。

拉丁美洲的初级教育、高等教育和职业培训还有很长的路要走。尽管很多国家的政府预算和发展计划都把教育放在第一位，给予最高的发展优先级，但是我们的教育方式和方法仍存在很大的不足。据估计，拉丁美洲约有33%的人口至今仍是文盲。基本读写教育的发展十分缓慢，按照目前的速度拉丁美洲要扫除文盲还需要几代人的时间。这个庞大群体不但未来几十年都无法接受高等教育，大规模职业培训教育的缺乏还会使他们难以融入市场经济，难以成为生产者和消费者。拉丁美洲人民在能力方面和我所知的其他任何地区的人民相比都毫不逊色，他们渴望学习，为能够接受教育培训充满感恩，但是资金、学校和师资等资源的极度匮乏使当前积重难返的情况很难改变，教育发展的速度甚至无法和人口增长的速度保持同步。

人力资源是企业管理最为重要的资源。拉丁美洲的企业家和管理者可以采用和美国或欧洲企业相同的技术，购买、安装相同的机器，使用相同的原材料——唯一出现差别的是人力资源领域，包括我们的工作者和管理者。

管理的需求和供应

世界各地对管理都存在很大的需求。在过去几十年中，技术进步使体力劳动者和管理人员之间的比例出现了显著的变化。

拉丁美洲的发展中国家对管理的需求，如果说可以用数量衡量的话，至少是美国或欧洲的两倍。对于管理的质量方面，我敢说拉丁美洲的需求甚至更高，这是因为拉丁美洲新兴国家的问题更为棘手。另外，人口作为管理者的主要资源过于丰富，目前是一种负担，尚未形成资产。

不久前一位智利朋友在国际商业会议中曾提到，拉丁美洲国家并不是欠发达，而是管理不善。尽管新兴国家面对的很多问题都没有简单的解决方案，但政府和私营企业管理不足和管理不善才是导致国家发展缓慢和不断受挫的主要原因。

管理在拉丁美洲有很大的需求，但是其供应非常稀缺，稀缺程度因管理等级和专业背景而异。拉丁美洲需求量最大、供应最为稀缺的是企业家，即那些能够白手起家，一步步把小厂子做成大企业的人。近年来，随着高等教育的发展和商学院的出现，拉丁美洲管理者（或者更恰当的说法是企业行政领导）的供应有所改善，这些管理者的特征是知道如何经营已经建立的企业并取得一定的成功，但是无法推动企业实现进一步大幅度的发展。至于企业的基层和中层管理者（即工头和部门经理），其稀缺程度和顶级管理者一样高。

不同级别管理人才的供应，显然跟教育设施和培训机会是成比例的。最近国际管理组织联合会有一项调查，询问管理培训未来最重要的需求是什么，我的回答是"企业家的学校教育和培训"，而不是企业管理者或企业行政领导的教育和培训。我认为这才是拉丁美洲亟待满足的需求。在经济快速发展的南美次大陆，我们有数以千计的商业机会，但是没有多少能变成构思缜密的开发项目。即使在现有项目中，也没有多少能转化成企业和经济价值。要想发现机会，并将其转变成可行的项目，再把项目转变成可赢利的企业，需要的是企业家而不是企业管理者。当然，如果因此认为只要提高拉丁美洲的创业潜力就能让南美次大陆的经济脱颖而出，并不正确。要打造一支优秀的军队，不只需要将军，还需要干部、军官、中士、下士和列兵。

如果问我拉丁美洲目前最需要的管理能力和专业技能是什么，我会这样回答：包括企业家在内的各个管理层在工作方法和个人工作方面需要有全面和深入的理解，从高层企业家到中级管理层需要了解现代金融和企业管理技术。当然，无论在拉丁美洲还是世界其他地区，正直、诚实和忠诚的品性始终都是比个人能力和专业知识更为重要的因素，无论对私营企业还是政府部门的各级管理层都是如此。

显而易见，私营企业和政府部门管理人才的短缺是限制拉丁美洲实现快速的经济和社会发展的最大阻碍。经济和社会的发展主要依靠的不是资金，而是人和时间（即对民众进行教育、培训，然后使他们融入市场经济所需的时间）。这需要在政府部门和私营企业的各个层级进行管理。

一　言　堂

拉丁美洲当前的企业管理最为显著的特征仍然是存在一言堂现象。

在拉丁美洲的主要大国中，没有几家企业具备有深度的管理。在绝大多数私营企业和政府部门，决策权仍然集中在最高管理层。在很多私营企业中，董事会主席几乎拥有所有的决策权，尽管他花在企业上的时间非常有限。很多情况下，他是许多企业的董事会成员，同时拥有这些企业的决策权。

一言堂现象可以说是家族式企业所有者型管理传统的部分残余。从某种程度上说，这是由拉丁美洲的习俗造成的结果，即无论事情大小，人们总是习惯于找最高负责人、董事长或部长解决问题。一言堂式管理至今仍普遍存在的主要原因是管理人才短缺。责任和权力的委派，只有在人们愿意接受和使用它们的前提下才能发挥作用。尽管我认识的大多数企业高层人士都希望自己能从常规决策和常规工作中解脱出来，但是在缺乏训练有素且责任心强的中层管理者的情况下，一言堂现象还是会继续存在。

一言堂式管理在拉丁美洲盛行的第二个原因在于，现有企业和新企业是由少数富有想象力的、勤奋的企业家建立起来的。与所有拉丁美洲国家加速发展的压力相比，与眼前的机会相比，我们并没有多少责任心强、勤勉认真的企业管理者和政府官员愿意面对新兴国家发展过程中出现的各种问题和巨大的工作量。杰出的才能和解决难题的能力会为他们带来大量的工作，而大部分管理者对这些工作避之唯恐不及。

最后一个原因是，由于缺乏管理人才，尤其是缺乏中层管理者，导致规划、决策、指导和控制这四项基本管理职能在企业的基层管理活动中很难实现，大部分具体的规划工作只能由最高管理层完成。很多时候决策工作很难委派下去，因为有能力或意愿承担这一职能的人还是太少。尽管有清晰的指令，工作仍难以完成，这就导致"指导"活动常常变成"亲力亲为"。在这种情况下，企业管理中的控制也就成了无稽之谈。

很多人认为拉丁美洲的创业者和管理者整天都游手好闲，这是一种相当普遍的误解。在过去 20 年中，拉丁美洲企业管理者的工作态度出现了根本性的改变。如今，绝大部分当代企业管理者清楚地认识到，企业在经济发展和社会进步方面拥有和政府同样重要的责任。由于社会对基本规划工作、领导力以及深入细致工作的巨大需求，拉丁美洲的管理者每天都要长时间地工作。他们承担的责任和做出的牺牲，是很多工业化程度较高的国家的管理者难以承受的。

说到底，一言堂现象是由于发展中国家的管理需求和管理资源不匹配导致的。在拉丁美洲的组织中，我们有意识地尝试把责任和权力委派给尽可能多的人，结果发现每委派一项任务或责任，都会给最高管理者带来两项或更多的新任务。在这些新任务中，大部分甚至所有的项目和工作都是由经济发展加快的压力带来的，都是发展中国家必须在短期内克服的最紧迫的问题。承担这样的重担，倒不是因为这样做能为企业或我们自己带来更高的收入，而是因为我们的良心告诉我们不能拒绝。因此，尽管我们努力分散职能、下放权力和责任，但企业责任和权力在高级管理层高度集中的现象仍然会持续下去，因为在拉丁美洲我们无法快速发现或是培养出所需的管理人才。

当前的管理技术

在拉丁美洲，私营企业和政府部门的活动基本上完全面向国内市场和国内发展，这种情况鲜有例外。除了为国际市场服务的大型农产品企业和采矿企业，拉丁美洲的私营企业基本上都是为孤立的小规模国内市场服务的，在很多情况下这些国内市场都受到高度保护。这在很大程度上决定了目前使用的管理技术的现状。

由于市场规模和企业规模有限，很多情况下企业管理者认为没有迫切的需要去采用更为现代化的管理技术，或是认为这样做成本太高。然而，高级管理层对现代管理技术的陌生往往导致他们简单地拒绝企业迫切需要的变革，这种情况和 20 多年前的欧洲并无二致（现在即使在某些落后的大型欧洲企业也存在类似的情况），认为"企业成立至今一直都是用现在这套方式管理的，照样成功了"，或是认为"我们的情况跟别人不一样，新技术那一套对我们不合适"。

现代管理技术在拉丁美洲的应用其实和企业的规模无关。只有在涉及耗资不菲的组织管理工具、设备和设施时，才会与企业规模相关。尽管在拉丁美洲的小国家，大部分企业负担不起诸如第三代计算机之类的现代管理工具，或是无法有效地利用这些工具，但实际上这些企业可以从现代管理技术中获益良多。

在拉丁美洲，特别是在一些小国家，中型企业，甚至有些大型企业通常采用过时的管理技术，具体表现为：

1）缺少系统性规划和业务开发，缺少知识管理能力；

2）对组织结构、职能、责任和权力缺乏明确的概念和定义；

3）不具备信息沟通系统；

4）缺乏现代化营销和销售技术，只接单，不做营销和销售；

5）缺乏或不具备对生产和库存的规划和控制，仅能勉强维持经营；

6）在高度受保护的国内市场中，受高利差低竞争的影响，企业的成本会计、成本控制和定价系统十分落后或完全没有；

7）会计实践非常落后；

8）缺少或不具备财务规划和财务管理职能，很多情况下缺少精确及时的管理控制。

从过时做法到现代化技术的任何转变，几乎都能简单轻松地实现，为企业带来更大的效能，以及更低的营销成本、生产开支和管理费用。

越来越多的企业倒闭是由于现代管理技术和控制手段的缺乏导致的，特别是当企业的快速增长让管理层感到力不从心的时候。很多情况下，企业的失败是因为在通胀经济环境下使用传统的会计和财务管理方法导致的。在这方面，很多不熟悉如何在高通胀环境下经营业务的大型外资企业，虽然这些年来利润表显示以当地货币计算的利润很多，但实际上资本已被侵蚀殆尽。我们发现拉丁美洲的企业管理者经常出现的重大错误是，他们认为通胀、货币风险和资本贬值是外国投资者需要担心的事，自己投资用的是本国货币，应该用以本国货币计算的利润来衡量企业是否成功。

拉丁美洲企业在管理技术方面有很大的差距需要弥补，所幸的是目前在这个方面已经出现了一些令人鼓舞的进步迹象。很多年轻一代的管理者被送到海外接受教育和培训，等他们执掌企业时肯定会极大地推动企业在现代管理技术方面的变革。另外，企业也会在不断加剧的市场竞争中被迫采用更多的现代管理技术，有时候这些竞争来自外资企业，它们引进的管理技术会对拉丁美洲本地企业起到促进作用。还有许多企业因为以前使用的组织方式和管理技术无法满足自己的需要而被迫做出改变。最后，尽管在规模和质量方面仍有很多不足，拉丁美洲的大学也开始提供工商管理和财务管理等方面的课程。

未来的挑战

如果设想一下拉丁美洲企业未来 10 年的发展前景，我们可能会看到，它们无法在很短时间内摆脱陈旧的管理技术。

无论当下还是未来，在不断增长的国内市场中将会出现更多的竞争。不久前还存在的实质性垄断，现在正在迅速消失。

实际上，来自当前市场的不断加剧的竞争对企业来说不过是微不足道的威胁，更大的威胁是大型贸易区和次区域市场的大量涌现，包括已经在运行的中美洲共同市场，以及安第斯山周边国家和加勒比群岛国家渴望成立的共同市场。所有这些机构经过叠加、联合或合并，最终可能会形成一体化的拉丁美洲自由贸易区。

经济一体化将会对拉丁美洲的企业家和管理者提出更高的要求，相比之下，在企业和现有市场中采用现代管理技术的任务看起来只是一桩小事。除了引入支持企业未来经营和生存必不可少的现代管理技术，管理者还必须以全新的思路和方法来进行营销和销售，进行规模化生产，并调动财务资源和人力资源。未来将会出现以合资、收购或兼并方式建立起来的跨国企业。更大的市场和激烈的竞争要求企业在现代化生产设施方面进行更大的投资，从而实现规模化生产，反过来这也需要更为庞大的财务资源，而这些资源不再是任何一个国家能单独筹集到的。

未来几年拉丁美洲的企业管理者要面对的机遇、挑战和问题，与 10 年前欧洲经济共同体和欧洲自由贸易联盟刚成立时欧洲企业管理者所面对的并无二致。当时，没有多少欧洲企业和管理者能意识到这种机遇和挑战的范围和规模，也不清楚需要做出多大的改变才能适应新时代的竞争需要。很多企业的应对为时已晚，有些企业甚至无法继续生存，不是被其他企业兼并就是退出历史舞台。未来拉丁美洲的企业管理者要面对的变化，和当年欧洲企业管理者所面对的同样深刻且艰难，而且很可能有过之而无不及。对很多欧洲企业来说，更大的贸易区域意味着简单的升级，从服务小型市场、组织相对良好的小型企业，转变成应对更大市场竞争、需要更多资源、组织良好的大型企业。对很多拉丁美洲企业而言，未来 10 年将会出现两种根本性转变。一种是从落后的管理技术到现代管理技术的转变，另一种是从孤立的、受高度保护的小型国内市场向大型贸易区的转变，后者的市场规模数倍于前者。对某些企业来说，这种转变使自己从几乎毫无竞争的市场一下子跳进充分竞争的开放型市场。此外，面对未来的经济一体化趋势，拉丁美洲的企业管理者还必须应对在他国市场经营过程中出现的经济环境、货币体系以及社会发展方面存在的巨大差异。

　　和欧洲企业管理者过去 10 年的经历相比，经济一体化为拉丁美洲企业和管理者带来的变化更为深远，也更难应对。我们能否成功应对挑战？一般的拉丁美洲企业能否继续生存？还是会像在欧洲曾经发生的那样被大型跨国企业吞并？这些大型跨国企业目前并不关注拉丁美洲各国碎片化的小型国内市场，但未来会被有望组成拉丁美洲自由贸易区的大型贸易区所吸引。

　　很多拉丁美洲的创业者和企业，都具备做出改变、迎接挑战、利用机遇以及依靠自身力量求得生存和发展的能力。

　　大量企业可能成为拉丁美洲企业界人士通过合资、兼并和收购形成的跨国企业的一部分。那些落伍于时代太远又不愿面对挑战和抓住机遇的企业，它们最后的命运不是被收购就是以破产告终。

　　怎样才能弥补管理技术方面存在的差距？怎样才能满足更多更优秀的企

业家和管理者的需求，摆脱陈旧的一言堂式管理？怎样才能应对市场扩大、生产规模扩大和财务规模扩大带来的挑战？

这些问题并没有简单明确的答案。但可以肯定的是，我们必须成倍增加企业家和各级管理者的数量，办法包括从欧美国家商学院和管理学院引进人才，放下民族主义，大力鼓励移民，以及快速提高拉丁美洲本地管理人才的供给量。总之，我们必须想尽一切办法增加企业家、管理者和专业人士的数量。

在引进人才和本地培养这两个选项中，显然后者更为理想，尽管实现起来更为困难。无论现在还是未来几十年之内，拉丁美洲都不同于美国或欧洲，更是迥异于日本的存在。在这里，创业者和管理者的效力在很大程度上源自他们对国家、经济、资源、发展潜力和人民的深入了解。即使欧美国家大学的授课内容再全面，管理者至少也要花费数年的时间才能了解这些深层次的信息。

只有拉丁美洲的政府和私营企业坚定地共同努力，在整个次大陆建立商学院和研究生院，才能解决目前和未来企业家和管理人员的短缺问题。

外国和本地大学商学院和研究生院教授的工商管理课程不能完全满足我们的需要，我们还需要在拉丁美洲成立一两所重点大学，这些大学应具备普通大学不具备的特征，即有我所说的"经济发展研究院"的特征。这种研究院有两个发展方向，分别是面向青年学生的商学院，以及面向企业家、实业家、大型农场主、投资银行家和政府部门管理人员的研究生院。此外，拉丁美洲的地方性和地区性商学院和研究生院，还应当传授一些发达国家没有的内容，例如如何在高通胀国家经营企业以及如何利用开发银行。我很想知道通过这些努力能否创造出可满足拉丁美洲迫切需求的研究院，即为私营企业和公共部门培养企业家和管理开发人员的学院，而不是只培养管理者的学院。

无论我们在教与学两个方面付出多大的努力，与过去相比，未来的管理知识都更有可能快速过时——等我们掌握并理解它时，它可能已经过时了。

跨国企业管理者

G. A. 科斯坦佐

I

跨国业务已成为规模庞大的商业活动。二战刚结束时美国的对外直接投资约为 80 亿美元，如今其规模已达到 600 亿美元，尽管美国政府对此有所限制，其对外直接投资仍以每年 10% 的速度在增长。

来自美国国际商会的贾德·波尔克博士最近对美国在海外的生产企业的产值进行了估算，或许他的结果能更好地体现美国跨国企业的规模。根据他的估算，美国跨国企业的海外产值超过了 1200 亿美元，成为仅次于美国和苏联的第三大经济体。显然，如此规模的经济活动在美国商界人士眼中的地位早已今非昔比，成为当今最为重要的经济力量。各种迹象表明，未来美国企业将会继续加大海外直接投资的规模。

其他发达国家的跨国企业也出现了同样快速的增长。例如，早在 10 ～ 12 年前，瑞典对海外制造业子公司的投资就已经达到了 2.5 亿美元。

如今，这一数额已超过 10 亿美元，其增长速度甚至超过了美国制造业海外投资的增长速度。

实际上，除非我们理解这样的投资规模能够带来哪些挑战，否则单靠这些数字并不能获得多少有价值的信息。跨国企业发展带来的一项挑战，是如何适应不断加速的技术变革步伐。我们当前面对的充满活力的技术进步新时代，无疑会改变当今跨国企业的面貌。到 20 世纪 70 年代，由通信卫星和同轴电缆组成的网络将会覆盖全球，实现世界任何角落之间商业数据的即时传送。这一发展加上多路存取计算机，将会导致信息大爆炸的出现，它将成为企业发展的动力，还能成为管理控制的一笔巨大财富。

更重要的是，技术进步为协调和规划企业经营活动提供了更为先进的方法，可以快速消除阻碍跨国企业发展的障碍。为响应大型国内企业的需求，近年来企业规划技术出现了长足的发展。拥有国际业务的跨国企业，正在使用这些技术把国际业务整合到企业的整体战略中。和以前的做法相比，新的技术可以帮助企业在优化责任分配方面拥有更大的自由。

跨国企业管理者能否成功地通过组织经营实现效率和灵活性的最大化，将在很大程度上决定他们在未来应对第二种挑战（即如何在全球市场中应对更为激烈的竞争）的能力。

随着美国和其他地区越来越多的企业意识到国际市场存在机遇，准备走出国门扩展业务，市场上的竞争将会变得越来越激烈。自二战结束以来，工业国家之间的制成品贸易的增长速度一直高于工业产量的增长速度。这一发展过程在历史上是前所未有的。

显然，随着美国企业对外部市场依赖程度的日益增加，其面对外国竞争对手的潜在脆弱性也会增加。受益于较低的劳动力成本，欧洲企业和日本企业，特别是日本企业，将会使美国企业面临严峻的价格竞争。

人们通常认为美国企业在技术开发方面具有优势，这也是竞争对手们最为关注的方面。未来企业对市场的争夺将会越来越取决于研发活动，这会使科技型产品和行业日益加速增长。

技术差距的存在已经引起了欧洲企业的焦虑，它们认为这种差距如果继续扩大，将会使欧洲企业沦为美国的经济附庸。受此影响，跨国企业往往要面对民族主义带来的挑战。

民族主义者对国外投资的憎恶，未来会对跨国企业经营构成严重的威胁。民族主义和跨国企业之间的潜在冲突的原因在于外国企业的投资是一把双刃剑，既能为当地人民带来福利，又能对他们造成伤害。一方面，国外投资可以带来资金和新的技术，为本地劳动者提供更多的工作机会，而且国外投资还能减少进口和（或）促进出口。

另一方面，现代化跨国企业进入某个国家，会对其整个经济的方方面面带来革命性的影响。受此影响，当地传统的商业惯例会突然过时。当地的家族式工业帝国，在经历了一个世纪的辉煌后，为了继续生存不得不快速进行转型。在种种变化中，最困难的是适用现代企业管理技术。毫无疑问，这些变化不但会引发憎恶，而且会激起民族主义的怒火。

可以设想，在技术变革的影响下，跨国企业的规模、复杂性和重要性将大大增加。另外，经济增长的差异、根深蒂固的国民习性，以及不同的竞争性质也会改变企业经营的基本原则。

在国内业务经营上表现出色的管理者，在国际业务经营上不一定仍表现出色。经验表明，跨国企业管理者必须具备某些特质，这些特质对于国内业务的成败并不重要，但是却能决定国际业务的成败。

因此，我们要思考的问题是，如何选择和培养那些熟谙技术、善于竞争、有能力发展本土管理人员，同时又能避免在业务所在国触发民族抵制情绪的综合型管理者。哪些管理者能够应对未来全球化业务经营带来的各种挑战？对此我有一些尝试性建议。

最重要的一点是管理者（对跨国经营）的态度，以及这种态度是怎样形成的。他们必须愿意且承诺在不确定的期限内在世界任何角落工作和生活。他们必须理解这份承诺的意义，必须有能力说到做到。

企业招聘负责人要找到此类管理者并不容易。这种态度显然无法通过入职前的各种测试来确定。目前在美国，可以说任何企业管理者的背景都不如跨国企业管理者丰富。在很多大型美国企业中，负责国际分公司工作的既有英文专业毕业生也有商学院毕业生。实际上，跨国企业真正要做的是对管理者进行全面考察，包括其智力、背景、个性、教育和技能水平。跨国企业不适合思维狭隘、视野有限的管理者。

能够在跨国企业胜任管理工作的人的确具备一些共同的特征。他们在面对新情况时表现灵活，能够适应外国文化并有效地在异国他乡开展工作。如果发现传统方案无法解决新环境下的新问题，他们也不会轻易气馁。

更重要的是，他们具有探索分析的思维能力。跨国企业经常会遇到信息不足的问题，他们可以利用有限的信息做出决策。在接近新的环境和人群时，他们有很好的共情能力。他们会花时间听取不同的观点，以开放的心态进入新的领域。在和各级人员打交道时，他们会使用灵活变通的沟通方式。对于拉近国家关系、参与所在国经济发展，以及改善当地民众生活水平方面，他们总是表现出极大的关注。这种利他主义的特质往往正是吸引他们投身于国际业务的原因。

上述特征可以说是区别国际管理者和国内管理者的重要性格特征。显而易见，不具备这些特征的人是很难从事国际业务管理的。

当然，即使具备了这些性格特征，管理者要做好海外工作仍需要具备特定的知识和技能。

首先，在这些知识和技能当中，最明显同时也是最重要的莫过于语言能力。在异国他乡经营企业，熟练掌握外语的重要性不言而喻。无法熟练应用外语的人在经营过程中会陷入极大的劣势，完全依赖对方讲英语绝不现实。更糟糕的是，如果来自其他国家的竞争对手能够熟练使用几门不同的语言，我们还怎么跟人家竞争？在语言问题上美国人总是自欺欺人，嘴上说其他语言很重要，但很少有人真正去学习和使用外语。

其次，随着国际业务的经营变得日益复杂，管理者需要掌握更多更为先进的商业管理工具。鉴于科学技术和商业技术的发展趋势，企业规划和预算原则方面的知识未来会有很大的帮助。此外，对计算机应用方面的基本了解也是必不可少的。

再次，管理者还需要广泛了解世界各地的基本情况。管理者无法从课堂上获得这种知识，它不是历史课本里对当代事件的文字陈述，而是涉及人的态度和观点。

最后，管理者必须对国际经济学有基本的了解。跨国企业管理者要了解国际货币体系的基本原理，以及货币与财政政策、价格、国际收支和汇率等问题之间的相互关系。

当然，管理者可以在工作过程中弥补自己在这些领域内的不足。在重视继续教育的企业环境中，商学院已经和很多企业展开密切合作，为企业员工提供知识和技能培训以加速其职业发展。

我所建议的可以总结为，跨国企业要找的不是烹饪书籍的读者，而是经验丰富的蓝带大厨；不是只会按照商学院教材行动的菜鸟，而是那些即使在不断变化的国外环境中也能发挥创造力的人。

II

跨国企业的重要性越来越大，商学院应该让所有学生都对跨国企业有所了解。不了解跨国企业经营范围和发展方式的商学院毕业生，无异于不了解任何财务知识的普通毕业生，是很难做好准备应对经济现实的。毫无疑问，跨国企业的快速扩张可以为青年学生的商业生涯规划提供重要的契机。

对于很多在美国商学院留学的外国学生来说，更是如此。这些青年学生在很多方面都是跨国企业在其本国管理职位的理想人选。同样，和留学生本国国内企业所能够提供的机会相比，跨国企业所提供的工作机会显然更有优势，更有利于这些学生学以致用。

这样一来，跨国企业就比较容易帮助这些受过美国教育的年轻员工在工作过程中发展自己。在花旗银行，我们开始对选定的海外岗位试行高管发展计划。这一尝试取得了很大的成功，对海外人事部门的人力资源安排做出了有效的调整。未来5年，我们计划把国际员工中的美国员工招聘比例维持在现有水平，尽管随着海外业务的快速发展，未来的总人力资源需求量预计将会翻番。

换句话说，美国的商学院正在为跨国企业培养大量的青年人才。除此之外，商学院还需要承担一项更大的任务。

当然，跨国企业组织的课程即使再重要，对今天在商学院就读的各位青年学生来说也不过是基础性的入门教育。当这些学生从国内企业跳到跨国企业，在跨国企业的总部或海外分部向上晋升的过程中，他们更需要的是继续教育。在继续教育过程中，他们要学习各种专门知识，如外语、历史、文化和习俗、国际经济与财务，以及一些法律方面的知识。他们首先要形成正确的态度，能够在异国他乡不卑不亢，摆脱驻外身份积极融入国外的文化环境。要做到这些并不容易。

更重要的是，跨国企业管理者要有机会反思自己的经验，分析自己有哪些需求和机会。跨国企业经营是一个快速发展和快速变化的领域，需要每一个管理者边干边学。换句话说，管理者在成长的过程中还必须学会如何传授个人经验。

显然，这些要求对尚未进入职场的年轻人来说是无法达到的。

因此，跨国企业最需要的是为那些成功的、成熟的、已经取得相当成绩的管理者提供继续教育和高级教育。显然，学校并不能满足对继续教育和高级教育的所有需求。实际上，这项任务主要应由公司来承担，当然，还有个人。

跨国企业管理者是全球经济的一种新的核心人力资源，商学院有很大的机会把自己发展成培养跨国企业管理者的教育机构。跨国企业管理者关注并在其中展开行动的领域是全球经济，因此他们必须成为一流的商业管理者，成为不同文化、语言和传统之间的沟通桥梁，有能力在国外工作环境中独立承担责任，同时又能成为跨国团队中积极响应且认真负责的一员。

4

第 4 部分

商学院的使命

PREPARING TOMORROW'S
BUSINESS LEADERS TODAY

导　言

　　系统化的商学院教育是否应当维持一成不变的传统模式？多样化能否为商学院教育注入新鲜力量，能否推动教育目标的达成？从近 100 年前商学院刚出现时起，人们一直就这些问题争论不休。说到底，商学院首先是学术界的一员，还是首先是企业界的一部分？商学院的目的是为企业提供工具或概念，还是成为企业界的道德良心？它应该是一所纯粹的商学院，还是一所包括其他社会组织机构的管理学院？这些是本书第 4 部分要讨论的内容，这一部分将为大家呈现环境、经济和商业方面的挑战对商学院的作用和使命造成的影响。

企业管理教育

霍华德·约翰逊

变化、对比和相互依存

科技及其产物对包括人类出行、通信和经济在内的整体环境产生了革命性的影响。我们正处于社会、经济和政治变革的过程中，只有最适应环境的企业才能生存下去。

在这一背景下，企业管理教育的任务是要提供合适的环境，培养具有杰出想象力的人，让他们的能力得到全面发挥，可以在组织机构内部以及组织机构所在的更大环境中进行创造性工作。企业需要的管理者应当具备企业家精神和活力，富有创新意识，有能力把想法和发现转化成行动，既能接受变革又能发起变革，对模糊性和不确定性高度容忍，并且愿意冒险。

快速变化的环境正在使人们的期望和成就变得高度多样化，同时也带来了非常不均衡的发展。在人类社会的各个方面，并没有出现物质和社会利益的和谐进步。技术似乎再次成为造成各种矛盾的共同原因，导致希望和绝望、可能性与现实性等不寻常的对立现象同时存在。技术仿佛既是福音又是魔咒，既是人类希望的源泉又是人类福祉的威胁，既造福社会又带来种种社会灾难。技术带来了核电，也带来了热核武器的恐怖阴影。技术在方便人类交通的同时也造成了城市污染。计算效率的提升在让创造力倍增的同时也造成了个人隐私的泄露。技术在让大众传播更为便利的同时也为大众宣传提供了有利条件。技术在让年轻人享有物质财富的同时也让他们相互疏离。技术提供了创造美好生活的可能，但似乎无法解决贫困问题。纵观全球，世界上有富国和穷国之分，而且二者的差距正在不断扩大。对此，赫胥黎提出过令人深思的著名问题："我们究竟该何去何从？"

显然，科学作为技术发展的根基发挥了重要的作用。但是只靠科学知识还不够，更有效的方法是把技术和管理（包括工业和社会方面的技术和管理）结合在一起，这样才能更深刻地响应人类的需求，更好地安排科技产品的分配和国家的优先事项，以达到解决矛盾的目的。

用整体的观点来看待人类的知识和问题会形成一种新的观念，有些人称之为"系统化社会"，其中技术、社会、政治和经济因素被视为一个更大框架的一部分。在这个框架中，除了这些变量本身，它们之间的关系和相互依存的程度也决定着我们努力的规模和范围，以及进步的潜力。

在很大程度上，企业管理教育在系统化社会中所面临的挑战，是帮助那些应该了解现代文化的人提高这方面的意识，以及为管理者解决当前问题和确定未来发展方向提供符合逻辑的方法。

总而言之，无论我们是否愿意，各国社会都在经历快速的变革，而企业正是处于这种变革的中心。从内部来看，企业在产品和流程、组织形式，以及利用信息技术来加速和完善决策方面正在发生变化。另外，企业正在通过兼并、收购和扩大市场的手段不断扩大自己的规模。从外部来看，企业被迫对政府、社会、顾客，以及员工和工会做出更积极的响应。这些变化代表着未来 10 年美国企业面临的挑战和机遇。

因此，在这个不断变化的世界中接受教育的企业领导者必须具备适应能力和创新能力，如果领导者和他们的企业想要生存下夫，他们自身必须成为变革的推动者。

优 异 表 现

面对社会环境对管理者素质的极高要求，优异的表现将成为一种标准、期望和门槛，商学院必须在其课程和项目中将优异的表现作为培养学生的目标。未来的管理教育将会是这样一个过程，它能训练管理者的创新想象力，使他们满足优异表现的具体要求。

在对未来管理教育的目标展开进一步讨论之前，我们有必要看看教学课程和教育方法中需要修正的几个重要方面。目前有几所高校正在进行这种修正，人们对修正结果寄予厚望，希望修正后的教学质量能够证明在规划和实施过程中所付出的巨大努力是值得的。

第一个要关注的方面是能力，即基本能力和应用管理能力。商学院目前的大部分课程强调的是应用型技能的教育，如财会、生产、营销、人事和劳动关系管理等方面的技能。这些技能被作为具体的技术来传授，由此出现的问题是，它们会像技术产品和服务那样很快过时。即使作为经营原则或动态流程来传授，这种教育方式也很难实现各应用领域之间所需的和必须建立起来的广泛的相互依存关系。因此，应用领域管理能力的标准教学方式，将无法再为大型工业企业和大型公共服务系统的管理提供支持。

那么，管理能力教育新的发展方向在哪里？我们可以明显看出，未来的教育重点将越来越多地从技术转向实践的基本原则，从应用商业领域转向基础管理科学，并大量借鉴物理科学和社会科学方面的知识。

第二个要关注的方面是管理教育的教学方法和考试方法。对管理专业的学生来说，要理解和实践决策的过程，那么了解、发展和领会全面分析的能力就非常重要。最近一段时间，很多师生对一些知名商学院使用的不同方法学派的争论可以充分证明这一点。有位讨论者把管理教学比作无水游泳教学，认为一种方法就像是"让学生在空气潮湿的房间里练习游泳动作"，另一种方法是"先教学生们流体力学，然后让他们练习俯卧撑"。不难看出，后一种方法强调分析。显然，如果没有理论和实践的平衡，这两种方法都不完美，如果没有实习经历或实际经验，这两种方法也都有所欠缺。但是我在这里想说明的观点是，分析是深刻和有效理解实践的必要条件。

第三个要关注的方面是寻找解决方案的过程，或者用大家最熟悉的说法，是管理教育解决问题的方法。这是我们长期以来一直强调的重点。可以说，它在过去 20 ～ 30 年中为美国商业教育的发展奠定了基础。但解决问题的概念是如此重要，以至于我们有时候只过分强调它的一个方面，即寻求明确和最终的答案。

的确，找到问题解决方案带来的成就感非常诱人。明确和最终的答案具有秩序和完美等令人难以抗拒的吸引力。我们意识到，这个问题在麻省理工学院这样的大学中尤其明显。之前的基础物理和数学的学习，让学生在大一入学时，即倾向于寻找并期望得到问题的最终答案。显然，使用这种方法学习高级内容存在的风险，尤其是在学习社会科学和管理科学时存在的风险，是毋庸置疑的。这样做，一方面会让学生感到沮丧，因为简单直接的答案并不能解决高度复杂的问题；另一方面带着这种心理解决问题的学生往往不愿正视当前商业问题中存在的众多要素和变量。这样做，找到的答案必然是狭隘的，缺乏现实性和深度。这样做，甚至常常无法定义问题。管理新课程的一项基本要求是在确定问题时应该有一个合适的视角，以保证学习者在任何时候都能关注到整个问题，确保部分解决方案不会上升为最终解决方案。如果用更简单的方式描述这个问题，商业管理专业的学生需要知道的事实是并不存在所谓的最终解决方案，解决问题应当以过程而非最终结果来衡量。为保证评估的连续性和观点的深度，我们必须为学生提供一个概念性的基础，促进行动和规划阶段之间的持续反馈。建立这个基础，既需要具备正式的沟通理论知识和敏感性训练，也需要具备理解和强化人际关系等非正式能力。

第四个要关注的方面是可迁移性管理能力，它既是一个需要考虑的重要因素，也是良好管理教育的目标。

回到环境对管理决策的影响上，对未来的组织管理者来说，对人力资源重新调整的需要，对有机的和条理化解决方案的强调，以及随时迅速重新安排优先事项的需要，显然都需要管理者具备敏捷行动的能力以及管理模糊性和变化的能力。在这样的背景下，具备一些在不同任务之间可迁移的通用能力，对未来管理者来说非常重要。

在过去几年中，一些硕士研究生参加了麻省理工学院推出的为期两年的麻省非洲研究员项目，这是一个非常成功的实验活动，他们的个人经验充分体现了管理能力的可迁移性。这个项目源自一位教授的构思，他认为具有高智商和问题解决能力的商学院毕业生，可以马上进入发展中国家的政府部门和公私营机构，承担重要的职责和大量工作任务。这些研究员并不熟悉当地情况和文化，却能够快速适应环境并做出不菲的成绩。这种情况和沃伦·本尼斯教授描述的未来"临时社会"和"变化性组织"中的管理者的表现毫无二致。

说到管理课程修改的具体方向，简要回顾一下麻省理工学院斯隆奖学金项目在过去 12 年的变化会对我们有所帮助。1955 年，整个组织行为学领域在管理课程中所占的比重很小。后来，道格拉斯·麦克雷戈（已故）和同事阿里克斯·贝弗列斯通过摸索，把行为科学理论和管理问题相结合，在斯隆奖学金课程中取得了成功。尽管我们距离将行为科学理论全部应用于实践还有很长的路要走，但过去10年中我们在企业管理的人性方面的知识体系上仍取得了相当重大的突破。

在财务方面，12年前的商学院课程主要介绍的是对企业资金需求的评估，以及获取资金的最佳方式。在企业资产管理方面利用精确分析手段衡量风险、不确定性和资金成本的做法目前尚未进入商学院课程。

企业如何使用计算机解决问题和改善流程是商学院教育以前略有提及的课题。后来，管理信息系统与控制等新的领域出现了长足的进步，与新式计算机和通信技术形成并列发展的局面。

营销作为一个长期实践领域在理论和分析方面颇有不足之处。如今，统计应用和运筹学方法的出现，使市场的不确定性大为降低，至少是逐步降低。

12年前，商学院课程几乎没有触及研发管理这一领域。现在，越来越多的文献和教学开始研究与研发管理相关的问题。

显然，对年轻一代美国管理者的教育而言，上述内容并不能详尽列出当前和所需知识体系中的所有变化。但是它充分表明，管理教育的重点和观念在过去10年中出现了变化。这些变化部分反映出商学院课程对优异管理表现这一需求做出的响应。

持 续 学 习

首先要表达的基本观点是，可用于改善管理实践的知识一直都在增加，未来还会以更快的速度增加。管理者的主要学习途径将不再是通过经验，这种趋势会改变管理者具备的能力以及企业需要的管理能力。未来的管理教育和管理开发过程必须认识到潜在管理者获取知识体系及其应用能力的需求，更重要的是，认识到管理研究的加速和知识的不断积累将会快速淘汰那些走出校园后不再继续学习的管理者。

大学在促进个人发展方面的作用并不会在学习者毕业时消失。教育必须是持续性的。未来，成功的企业将会和大学携手推动人力资本的形成。当然，并不是所有的继续教育都必须在大学框架内进行，但是大学有责任制定标准和进行创新。最后要说的是，尽管学校教育非常重要，但教育归根结底应当是以个人为中心而不是以学校为中心的活动。

人才的组织

管理者必须意识到组织内部发生的变化。美国劳动者的教育水平正变得越来越高，这既意味着他们有更高的抱负，也意味着管理层需要挖掘劳动者的创造能力，组织人才并有效地激励人才。例如，到 1975 年，美国 25 岁以上的劳动者中将会有 60% 的人拥有高中学历，即接受过 12 年的学校教育；1/4 的人拥有大学学历。那时，专业人员、管理人员、文秘人员和销售人员的数量将会超过技工的数量。随着在研发方面投入巨额资金，从事上述工作的人在美国劳动人口中的比例将会越来越高。市场对此类劳动者有很大的需求，他们具有很高的流动性。管理教育必须寻找新的方式组织和引导他们的工作，以最大限度提高他们的工作成效。

计算与通信技术对企业的内部结构具有深刻的影响，这种影响目前刚刚开始展现，我们尚不明确其全部作用。毋庸置疑的是，计算机正在成为现代企业经营不可或缺、无所不在的元素。到 1975 年，美国预计将有 85 000 台计算机投入使用，总投资价值超过 300 亿美元。在企业的流程控制能力、信息使用能力、日常事务处理能力以及日益复杂的决策能力上，这种变化带来的潜力无疑会对管理工作的本质造成强大的影响，使其转向非结构化、非程序化的工作，脱离比较常规的分析、分配和评估活动。那时，设定目标、开发战略和制定政策将会成为管理者的主要工作，只需动动鼠标，信息系统就可以对管理者的思考提供很好的帮助。管理者更多关注的是对环境的了解以及对决策系统的描述。管理教育的目标，是要让管理者清楚技术应用能为自己带来多大的潜力或达到什么深度。简而言之，管理者不必成为技术专家，但是必须了解技术。他们应当以充分利用技术能力的方式来组织人才。

关 注 创 业

不断变化的环境和管理者不断变化的角色表明，管理教育的重点必须转向创业的三大基本要素，即发明、创新和适应。大学的作用，是帮助个人开发以适应性和创新精神为特征的知识、能力、动力和态度。在本科生阶段，大学的主要目标是提升学生的独立性和选择自由，让他们有机会涉猎范围更广的课程，提供实验机会帮助他们设计和运行个人项目。麻省理工学院管理学院本科项目的一个特别实验引起了本校和其他机构的广泛关注。在实验中，被选中的学生有机会在本科最后两年为个人教育自主负责。学生可以确定自己的需求和兴趣，自行组织课程，邀请教师和企业参与到自己的教育项目中。实验结果表明，参与该项目的学生变得更自信，更有冒险精神。

最重要的是，企业的管理者必须是有创业精神的人。如今，商学院越来越注重培养学生的创业观念和态度。当然，这并不意味着对与分析有关的知识和分析能力的忽视，或者对组织能力开发的忽视，而是表明商学院必须持续寻找新的方式，发现那些具有创新创业特质的学生，并在整个教育过程中强化而不是抑制这种特质。

在企业领域，我们发现一些企业善于为年轻人创造机会，帮助他们在新产品开发过程中充分展现创业活力。具体方法是建立产品或项目团队，团队成员在公司框架内一起合作，同时保持相对的独立自由，对新产品的开发和市场投入全面负责。他们的活动包括设计、包装、定价和促销，这些活动利用企业资源，依靠企业内部各部门的建议，但是由具体操作人员对项目结果全权负责。这其实也是管理教育的一部分。

企业采用这种方式，需要有能力和意愿为鼓励创新而承担风险，有能力和意愿探索极易出现错误的未知领域。确定新的想法是否可行，通常要进行调查和实验，为此企业必须投入时间和资源以避免不成熟的判断。如果组织运行过于僵化，企业环境通常不利于创新。因此，企业内部必须具备鼓励变革的氛围，允许冒险行为的存在。管理者应当思考的是，怎样才能改善和推动这种承担风险的发展机会。说到底，最有效（但成本不菲）的管理教育只能在实践中进行。对学习决策的人来说，实践中的成功或失败可以带来立竿见影的真实反馈。

承　　诺

美国社会对管理者和企业提出了越来越高的社会责任感和道德责任感的要求。这也是管理教育要面对的一个重要挑战，它会影响未来管理者的知识范围、价值观和能力。社会要求企业积极发挥企业公民的作用，保证产品的安全性和有效性，提高服务社会的质量，期望企业利用自身资源为社会问题找到新的解决方案。管理者必须从政治和经济角度清晰地意识到个人行为产生的后果以及企业对环境带来的影响，这一点正变得越来越明确。管理者必须提高经济洞察能力以适应不断变化的经济环境。

很多事实表明，教育需要在这方面做出更多贡献。汽车安全问题在公众中引起的轩然大波就是一个很好的例子。极有可能发生的是，人们的呼声会越来越高，要求汽车行业在解决相关社会问题（如城市拥堵和空气污染）方面发挥主导作用。美国企业正面临直接挑战，要求它们在为困难的失业者提供就业培训和工作机会方面发挥主动性和领导作用。在教育、住房和交通问题上，以及如何把城市重建为可持续运转的、丰富的社会性环境方面，企业开发创新解决方案的机会有很多。

显然，管理教育无法忽视关于学会承担责任方面的内容，这些是管理教育重要的新领域。深刻的责任感虽然无法灌输，但新的管理课程可以强调决策过程中所涉及的人文和社会方面的内容的深度，这不但必要，而且是非常可取的。

专业商业教育的新方向

克利福德·克拉克

事件与观点

在讨论不可避免的代际差异时，新闻评论家沃尔特·李普曼最近这样写道："事件的发展几乎总是比我们自己的思想的发展快得多。""人们在随着年龄的增长开始负责某些事务时，必须克服用二三十年前的旧眼光看待问题的固有倾向。"（《哈泼氏》1967 年 10 月刊）没有多少人会对这一评论表示质疑，尤其在将它应用于社会、经济和政治事件方面时，更是如此。当然，我在这里引用该评论的目的是说明高等商业教育方面的一些根本性问题。

在商学院的各种发展目标中，优先级最高的是培养管理者有效参与当今和未来的商业活动的能力。因此，老一代教师在给年轻人传授知识和观点时，必须特别考虑到这些知识和观点在未来一段时间是否还有用。在这一点上，光靠传授目前积累的知识肯定不够。商学院的教学应持续提供实验环境，以测试传统概念能否跟上时代的发展，从而发现不足之处并做出改进。在这些实验中，需要额外关注的是实证研究方法以及对商业制度和商业实践的研究。一般来说，我们要先理解"是什么"，之后才能制定原则，或分析并制定政策，或提出"应该怎么样"。[⊖]事件的发生都有其制度背景，如果事件的发生是为了促进系统化知识的积累，那就必须在原生环境中对其展开研究。[⊖]

商学院了解并且一直在抵制人类习惯用旧眼光看待现代问题的倾向，以及用过时的方法解决当前问题的做法。在过去 15 年中，商学院在研究课程方面做出了巨大的改变，现在强调的是分析技术以及对相关学科的理解。对企业实践片面的描述性研究在商学院课程中已不再占据中心地位。

商业活动与课程

尽管商学院开展学术工作的众多方法从未有过分类，我们通常可以把商业研究活动分为以下三类：①涉及实际生产资源组织的活动；②涉及规划、控制和管理的财务方面的活动；③涉及管理和环境方面的活动。

实际生产资源

企业对实际生产资源的组织和组合涉及生产率水平及其变化，而且与销售、库存、资源的相对稀缺性及其使用限制，以及技术条件等方面相关。在确定资源的效率或最佳组合时必须考虑财务或货币层面，尽管这不是最重要的。

⊖ 人们对这一点并无误解，对"是什么"的研究本身并不是目标，而是以科学方式探索理论解释的开发方法。

⊖ 尽管制度研究是重点，也不能排除其他方式，有学者使用更为坚定的表达陈述前面的命题，假定以制度为定位的商业和经济研究在历史上可以得出比推理演绎法更为实用的理论。（参见马丁·布林（Martin Blyn）的博士论文《美国学术经济学家的创新》（*Essays in Innovation of American Academic Fconomists*），纽约大学出版社，1966 年。）显然，理论在很多情况下都落后于现实，如在社会立法领域。

商学院课程通过研究生产、营销、财务、经营分析、统计学以及以组织为重点的管理科学来解决这些问题。经济学不但对这些研究有直接的贡献，还通过向其他学科提供规范性的命题间接地做出了贡献。虽然商学院使用的这些方法投入应用的时间并不久，但它们具有非常广阔的前景。当然，这些方法也存在缺陷，这些缺陷主要和各学科普遍的教学方式有关，好像各个学科彼此之间有严格的分界线一样。

财务角度

管理和规划的财务角度包括财务资源的管理、为业务和扩张提供融资，以及财务控制手段的应用。商学院的研究课程涉及这个方面的有企业财务、投资、会计、财务制度、经营分析、统计学和经济学等领域。在过去几年中，这些领域的知识在企业财务活动中的应用出现了巨大的进步。或许正是这种快速进步蒙蔽了我们，让我们难以意识到行为科学的研究结果几乎很少在企业财务领域得到过应用。此外，经济学也未曾实现与企业决策和财务规划的结合。在以往的商业活动课程中，各研究领域的教学过于分离，这些领域看起来就像是毫不相干的学科。

管理和环境

与管理和环境相关的企业活动，包括确定目标所需的方法和组织安排、决策控制流程中的信息利用和交流、对市场的响应和影响，以及企业外部的情况和政策。商学院在管理和环境方面的研究领域是管理原则、营销（包括营销管理和市场结构）、会计和财务管理、组织理论的行为学方法、统计学、经营分析，以及以法律或经济为重点的环境研究。常见做法是通过政策解读课程、模拟练习或案例教学等方式把企业研究的不同领域联系起来。尽管这些方式对于了解企业的管理和环境很有价值，但是在环境的正式研究方面，在融合企业研究的不同领域，以及最重要的，在发展和应用行为科学的理念方面，未来还要做出很大的改进。

虽然上面的内容对商业教育，特别是研究生阶段的商业教育，提出了一些改进建议，但这些初步结论仍需要和一些可识别的、会影响未来商业环境的因素放在一起进行审视。

进化模式和商业教育

前面的讨论关注的是企业，以及教育活动在培养未来管理者方面的本质。接下来要关注的是经济变革和社会变革的力量，以及这些力量对商业和商业教育可能带来的某些影响。在这个方面，根据经济发展的主要决定因素来梳理思路会比较有帮助。经济发展的主要决定因素有不同的分组方式，本文选择的分组方式包括如下 5 个因素：

1）人口、劳动力和劳动力有效工时的增长；

2）资本存量（主要指实体工厂和设备）的增长；

3）与生产资源使用方法方面的知识开发活动、管理技能提升以及创新传播等相关的生产率的增长；

4）市场的扩大，以及大规模生产和大规模营销技术的潜在规模效应；

5）包括货币和财政政策以及政企关系在内的制度性环境变化。

人口和劳动力

如果对人口和劳动力进行定量预测，需要注意的是美国人口将会在

1980 年达到 2.5 亿人。同样需要考虑的还有人口的年龄结构、劳动力的可能规模（预计其年增长率比二战后的年增长率高 20% ～ 50%）、每周工时的缩短以及失业率水平等。通过对这些变量进行调整，我们可以得出总劳动人口的工时数。但是这种考量关注的是数量因素而不是质量因素，而劳动力增长的重要性应按照能力而不是数字来衡量。例如在 20 世纪 50 年代中期，美国劳动人口中白领工作者的数量首次超过蓝领工作者的数量。到 1975 年，白领工作者的数量将会达到蓝领工作者的 1.5 倍或更多。与此同时，无技能型工作者的数量仅有很小的增长，甚至毫无增长。[一]

劳动力构成方面的变化存在很多种原因。与此相关的事实是，美国经济活动中比例越来越高的劳动者的工作是提供服务而不是生产产品。联邦政府、州政府和地方政府活动的增加对此也有影响。劳动力和生产技能组合的变化，在很大程度上受到了业务流程日益复杂的影响，如自动化生产控制方法的应用。[二]受此影响，今天的企业对研究和咨询服务的依赖达到了前所未有的程度。

资本存量

定量预测还可以估计资本存量或投资支出的增长，然后通过模型预测出国民生产总值。[三]在思考资本支出问题时，预测在很大程度上取决于政府政

[一] 对 1975 年的预测是由全国工业会议委员会在《美国未来 10 年的经济潜力》（1965 年）中做出的。

[二] 一些定量预测的前提假设是未来很大一部分劳动者会因为技术进步而失业。尽管它在前期很有说服力，但查尔斯·基林斯沃思教授提出的这一结构性假设，近期已经被相关事实证明在很大程度上并不准确。如果这一假设表述得更为灵活，或许可以经受住各方的批评。毕竟，未来仍将存在对劳动能力进行培训、再教育和一般性改善的需求。因此，劳动人口中不太可能出现大量结构性失业的情况。

[三] 全国工业会议委员会预测，截至 1975 年资本存量的年增长速度为 3.6%。

策的未来走向。比如，未来政府政策会像近几年一样鼓励投资，还是重点关
注消费者产品的生产，抑或是随着经济周期变化？近期投资信贷方面的经验
表明，投资信贷会成为一种逆周期调控手段而不是长期工具。[⊖]只要注意到
这里的定性问题是政府政策的问题就足够了。

生产率与管理

定量预测还要考虑单位工时的产出，它每年的增长率可能会达到3% ～
4%。美国过去30年的生产率比历史上任何一个时期都高得多，为近些年的
美国经济贡献了大约2/3的增长。显然，这种增长与教育和科研成就密不可
分。例如，美国农业部门此前出现的生产率猛增绝不是偶然现象，是因为政
府和大学多年之前合作开展了大量农业科研活动。私营部门研发支出的增
长，以及这些活动与政府研发活动之间的关系，是二战之后出现的重要课题
之一。

生产流程和管理技术的改善促进了（而且未来将会继续促进）生产率
的提高。赫尔曼·卡恩和安东尼·威纳在他们近期的作品《展望2000年》
（*The Year 2000*）中，称"现代管理和生产技术"可以被视为当代企业扩张
的工具。[⊜]他们的观点与丹尼尔·贝尔的假设密不可分，贝尔认为："美国
正在进入后工业化社会……其特征是对理论知识的组织对于社会创新活动至
关重要。"[⊜]

劳动力增长、资本存量增长和生产率增长综合在一起，大约能带来

⊖　尽管投资信贷近期有如此表现，但投资作为刺激经济增长的一种手段仍有可能受到长期
　　政策的青睐。

⊜　Herman Kahn and Anthony J.Wiener, *The Year 2000* (New York: The Macmillan Company,
　　1967), P.45.

⊜　Ibid., P.xxviii.

4% ～ 4.5% 的国民生产总值年增长率，预计 1980 年的国民生产总值会比现在高出 2/3。当然，这种预测离不开一些必要的假设条件。例如，我们可以合理预期在这段时间内世界局势继续保持相对和平，自然资源和能源的供应充足。国际环境方面，经济学家只能描述预测结果背后隐藏的假设。我们可以合理假设美国在能源方面的压力未来会以国际贸易或创新应用其他材料的方式得以缓解。[⊖]

国民收入分别来源于私营部门市场活动和公共部门活动的比例，会对预测国民生产总值的构成产生重大影响。州政府和地方政府开支预期的快速增长对此影响尤甚。

市场

我们有充分的理由认为未来的国内市场和国际市场将会继续扩大。随着市场的扩大，生产规模和管理单位也会变大。通常，生产规模的扩大会带来效率的提高，尽管在某些情况下未必如此。[⊜]企业规模的预期增长，以及企业与其他国家和文化的深度交往，似乎得到了历史趋势和经济原因的充分支持。

⊖ 参见哈里森·布朗、詹姆斯·邦纳和约翰·威尔合著作品《未来 100 年》(*The Next Hundred Years*)。相对于能源，作者对所需的科技和工程人力资源开发不太乐观。不过和大众观点不同的是，市场经济力量在引导人力资源开发方面非常有效。乔治·斯蒂格勒教授对工程师供应所做的分析很有说服力。当然，其他一些方面也会导致市场无法实现科技资源的社会最佳配置，这对追求或有能力从事基础研究的企业同样适用。市场力量并没有充分考虑此类研究的外部影响或溢出效应。

关于 1985 年和 2000 年国民生产总值和人口的其他预测，参见 Herman Kahn and Anthony J.Wiener, The Year 2000, Table XII, P.159.

⊜ 约翰·加尔布雷思近期提出的大型企业增长不在本文讨论之列。他关注的是相对经济力量的增长，本文讨论的是绝对规模的增长，强调的重点是生产而不是营销。

政企关系

美国经济在过去几年中出现的史无前例的增长，部分原因在于人们意识到政府有责任影响总体经济活动。显然，政府责任将会继续延伸到其他领域，因为随着富裕水平的提高，原来的低优先级问题会受到重视。实际上这不仅是优先级问题，也是新技术问题，例如开发与空间研究和探索相关的新技术，需要各相关方展开实质性的合作。这些开发活动不应减少私营部门的参与，可以通过创新规划的方式加以组织，允许私营部门进入原来只允许政府参与的活动领域，例如城市开发。

一 些 问 题

上面介绍的各种发展或演变力量为我们提出了一些值得思考的问题，其中有些问题在教育方面具有重要意义，举例如下：

把越来越多的人力资源投入到服务领域、高技能职业和专业工作中，会出现什么样的结果？

企业、公共机构和大学支持的教育研究活动为生产率带来的高增长会产生哪些影响？

管理能力对经济发展的强力推动会带来哪些影响？

州政府和地方政府支出的快速增长，以及人口在城市中心的集中会带来哪些挑战？

对失业率、收入分配与维持、物价变化和经济增长范围等问题，由公共部门承担责任会造成什么影响？ ⊖

⊖　国际收支结构也是公共政策方面的一个关注点。公共政策重点关注的是就业、物价和经济增长，并把这几个方面作为国家发展目标。因此，国际收支状况成为实现国家发展目标的制约因素，但它本身并不是一个目标。

市场规模的增长（包括海外业务的不断拓展），以及生产单位扩张所带来的技术成就，会带来哪些影响？

尽管无法对这些问题造成的影响做出准确预测，我们仍可以给出一些建议。

可能造成的影响

劳动力升级必然会涉及更多的教育活动，并提出诸如把重心从通识教育转移到技术教育之类的问题。[一]无论通识教育和技术教育之间有怎样的平衡关系，重视技能，特别是那些在不断变化的环境中可继续维持的技能，将会使善于引导企业适应不确定环境为特征的教育变得更有价值。与此同时，技能升级对职业定位型研究活动也是一项重大挑战。这些活动必须努力辨别未来几年全球相关领域的本质（尽管不那么清晰），只有这样才能提供正确的职业培训，开发新的教育模式。现有的、适应当前经济发展状况的培训模式，远远无法满足未来的需要。

今日生产率的高增长和几年前研究教育活动之间存在明确的因果关系，这表明有必要就企业和公共部门之间的合作制定相关的指导方针。新的关系

　㊀　这个问题至少包括两个方面。对中等教育而言，它指的是在职业教育和大学预科教育之间进行选择的问题。社会对低技能人群（特别是对劳动力中年龄最小的那部分群体）的日益关注，使对职业培训的呼声逐渐高涨。当前的问题是，此类培训是由学校来承担，还是由旨在促进经济发展或消除贫困的项目组来承担？在大学层面，这个问题表现为在专业教育和通识教育之间的选择。由于这两种教育的课程已经固定且互不兼容，这个问题就显得十分矛盾。实际上，如果课程设置，特别是专业学校的课程设置，能够响应有关的社会变化，则这个问题并不存在矛盾之处。在《教育未来的管理者》一文中，（1964年10月）经济发展委员会是这样陈述的："通识教育虽然有其传统和永久的一面，但它并不是静止的概念。当一个自由国家的社会、经济和技术条件发生改变时，通识教育的内容也必须改变。在我们的社会中，不了解商业机构性质和作用的人称不上是接受过通识教育的人。通识教育和专业教育之间也不存在必然的矛盾，恰恰相反，它们之间应该形成互为补充和强化的关系。"

正在形成，或者至少可以说我们正在意识到这一点。毫无疑问，未来公共部门和私营部门将会以大量合约的形式进行紧密合作，从而对产权的性质造成影响。由于这些关系涉及社会经济体系的体制结构，尽管它们对于理想社会目标的实现是必要的，但要想使我们的社会得到维持，我们仍需要谨慎地为此类开发活动制定指导原则。

此类合作会涉及以下几个方面：

1）政府的研究活动和私营部门的相关创新之间的关系具有溢出效应。此类活动的规模非常庞大，只要看看一些大学做政府赞助的研究项目时的担忧，就能知道我们需要制定新的指导方针。在这个方面需要思考的重要问题是：哪些机构会赞助基础研究？怎样才能避免从事基础研究的科研人才流失到高度结构化的领域？ ⊖

2）当私立和公立学校教育成本的差距越来越大，对高等教育的社会需求出现增长，以及很多有能力的学生因为财务原因无法接受大学教育时，联邦政府对高等教育资助的增长是一个需要关注的问题。高等教育是否应当成为社会善举，造福整个社会而不是仅仅造福受教育者？未来几年，至少从政策方面来说这是一个必须明确做出回答的问题。

3）在为劳动人口中的无技能人员和技能过时人员提供培训时，需要对以政企合作的方式来承担此类责任进行更多的思考。这种合作不一定形成正式意义上的伙伴关系，私营部门和公共部门在经济活动出现周期性波动时各自承担的责任会出现变化，例如在经济萧条阶段，政府应当承担相对更大的责任。

4）通信卫星开发以及以公私合营方式开发高速铁路设备和客机等活动

⊖ 政府或企业主导的研究活动带来的经济回报，与研究成果的实际应用密切相关。基础研究常常由于支持不足而滞后。企业与高校的有效合作，或是政府与高校的有效合作，在制约条件较少的情况下可以很好地改变这种失衡状态。

涉及新的合作关系。这种关系会对我们对空气、水资源以及大部分能源的使用产生影响。

5）在保证市场竞争性、在劳动谈判中关注公共利益、提供税收优惠以及提供社会和医疗服务等方面，需要对政府和企业之间不断变化的关系进行认真研究。

上述方面是高等院校需要重点关注的未来制度和政企关系层面的几个例子。现代高等院校的学生必须有机会对这些问题进行探索。只有这样新一代管理者才能开发出必要的指导方针，确保社会维持对个人选择的有效尊重。

管理人才的重要性对教育的影响，再加上现在人们在很多方面对人的行为表现有了更深的理解，充分表明教育机构应更加重视对管理者的培养，不但包括企业管理者，也包括政府、非营利机构和其他组织机构的管理者。在这个方面，政府和企业也可以互相学习取长补短。例如系统法这种新式分析工具，在私营部门和公共部门都得到了广泛的应用。

未来，州政府和地方政府支出预计会加速增长，这是由于城市化进程的推进、地方政府服务相对于政府总体服务水平较低以及立法机构方面表现的变化导致的。我们有理由认为州政府和地方政府未来会提供修改行政区划，以及引入可提供特别服务的准政府机构（如纽约港务局）之类的服务。这些新的变化能否让人感觉到政府机构对个人需求做出某种程度的响应？这个问题取决于个人的期望目标。在所有这些活动中，商业教育都具有重要的引导作用。

政府在维持高就业率、稳定物价以及快速提高经济增长率等方面的责任，可以通过多种不同的方式转化成行动。教育界的作用，在很大程度上是要协助政府选择与传统价值观一致的明智的政策。只有深入了解各种政策的影响，我们才能做到这一点。比如，如果我们要在价格稳定和低失业率之间做出选择，我们的选择基础是什么？通胀为人们带来的损失在本质上是什么？政策原因导致部分人能够继续工作，由此产生的收益在本质上又是什么？我们难道没有必要对这些问题进行深入了解吗？显然，这个选择和很多其他选择的性质非常相似，是无法在偏见或历史经验的基础上进行取舍的。

如果过去的经验可以预示未来，那么我们可以认为市场的增长以及生产过程中相关技术创新的增长是和大型组织的增长相关的，但不一定是以牺牲小型生产单位为代价的。

无论组织间的平衡性如何，不可否认的是，我们都必须深入了解组织行为以及在组织内部发挥作用的人的行为。

商业教育的新方向

新兴的社会和经济模式也带来了对课程改革的建议。与商业有关的各种学科的发展离不开商业研究各个分支领域的关联和整合。会计、金融、营销和生产等职能领域正在进一步融合，并且这种融合还会继续进行下去。从某种意义上说，未来商学院看待商业机构的方式越来越像经济学家看待经济系统的方式，即处于完全平衡的状态，同时又有确定的解决方案。不过，对商业进行全面综合研究存在局限性，这些局限性与分析方法以及各学科的发展方式有关。从方法上讲，当研究范围扩大，需要考虑更多变量时，在操作价值上就会出现损失。当然，商学院的主要目的是协助个体做出经营决策。因此，我们不能期望商学院教育过度强调正式的方法。

与探究方法相关，但实质上超越了探究方法的事实是，学科往往是通过集中精力解决有限范围内的问题，通过文献的发展，以及通过实践性学者智识的发展而发展起来的。因此，商学院教师必须关注两个方面的工作，一是有助于他们所选的研究领域的工作，二是有助于从广义角度理解商业活动的工作。由于个人和群体的态度存在差异，这些工作会有不同的优先级。要想对成果做出预估，最常见的选择似乎更侧重学科。因此，尽管商业研究各领域之间在形式上的相互关系会更加紧密，但主要重点仍会放在学科上。

然而，商学院必须为学生提供机会，使其能够将商业研究的各个分支联系起来，因为他们迟早会在未来的工作中这样去做。要解决这一难题，依靠学科的正式发展可能收效甚微，更有效的方法是利用教学中的技术和实验。管理模拟练习在计算机中保存了大量的商业要素，是个很不错的方法。可能更好的一个方法是商学院教师确立共同的目标。本书中提到的专题研讨会呼吁学生、校友和教师关注商业的本质和环境，以及商业和社会的选择范围，类似的研讨会有助于强调商学院使命的重要性。如果担任商学院教师的学者们相信他们的活动有价值，而且有重大的意义，学科和广义商业活动之间就有可能出现更为均衡的发展局面。

行 为 科 学

课程评估表明，商学院教育应进一步重视行为研究方面的课题。对该领域未来情况的简单了解进一步印证了这一结论。管理技能的提高对经济增长做出了重要贡献。要想保持这一趋势，就必须适应并掌控解决商业问题的先进方法。要想更好地理解个体在工作中的表现和行为，就必须更好地理解技术，并提高在正式的国内组织和跨国组织中经济活动的比例。

如何将行为科学全面纳入管理课程是商学院面临的最困难的一个问题。行为科学的一些分支或方面已被应用于营销、会计和组织行为的课程中。然而，人们普遍期望，行为课题最终会成为有效商业研究最基本的课题。因此，为了发展行为科学并将其纳入商学院课程，商学院会对多个不同的行动方案进行大量的实验。一些商学院会挑选一个特定的学科，如社会心理学，希望从中发展出分支。另一些商学院会为课程安排既具有多个学科的知识和技能，同时又强调商业应用的教师。后一种做法很可能会发展出新的知识分支，就好像那些将定量调查程序应用于商业的人发展出了运营分析、管理科学和系统分析等新领域一样。没有多少学校有足够的财力，花同样的力气同时采用这两种方法，一般会优先考虑这两种方法中的一种。要想预测每种方法发展过程中的风险程度和回报程度，基于学科的方法可能风险较低，但是它的即时回报要低于折中的方法。从长期角度来看，基于学科的方法更为优越。

环　　境

对新兴社会和经济模式的简单分析表明，未来二三十年的商业环境将会经历重大变化。因此，从评估现行课程得出的结论得到了进一步的支持，建议对企业无法控制的情况给予更大的关注。对于商业环境的正式研究，目前存在一些相互矛盾的方法。有些人认为，正确的立场是作为一个观察者，设法辨别趋势，从而可以因势而动，利用趋势。另一些人则认为，环境研究在很大程度上包括规范的价值观或社会价值观，无论是作为个人还是领导者，我们通常应该采取为变革提供指导的立场。正如关于未来问题的讨论所建议的那样，很多原因决定了当前的企业管理者必须关注未来的社会和经济体系的性质，他们无法逃避引导未来变革力量的责任。即使某些商业领域可以（至少是在短期内可以）逃避这种责任，但是商学院不能这样做。因此，我们必须在负责任的公民的更广泛背景下研究商业环境。希望在即将到来的社会变革过程中，企业界能够发挥有效的领导作用。⊖

　⊖　有人认为，在高度竞争的经济框架下，企业管理者无法采取"负责任的"行动。追求利润是足够充分的理由。如果确定企业环境的力量快速且适当地发生变化，就会自然得出这一结论。实际上，这些环境往往是人为产物，其中有很多是由管理者操控或协助形成的，其设计也受到设计者个人价值观和社会价值观的影响。

企业和商学院

通过强调基础性的学科和分析性的学科，商学院已成为在学术方面被认可的严格的教育机构。它们深化了人们对企业的理解，极大地改善了教学质量。通过这些努力以及由此取得的成功，企业和商学院之间的距离有扩大的趋势。因此，在企业界和教育界之间充当中介的机构将发挥重要而广泛的作用。实际上，如果设计得当，附属于商学院的作为企业界和教育界有效沟通平台的下属机构，可以发挥十分重要的功能。它们可以向企业传达来自学术界的有关应用和实验方面的观点。企业的回应将为学术探究活动提供引导，这种引导经过强化会促进商学院课程的改革。

这些下属机构可以尝试新的商业研究方法，特别是通过管理培训活动对各种知识分支进行整合的新方法，然后把研究结果引入教学课程。对管理培训新方法的开发在很多情况下会使用"教师任务小组"。教师任务小组一旦成立，即可为常规学生项目提供课程。实际上，与商学院教师保持密切沟通的下属机构可作为教师群体的共同基础。我在本文中特地采用了演变式的渐进主义方法进行论述。为培养未来的管理者，商学院现在要做的是组织我们已学过的内容和利用我们已实现的成就。

商业教育的目的与手段

迈克尔·希夫

普通教育和专业教育之间的一个基本区别在于目的与手段之间的关系不同。在普通教育（即传统的通识教育）中，教育的目的始终随着社会价值观和社会结构的重大变化而变化，但是其手段却很少出现变化。普通教育的科目、课程和大纲也许会改头换面，但是其内容基本上是一成不变的。

相比之下，专业教育的手段总是层出不穷，其科目、院系、课程和教学方法一直在变化，但是专业教育的目的在相当长的时间里从未有过变化。无论医学知识及其教学方式如何改变，希波克拉底的理想始终是医学教育的目标和指导方向。查士丁尼法典培养出来的法学家和现代案例教学派美国律师的学习方法截然不同，但查士丁尼对律师的角色和职业操守的要求至今仍在引导美国的法学院教育。

商业教育与这些传统行业的学校，有着共同的目的与手段之间的关系。自从 1881 年宾夕法尼亚大学沃顿商学院成立，商业教育首次被视为大学教育的一个专业领域以来，我们一直在争论商业教育的手段、科目、课程体系设置、方法、课程内容安排、先决条件等。但是在专业性商业教育的目的方面很少出现类似的争论。它的目的，首先是培养负责任和有成就的企业管理者，他们了解自己的工作，业绩优异，能够在企业界和社会中同时树立典范；其次是寻找、开发和传播新知识；再次是树立职业道德，确定从业标准以及从业人员的行为标准。

最后，所有商业教育的核心目的，是帮助企业和管理者在复杂、动态和快速改变的经济和技术环境下发展管理变革的能力。

虽然在目的和手段之间的关系方面，商业教育与其他专业教育十分相似，但是在专才和通才的关系方面，它和传统职业及其相关学院之间存在着很大的区别。

在所有传统职业中，初学者一般都是通才。随着法律和医学领域的从业者和学习者在职业上的进步，他们会逐渐变成专才。但是在企业中则不同，初学者一定是某个岗位或技术领域的专才，随着他在企业中日益进步逐渐成为管理者，他越来越关注全局，关注不同专业、学科和技术之间的相互关系，关注复杂组织的搭建和维护，使组织内的所有专家合力创造出优异的表现和成果。在企业中，进步越来越多地意味着从专才到通才的转变。

出现这种差别的原因在于，传统职业从业者一直都是以独立执业或小型合伙企业的方式运作的，而企业是以机构的方式运作的。机构存在的目的是使专才的工作富有成效，这也是它的优势所在。当然，这也意味着企业管理者的培养过程与其他传统职业的专业教育过程几乎完全相反。

这种情况尽管早已为人所知，但是商学院却一直未能考虑到这一点。这在很大程度上解释了美国商业教育中普遍存在的困惑，以及商业教育者对自己工作的不满，尽管他们在学术界和企业界都取得了令人瞩目的成功。企业管理中专才和通才之间的独特关系对商业教育，包括其受众、结构和主题，都有着深刻的影响。

I

我们开始认识到的第一个影响是，专业的商业教育实际上覆盖了四个学生群体。这四个不同的学生群体，每一个都对商业教育有着不同的学习需要。第一个学生群体并不是传统意义上的学生，即尚未进入职场的青年男女，而是在企业中被定义为通才的群体，即那些实际管理企业的人。他们的表现最终取决于企业内部所有工作人员的表现。他们的标准、能力、知识和严肃性决定着整个企业管理职业的表现，否则"企业管理职业"的说法就无从谈起了。

在每一门学科中一般性知识都是专业化定义和发展的起点。但是其他职业的起点，对企业管理职业以及企业内的所有其他专业工作而言，实际上是顶点。企业管理这一职业需要了解企业内的所有知识。

因此，高级管理者成了商业教育的第一个学生群体，他们同时也是商学院其他教育目标的第一批受众，是技能标准开发和行为标准开发的第一批受众。

他们也是（或者应当是）商业研究（即新知识开发活动）的第一批受众。在过去20年中，我们和高级管理者一起为这个群体确定了教育工作的雏形。现在我们更为关注的是标准问题，尽管在这个领域中大部分工作还没有完成，但是在为高级管理者及其工作创造相关知识方面目前并没有进行多少系统化的尝试。这无疑是当前商业教育系统的一个缺点。相比之下，自然科学领域至少具备沟通的框架。科学领域的基础研究是由政府、高校和工业部门进行的。实际上，三方联合行动不但可以实现观点的交换，还能提供重要的沟通链条。应用科学研究也是由这三方各自进行的，也鼓励沟通。在企业内部，我们一般是先从应用科学研究转到工程开发，然后转到产品或服务，最后转到市场。

企业中没有与此相对应的研究结构，这就导致沟通十分有限。很少有企业会参与企业研究，它们虽然也做营销研究，但大部分此类研究的目的是解决眼前的问题。尽管大学已经把研究活动延伸到企业领域，但是大学研究在很大程度上被分成了不同的专业，与企业的交流几乎为零。企业领域的研究仅限于学者之间互相撰文吹捧，这种奢侈是我们无法承受的。这并不是说要限制研究。与接受研究成果并迫切要求进行新研究的企业管理者进行持续对话，可以弥补管理发展和企业研究领域之间存在的巨大差距。但是要做到这一点，高级管理层必须和商学院密切合作，必须成为商学院的受众。

商学院的第二个学生群体是即将成为管理者或是新近从专业岗位晋升到管理岗位的年轻人。处于职业生涯中期的这个群体需要了解整个企业，需要具备通才的视野和知识。他们有足够的经验来理解这些知识，并且在工作中有足够的空间来应用这些知识。当然，他们还需要在专业方面继续磨炼。实际上，在这个职业阶段，他们最需要的是了解那些至今尚未在其工作中产生重要影响的专业。目前一些大型商学院已经为这个群体开设了课程，如纽约大学工商管理研究生院已经为处于职业发展中期全职工作的高素质员工提供了高级学位在职培训。或许在能力和需求方面，他们是与个体执业者占绝大多数的传统院校中的传统学生最为一致的群体。

第三个学生群体是专业工作者，他们的需求是提高个人的专业技能。在商学院中，这个群体需要的其实是继续教育。他们需要的是"进修"课程，其知识储备在离开学校 10 年后开始过时。他们要了解新观点、新知识、新概念和新技术。从很多方面来说，专业协会就是为提供这种"继续"教育而设立的。一些大都市的商学院，如纽约大学工商管理研究生院，也为这个群体开发了必要的培训课程。

第四个学生群体是那些拥有文科或理科学位、尚未接受过培训和进入职场的青年毕业生。不同于传统专业学院的同龄人，他们在进入商业职场前要接受的是专才培训。

本文的观点是，这些毕业生在进入商业职场时需要对某一个领域有充分的了解，即首先成为专才。这种专业知识有利于他们更早一些有效地开展工作。但更重要的是，最初的工作任务一定是专业领域内的任务，使他们有机会立即应用所学的专业知识。

在这个层面上，把教育的目的确定为培养普通管理层是毫无意义的。学生基本上没有机会在工作中应用此类知识。学习理论方面的经验充分表明，无法通过快速应用取得成果的知识很快就会被遗忘，甚至会在对其他知识的理解和应用的过程中成为障碍。

我认为，并不是每一所商学院都需要满足商业教育上述四个学生群体的需求。但我认为，为了提高商业教育的有效性，所有的商学院都必须区分这四个不同的学生群体并做到因材施教。

II

与此同时，商业领域专业工作的特殊结构也突显出了传统学科和科目方面的重要问题。

在其他以通才为起点的职业中，学生首先要在基础学科方面奠定基础，然后再逐级学习专业科目，进而熟悉越来越窄的领域。

在商业教育领域我们采用的是同样的方法，只不过商业教育的基础是那些处于终端的学科，即以通用管理为目的进行整合的学科。由于绝大多数年轻学生并不具备商业经验，这些学科对于他们没有多大意义。因此，商学院主要从事的是培养学生的专长，即使他们具备在现实工作中可以快速升级的能力和应用范围较窄的技术。由此造成的结果是不受控制的扩散和大量的复制。最重要的是，商学院传授的"新知识"通常不过是对现有技术的改善，甚至是短暂流行的东西。与此同时，商学院无法提供那些能够超越传统技术界限的重大新成果。这些成果要么不予考虑，要么已成为各商学院自己的专业或学科。例如，我们最近成倍增加了讲授定量分析法的专业，每个专业都称自己有商业问题的最终解决方案——无论是会计学、经济计量学、统计学、运筹学还是决策理论学都是如此。

我认为任何知识领域都应当依据基础确定其主题。对商业教育而言，这意味着三个方面的根本性转变。

第一，它首先意味着商学院的整个课程应当在我提出的企业管理的六大长期关注的领域之内进行开发和组织。

1）规划；

2）管理信息及分析与控制；

3）营销；

4）创新，即变革管理；

5）人事管理；

6）社会、政治和文化环境。

这些领域都是一般管理者需要涉及的且需要和学者不断对话的领域。同样，如果一位学者想成为真正的从事企业研究的学者，他也需要把自己的视野和工作定位于这些领域。

第二，传统意义上的基础学科，即经济学基础、定量方法、会计学、金融学和人类行为学，实际上是商业的"信息"而非"知识"。每个从事商业的人，从最年轻的专业人员开始，都应当了解这些科目的基础知识。这些知识最好的学习方式，是学生通过系统化自我管理的方式利用计算机辅助进行自学。在进行专业培训或培养专业兴趣方面根本不需要教师。通过这种方式开发出来的课程，不但适合学生个人的学习速度和兴趣范围，管理起来也十分经济。

如果商学院开设制造（生产规划与控制）和商业物流课程，这些课程都可以通过同样的方法学习。不过，我强烈认为这些科目在工业工程学院会教得更好。商学院在这些领域的表现和成就并不突出，这些领域开发的主要是工程师应具备的技能，即效率技能。

第三，传统意义上的学生，即那些尚未进入职场的需要先培训成专才的学生，应当以初学者身份从事一些注重某方面具体业绩的工作。这些工作应整合到基础商业学科当中，包括规划、管理信息及分析与控制、营销、创新、人事管理、商业环境等。这就需要一些新的"专业"。当然，它们在很大程度上要利用传统技能。只不过这些技能的表现，其本身并不是应用的目的，而是实现业务绩效的手段；其本身并非实体，而是训练有素的商业工作者工具箱中的工具。因此，商学院对这些青年学生的培养要兼顾两个方面，既要侧重职业发展初期的专业性，又要随着他们经验的增长强调对他们的管理能力的开发。

我知道这些观点听上去非常激进，但商业教育已经出现不同的受众群体。未来要做的是以大家一致接受的方式，针对商业教育的目的开发合适的教育方式。

这个任务的难度其实远远超过商学院新课程的设计。我们或许有机会设计出未来新式专业学校的原型。企业不过是第一批即将涌现的新机构。我们社会的所有主要任务越来越多地在大型组织中并通过这些大型组织来完成。在这些组织中，工作的发展规划与企业中的情形类似：员工步入职场时先从专才职位做起，之后向通才职位发展。相对于在职业初期就要奠定"基础"的传统工作，职业管理者的新工作，无论在商业、医院、政府机构、武装部队还是科研领域，要到职业发展顶峰时才能形成内聚力。传统职业的设计就像希腊神庙，依靠每一根立柱来承担整个建筑的重量；新式职业的设计则像哥特式教堂，整个建筑的重量悬挂在拱顶的最高处。

因此，在设计专业商业教育以达到其目的的同时，我们也可以为当今的社会设计出全面有效的教育。

管理教育对社会发展的重要性

雷纳尔多·斯卡尔佩塔

在发展中国家，商学院的特殊作用是拉近企业界和大学的距离，以及这两者和政府之间的距离。商学院也必须拉近这两者与政府的距离。传统上存在于这些社会关键部门之间的距离，给很多发展中国家的教育工作带来了极大的损失，尤其是导致学生、管理者和政府官员错误地解读了其他部门的性质和意图。在商学院尽力提高管理和管理教育之普遍性和必要性的努力下，如今这种沟通不畅的情况正在逐渐消失。

在拉丁美洲，管理和管理教育领域出现的两个案例可以有效说明管理教育带来的变化。

第一个是哥伦比亚卡利市瓦莱大学的管理学研究生项目，即瓦莱实验。第二个是拉丁美洲管理研究生院院长委员会，也称"健康宝宝小组"。

I

马歇尔·罗宾森博士在他的论文《全球性管理学院》(*A Worldwide Campus of Management*) 中是这样描述瓦莱实验的："拉丁美洲商业管理的新秀正在哥伦比亚卡利市的瓦莱大学诞生。活跃的地区经济，优秀的大学校长，闯劲十足的年轻院长，以及精力充沛、对知识如饥似渴的年轻商业领袖一起构成了这一与众不同的管理培训项目。目前这里的学员主要是企业管理者，学校采用案例教学，邀请不同领域的访问教授，以学校作为咨询机构，努力适应管理教育领域出现的新变化。其他高校的商业教育者不一定了解这里的教学和研究情况，但肯定会羡慕参与瓦莱实验的师生在教学和研究活动中的热情和全情投入。"

瓦莱实验的全部故事可能永远不会为人所知，因为参与实验的有数百人之多。但是对我们这些从一开始就参与其中的人来说，其初始理念至今仍非常清晰，在应用过程中没有出现多大变化。

考卡山谷的需求催生出的理念是，一个陷入困境的社会可以内生出克服缺陷和面对挑战的要素。实现这种变化的根本要素被认为是该地区的管理资本。

经过仔细研究该地区不同部门所面临的问题，一些人得出的结论是，一小群管理者正在维持一个动荡的、迅速扩张的权力结构。尽管在很多情况下这些管理者非常能干，但整体情况不尽如人意。要想创造性地管理开发活动，建设性地引导变革力量，必须立即给予这些管理者及其所在的机构管理方面的帮助。

在管理资源缺乏的哥伦比亚，要获得管理方面的帮助是不可能的，于是这个群体决定建立一个管理人才培训基地，基地包括几个学院，由现有的管理者负责运营。

从本质上讲，考卡山谷的高级管理人员参与了一场现代管理理念和工具的自我发展实验。通过这种方式，他们使自己、当地的瓦莱大学、当地的生产力中心和其他机构参与到联合研究过程中，共同研究当地的社会问题和企业机遇。

在此过程中，大学承担了催化剂和主要研究机构的作用，生产力开发中心负责扩大项目的影响。大学管理专业的教授和企业高级管理者联合开发学习活动，研究哥伦比亚的管理现状，利用管理者所在的企业和机构做实验室，对新的管理理念进行应用。这些理念不但强调短期和长期开发活动，而且对稳健的企业管理和盈亏表现也十分关注。

在长达 18 个月的时间里（每周 6 小时课程和 6 小时小组研究），管理者和瓦莱大学教师共同开发课程内容，尝试新的理念，关注管理学员的学期项目在具体企业中的长期和短期机遇。这一过程使整个项目具备了实际的相关性和适用性。

在高级管理人员到来的同时，哥伦比亚管理协会开始利用瓦莱大学的师资为部门级别的经理（如生产、营销和财务部门的经理）设计为期一年的深度开发课程，这些初级管理者学到的理念虽然和他们的上级是一样的，但他们的课程会在应用方面涉及更多细节且更深入。

与此同时，哥伦比亚管理协会和瓦莱大学还合作更新了夜校课程，为企业中层管理者提供全面和严格的培训。此外，哥伦比亚管理协会加强了处于全面发展过程中的地区普遍感兴趣的短期项目，这些短期项目不但吸引了私营部门管理者的参与，也吸引了教育、政府和医疗保健等所有其他社会部门管理者的参与。

在项目运行的头两年中，创造增量智力资本的概念在社会上逐渐深入人心。瓦莱大学一时间挤满了来自企业和政府部门的青年管理者，他们热切希望通过学习实现自我提高。企业在帮助员工实现自我发展方面的态度也发生了根本性的变化。突然之间，大量的资金和时间被投入到该地区的管理培训活动中。可以说，这一理念在某些方面取得了成功。

但是，直到第三年该项目最初的总体理念才开始全面发挥作用。其最初理念是要创造管理资本，并让部分新资本流向诸如公共部门这样管理不善的部门。

可以说，如果不是卡洛斯·耶拉斯担任哥伦比亚总统，很难说是否会有这个项目。作为一位能力非凡且受人尊重的总统，耶拉斯尽其所能地寻找可以帮助他指导国家发展的人才。在过去几年中，瓦莱实验为哥伦比亚培养了1位省长及其4位机要秘书、1位卡利市市长及其5位工作人员、3位国家计划办公室高级管理人员，以及公共工程部的部长。这些政府管理者都参加过瓦莱大学的高级管理培训班。通过这种方式，私营部门的领导者可以深入地参与公共事务。我们饶有兴趣地发现，在参加过项目的学员之间，大量团队合作都是在加速沟通和完成任务的过程中实现的。

这种团体活动对大学的管理工作也产生了深刻的影响。课程内容的逐渐变化反映出团体有了新的关注领域。像哥伦比亚经济和哥伦比亚政府与工业关系等课程都更新了内容。此外，一些新的领域，如信息科学、应用行为科学和跨国商业问题，也被引入到管理课程中。

瓦莱大学把商学院和经济学院合并成社会经济科学学院，下设政治科学系和社会学系。该学院的整体研究工作，以了解和解决本地区最为迫切的问题为主。此外，其农业经济与管理专业还推出了研究生课程，面向哥伦比亚其他地区和其他国家招收全日制学生。

在前四年的运营中，管理学院培养了200多位工商管理硕士级别的管理者。瓦莱大学和哥伦比亚管理协会合作推出的夜校和延伸课程，以及社会经济科学学院的本科课程，培养了数以百计的管理人员，他们随时可以走上私营部门和公共部门不同级别的管理岗位。

此外，农业经济学院的几位优秀毕业生已进入国家规划办工作，用不了多久他们就会在决定农业发展政策方面发挥积极的作用。

社会问题自身也开始重新定义商学院未来的关注领域。在吸引大多数社会部门的管理者参与研究生级别的管理课程后，商学院有责任帮助他们创造必要的条件来提高他们的管理绩效。为实现这个目标，除了培养未来管理者之外，商学院开始培养经过良好培训的全职哥伦比亚教职工为管理学员提供帮助。

例如，有一组学员提出并成立了一家分时计算机公司。这家公司的计算机把大学、医院、各省市的主要政府机构，以及本地的重要企业连通到一个信息平台上。为响应这一创新，瓦莱大学正在开发强大的信息科学课程。

通过一项积极的应用行为科学实验（该实验采用了实验室模拟、T 小组和其他形式的敏感性训练方法），商学院正在帮助成长企业的管理者提高对管理工具的接受程度。这一实验的目的是帮助管理者跨越快速的组织和技术变革中所固有的文化障碍，因此具有非常重要的意义。

在医学领域，该项目吸引了十几位卫生部门的领导人参与高级管理课程。商学院正在帮助瓦莱大学卫生科学学院制订一项全面计划，为该地区的人民改善卫生保健服务和改造医疗设施。商学院有望利用在这个领域的经验在未来推出联合培养项目，为医疗行业企业的管理者提供培训教育。

教育领域也是瓦莱实验深度参与的一个领域。以教育学院为基础，瓦莱实验在商学院的协助下开始推出研究生水平的教育管理项目，以及面向教育的新系统和新技术的实验活动。通过这些活动，该地区具备了进入知识产业的基础。

最后，如前所述，公共部门也需要素质更高的管理者担任高级职位，并需要快速有效的方式来重新培训中层管理人员。为响应这一需求，一些政府雇员开始参加哥伦比亚管理协会和瓦莱大学合作推出的各种培训项目。

在绝大多数情况下，这些项目都提供奖学金。这种互动不仅提高了公共部门的管理素质，还创造了公共部门管理者和私营企业管理者共聚一堂的学习局面。

瓦莱实验如今已经进入第五个年头，要确定该项目过去在引导社会变革方面的影响是否会随着瓦莱实验在社会科学和政治科学方面活动的强化而增强，抑或商学院未来在设计和创造方面是否会陷入被动，目前还为时尚早。

从目前的情况来看，更有可能出现的是，随着技术、经济、政治和社会变化等力量的出现，瓦莱实验将会发挥极其重要的作用，以建设性的方式对这些力量进行引导，实现本地区社会和经济的健康发展。

II

谈到商学院积极参与并促成必要的经济和管理变革，第二个例子是拉丁美洲管理研究生院院长委员会的建立和运行。

这个委员会由拉丁美洲的 12 所管理学院组成和资助，这些学院从北到南依次是：墨西哥的蒙特雷科技大学商学院和蒙特雷理工学院、尼加拉瓜马那瓜的中美洲工商管理学院、哥伦比亚卡利的瓦莱大学社会经济学学院、哥伦比亚波哥大的安第斯大学经济学学院、秘鲁利马的 ESAN、巴西的圣保罗工商管理学院，以及位于圣地亚哥的智利大学经济学学院和智利天主教大学社会经济学学院。

剩下的 3 家是正在开发管理学研究生课程的以观察员身份加入的学院，它们分别是墨西哥国立自治大学商业管理学院、委内瑞拉加拉加斯高级管理学院，以及阿根廷布宜诺斯艾利斯高管开发学院。科技组织国际联盟（CIOS）泛美地区分部也是观察机构之一。

这些学院都有一支拥有博士学位或至少是硕士学位的全职教师队伍，提供研究生水平的课程并授予学术学位。

这个委员会成立的目的是促进拉丁美洲商学院课程的国际化（这一点对拉丁美洲一体化以及推动共同市场建设尤其重要），以及通过储备和共享学术资源的方式实现商学院的有效运营。

为实现这些总体目标，委员会设计了一个包含 8 个项目的发展方案。第一个同时也是最重要的项目即组建拉丁美洲教授工作组。通过为每一个研究领域（如生产、财务、营销等）成立不同的工作组，委员会有效推动了各个领域的国际学术合作。工作组每年至少举行一次会议，会议地点在拉丁美洲的某座城市，会议由会员院校赞助。

在为期一周的会议中，教授们探讨学术问题，交流学术经验，分析在各自领域内拉丁美洲国家在本科、研究生和管理者教育方面存在的异同，向商学院推荐主要研究项目，以及分析所在领域在拉丁美洲的未来发展趋势。

在很多情况下，访问教授会为当地企业管理者举办研讨会。工作组可提供教授之间的信息交流，以及教学方法的现场试验。这些研讨会可以有效拓宽讲授者和企业管理者的视野。此外，当地企业管理者缴纳的研讨会费用还可以为工作组一年一度的会议提供资金上的支持。

第二个项目是会员院校的教授交换活动，旨在推动商学院师资的国际化，以及学生及其视野的国际化。这样做可以实现商学院人力资源使用效率的最大化，长期来看可以激励个别院校在某个研究领域集中优势。

第三个项目是设计可满足拉丁美洲具体需求的教师发展特别计划。

第四个项目是成立学术交流中心，收集各商学院的案例、文章和译著。

第五个项目是学生交换项目。（如哥伦比亚学生去智利，智利学生去墨西哥，墨西哥学生去巴西等。）交换项目的主要目的是推动学生的国际化，长期来看有助于实现商学院某种程度的专业化。未来我们希望看到的是，学生可以自主选择在哪个领域和管理学院进修。

除此之外，这些商学院还一起负责入学考试的标准化、选拔专业能力和学术潜力最优秀的学员、选拔去其他国家留学的学生。

会员院校每年举办一次商学院院长大会。1966 年 2 月第一届大会在瓦莱大学举办，1967 年 3 月第二届大会在利马举办，1968 年 5 月第三届大会在蒙特雷科技大学商学院举办。除此之外，商学院院长还经常举办圆桌会议，与来自企业和拉丁美洲各国政府的代表进行讨论。还有一些会议会邀请在拉丁美洲经营企业的国际高管参加。

在这些会议中，参与者试图预测政治、社会、经济和技术方面的变化会对未来商业产生怎样的影响，以及这些变化会对拉丁美洲的商业教育产生怎样的影响。

此外，委员会每年会组织 6 场国际营销研讨会。研讨会为期 4 周，由瓦莱大学和其他几所院校的教授主持。

委员会的成立对商业教育具有显著的影响，对拉丁美洲的企业管理者也具有非常重要的意义。它为拉丁美洲不同国家的管理者提供了交流机会，帮助他们思考在人力、知识和标准方面的共同需求。在委员会的帮助下，不同国家的管理者开始思考：如果大家在某个领域一起合作会怎么样？管理者即实践者，而管理教育的目的就是培养实践者。因此，拉丁美洲主要商学院之间的这种联系可以促进商业实践者之间的联系。

接下来，管理教育机构之间的联系必然会使对某个国家政企关系的研究与对不同国家政企关系的研究之间的联系在一起。

未来，管理者与公共部门或私营部门之间将会形成拉丁美洲最为强大的一体化力量。要想了解这种一体化，首先必须了解这里的管理者和管理方式。最后，对于那些兴趣范围超过商业领域、关注更为广泛的社会和经济发展问题的人，委员会也提供了很好的交流方式。

III

商学院培养的是负责管理的人，即管理者，其作用是管理和创造变革。因此，商学院应当在快速增长和快速发展的社会中发挥至关重要的作用。在这种社会中，商学院就像是不可或缺的燃料电池。

与世界各地商学院应当和能够发挥的作用相比，面对拉丁美洲各国快速变化的社会形势，拉丁美洲的商学院更多发挥的是早期应用的作用。这是因为拉丁美洲各个国家都处于快速发展变化中，都需要大量经过良好培养的、能够有效进行管理的人才。

未来的商学院应当具备的特征是，它能有效促进不同学科最佳专业能力的融合，培养出可承担重要管理任务从而推动社会发展的人才。

过去，我们对商业教育的定位几乎完全限定为企业的管理。如今，发展中国家以及世界各地的情况日益表明，我们现在要面对的事实是管理绝不仅限于企业的管理。

因此，我们逐渐意识到，商学院关注社会其他事务的管理问题，特别是那些与知识和教育、医疗、社会安全和公共事务管理有关的问题，是多么必要。

我们看到，公共事务管理已经超越了为公民提供基本服务所必需的组织模式开发，扩展到了对公共舆论和政治的解读、量化和激发。社会科学家正在从更广阔的基础上，促进管理者思考怎样与社会群体交流，从而更好地改善工作方式。

在国际关系和政治领域，跨国企业作为一种新的力量正在改变国际律师和政治人物管理世界事务的规则。鉴于这一本质性管理力量对国家经济造成的影响，经济学家正在重新思考影响经济发展的决定要素。

我们越来越多地看到，世界各地人民，无论其具体情况如何，都在期待着管理者来塑造他们的未来。与此同时我们发现，管理者（其中有很多仅仅接受过财务内控方面的培训）为了引导企业在快速变化的社会中找到新的方向，为了创造性地在管理工作中维持秩序，正在努力应对越来越多的社会和政治变量。

管理不再是一门以流程为导向的学科，它必须成为一种具备哲学内涵和各种分析手段的职业，只有这样才能在不断变化和发展的社会中创造性地完成维持秩序的使命。

这些新的工具有助于管理层对与其相关的所有群体（包括企业、团体和政府）形成准确且全面的认识。

随着这些工具的出现，以及管理责任的社会范围的扩大，管理和管理教育的时限也出现了变化。不断更新管理培训，不断升级管理工具，不断检查管理工具的相关性和适用性非常重要。

在大型企业就变革进行沟通和让人们接受变革需要很长时间，现代化的管理必须考虑长远才能为其制定有效的引导政策。现代化管理还必须有能力对以往趋势进行合理解读，并将其作为未来规划的决定要素。利用新的信息技术可以以极快的速度处理工作任务，并为现代管理者提供可从容做出决策所需的即时数据。

社会和经济发展需要这样一种机构，它能对发展活动进行有效的协调，能了解发展过程中涉及的各种变量，能为有组织的创造性变革提供领导。我认为，这些正是管理机构要发挥的作用。商学院作为管理培训基地，可以帮助当今管理者和未来管理者更好地熟悉管理工作、管理思想和管理工具。

因此，商学院必须有能力创造和解读对企业家精神和管理精神构成挑战的变革。在我看来，商学院在社会和经济发展中的作用，是在大学或企业里培养出能够管理社会机构创造性变革的管理者。无论如何，商学院在社会教育中都将发挥日益重要的作用，会成为思想与行动、分析与决策、目标与动力汇聚的中心，成为成功社会密不可分的组成部分。

总结：培养未来的商业领袖

彼得·德鲁克

我们听过读过很多关于2000年的预测，根据以往经验来判断，没有多少预测会成为现实。

但是关于2000年，有一点是确定无疑的。那时负责决策的人，尤其是那些将掌管企业和经济的人，就在未来几年即将从西方世界的商学院毕业的年轻人中，或是在企业里工作的年轻专业人士和管理培训生中。换句话说，2000年的管理决策者现在正在学习将来工作所需要的能力。

当然，未来管理者在其工作中最需要具备哪些素质，这是一个见仁见智的问题。但是本书所有涉及未来商业领袖必备素质的讨论中，一直有几个共同强调的方面。决策、知识和能力等几个重要的方面可以说是公认的必备素质。即使只是粗略地翻一下本书中关于未来商业和未来商业领袖的章节，我们也可以看到几位作者对这些方面的一再强调。

1）很明显，未来的商业领袖必须具备组织创业的能力。他要建立并领导那些有能力对未来做出有效经济决策的组织，包括大型组织。他要让整个组织合作无间，有能力完成过去只有一个人才能做到的事情，即以系统化的方式创造全新的未来。

2）与此密切相关的是系统的创新能力。未来的商业领袖要知道如何预见创新，以及如何在快速和有盈利的基础上使创新具备经济有效性。他要把创新视为经济体系的一部分，而不是一种从外部影响经济体系的力量。他必须了解技术动态，以及技术动态与经济资源和经济成果之间的关系。

3）他要建立和领导的组织首先应当是知识工作者的组织，知识工作者是那些受过良好教育、可以在工作中运用知识和概念、依靠思维劳动而不是体力劳动的工作者。未来的商业领袖必须了解如何组织知识型员工完成任务，如何激励他们，如何奖励他们，以及最重要的，如何使他们富有成效。知识工作者既是未来企业的主要资源，也是其主要成本来源。

4）未来的商业领袖必须有能力经营跨越国界的企业，真正做到"跨国经营"。他必须能够在多种文化以及不同的法律和主权下经营企业，必须熟悉不同的语言和文化传统，必须有能力和来自不同文化、语言和种族背景的工作者一起合作，共同完成任务。

5）最后，未来的商业领袖必须像了解企业一样了解社会中的其他机构，特别是政府机构。在未来社会中，每一项重要的社会任务都是在长期存在的大机构中并通过这些大机构完成的。也就是说，他必须与政府和政府机构、教育机构、大型医院、武装部队等形成共生关系。他必须了解这些机构，特别是政府机构，是怎样工作的，它们的运行原理和运转程序是怎样的，以及它们能够和不能够做哪些方面的工作。

这些观点可以说并不新颖，在此之前早已被提出过。不过这些有关知识、能力和表现的领域，其重要性和复杂性都有可能出现快速增长。尽管表面看起来并不新颖，不过是老生常谈的东西，但它们体现了商业管理工作的新范围，以及管理者要面对的新挑战。

新的管理工具也开始出现，这些工具功能强大，但对使用它们的企业有很高的要求。量化分析和数据处理是非常值得关注的领域。总而言之，信息作为脑力工作的能量在人类历史上第一次变得普及。但是，要使用它，需要新的技能、知识和态度。

与此同时，行为科学提供了越来越多关于人的行为和组织行为的信息，其结果不但对企业的结构产生了重要影响，而且对各级员工对企业和企业管理的要求产生了重要影响。

同样地，经济学也在不断为管理者提供新的工具，特别是新的分析工具。随着宏观经济学概念被转化成对市场、行业和企业的分析和理解，未来还会出现更多的新式工具。

综上我们可以得出的确定结论是，商学院对企业和教育将会变得更加重要，商学院作为指导中心的作用将会变得更加重要。未来的商业领袖越来越需要新的知识和能力，越来越需要系统化的基础和系统化的培养。因此，商学院作为学习、思考和新知识中心的作用将会变得更加重要。未来商业领袖要面对各种新挑战，既需要具备新的观念也需要具备新的信息。

I

企业和商学院该怎样应对这些新的挑战？我也不知道真正的答案。当然，对此我有自己的看法。实际上，看法人人都有。现在最关键的是问题有很多，但正确答案却一个也没有。的确，现在我们唯一可以明确的是这些问题并不存在所谓的正确答案。我们要采用各种方法，进行大量实验。换句话说，我们必须在企业和商学院进行一段时间的高度创新活动，才能让自己有能力应对未来的问题。

未来发展对企业和商学院的发展方向的确存在一些明确的影响，这些影响包括：

1）未来商业领袖的培养和开发，绝非企业或商学院可以独立完成的任务，两者必须密切合作。这项任务需要系统化的学习和开发工作经验。

这项任务还需要企业管理者更加积极地参与商学院的工作。特别是高级管理层，必须和商学院展开比以往更为密切的合作，无论出于企业的利益还是商学院的利益，这样做都大有裨益。高级管理层要了解青年工作者的想法和需求，而商学院正是青年工作者表达需求和愿望的场所。高级管理层要了解商学院的研究和教学的内容，只有这样才能为新的工作准备好新知识和新工具。

同样，商学院也离不开企业最高管理层，需要和最高管理层建立和谐的关系。商学院要学会全面看待企业需求。未来企业要面对的所有新工作，都是全局性工作，而不是某个职能或技术领域的工作。当然，商学院的教师绝大部分都是关注某个职能或技术领域的专家。除非这些专家把专攻领域与整个企业联系起来，否则无论在新知识还是在企业贡献方面都很难做出成就。要具备这种视野，首先需要在学者和实践者之间建立密切的关系，类似于医学学科中医院和医学院之间密切的关系。

2）企业还有必要学习如何维持与其他社会机构之间的关系，特别是和政府机构之间的关系。企业首先必须学习如何实现"精英循环"，即其他机构（如政府部门、大学和医院）的优秀管理者到企业担任高管，同时企业的优秀管理者转到其他机构担任高管，如此循环反复。

这是我们能够开发的有助于增进对其他机构（包括对其观点、方法和行为模式）的了解的唯一有效的方式，也是企业首先需要的方式。

目前，这种精英循环即使存在，也只发生在最高管理层。有大量证据表明这是远远不够的。合适的流动时机应当在管理能力形成的前期，那时的管理者已经有能力从事管理工作，但尚未进入企业的高级管理层。

3）未来发展趋势对商学院也会产生影响。最重要的影响或许是，商学院无法再把受众定义为一个学生群体。要想为企业和社会做出贡献，商学院必须与四个不同的学生群体展开有效的合作。

第一个重要的学生群体是青年学生，他们需要经过培养才能更有效、更成功和更专注地开展工作。他们需要可以快速开展工作的工具和技术，需要树立价值观，需要形成纵观全局的视野，这些可以为他们的工作带来价值和意义。他们或许还需要类似医生那样的实习，需要在学习期间在商业实践者的指导下积累一段时间的实际商业经验。对于未来商业领袖要面对的重点新挑战，案例研究或商业模拟等手段不足以替代真实的商业工作环境。

第二个重要的学生群体，或许是更为重要的群体，是处于职业发展中期的工作者。这些已经具备一定能力的年轻管理者或专业工作者，不但是专业学校教育最大的获益者，也是对专业学校传授内容需求最大的群体。虽然他们的工作局限于某一个领域，但这些工作者通常已不再是初级技术人员。他们需要把工作延伸到更广的涉及管理、商业、经济和社会的层面。他们具备经验，但是通常并不了解如何组织和反思经验，以及如何对经验进行归纳总结。

我认为，未来商业领袖要面对的挑战，充分表明继续教育是商业领导力培养教育的核心。

商学院的第三个重要的学生群体，是需要提升和更新专业能力的专业工作者。

需要再次说明的是，企业高级管理层也是商学院的受众，它既是第四个重要的学生群体，也是激励、知识和理解的重要来源。此外，高级管理层也是对商学院、商学院师资以及其他学生群体进行评估的重要相关方。

一份职业是否具备优势，很大程度上取决于其专业学校以及与从业者、教师和学者之间的关系。强大而有效的职业从不会把专业培养学校视为毫无关系的"局外人"，而是将其视为该职业及其从业活动密不可分的一部分。反之亦然，强大的专业学校也不会把从业者视为局外人，并且它认为自己是整个从业环境的一部分。

在当今教育型社会中，学习是永无止境的。完成正式教育对职场人士来说绝不意味着教育的结束。对学校来说也是如此，既不会认为某个学位是最终学位，也不会认为某个年龄是可以停止学习的年龄。无论在方法、课程还是结构方面，教育都必须成为一种持续性活动。

如何在企业和商学院开发实践与学术的结合以及继续教育这两个概念，是我们（特别是商业教育者）需要思考的主要任务。无论出于企业的利益或商学院的利益，以及更大层面的社会利益，毫无疑问这都是未来必须完成的任务。

II

培养未来商业领袖，既为今天的管理者和商学院带来了任务和挑战，也提出了许多我们至今还没有答案的问题。

这一任务首先带来的是企业方面的问题，我将其中的几个主要问题总结如下。

1）第一个问题是是否可以在企业现有的管理结构中组织创业。或许它需要在现有的业务之外建立独立的结构。同一个部门或分部是否既能管理好现在，又能开创一个完全不同的未来？如果不能，而且目前多数证据表明这两个任务无法兼容，管理者怎样组织企业才能让两种不同的结构在效率和生产力方面和谐统一？

2）在以系统化创业以及系统化技术预测和创新为组织特征的企业中，

最高管理层成员之间的关系是怎样的？招募未来最高管理层成员的方式和以前的方式是否相同？还是要开发不同的经验和测试方式来培养高级管理者？或许我们要从高级管理的角度，而不是最高管理层的角度来思考问题。

3）总而言之，企业管理这一职业的整个概念都需要重新思考。现在我们知道要为个人专业贡献者提供和管理人员相似的职业发展路径，但是我们是否需要创业型和创新型职业发展路径？是否需要考虑让工作者有在企业和非企业领域的不同机构中任职的职业发展路径，从而让他们能够承担更大的责任？总的来说，如何让那些现在必须从专业工作起步的人成长为带领整个企业走向未来的人，这个问题将迫使我们认真思考该如何看待一个人在职业生涯中的"业绩"，以及这种业绩究竟意味着什么。

在充满争议的整个管理者开发领域，这些不过是需要思考的几个方面。我们有必要再思考一些其他方面的重要问题。

4）目前的管理者培养方法主要是弥补个人的不足。未来我们可能会更关注管理者的发展，通过发展管理者的方式来弥补组织的不足，同时也会更关注为个人提供其工作和组织无法提供的、可帮助个人成长为未来企业管理者甚至是企业领导者所需的经验和知识。

可能我们还必须改变我们思考组织结构的方式。传统的组织观念强调工作的逻辑。我们一直认为工作在本质上是不变的，甚至是永久固定的。按照通常的思考方式，我们认为"典型的制造型企业"中都有四五个"典型的职能部门"。未来我们要思考的问题是：培养企业需要的人才所需的最佳组织结构是怎样的？未来我们会发现，组织机构的主要目标和主要考验在于如何培养完成未来工作所需的人才。这必然会导致未来出现与现在完全不同的组织结构。

5）我们还要思考如何利用国际机会和需求来培养管理者。

例如，我认为借助在发展中国家服务的方式来培养青年管理者是最好的也是成本最低的解决方案。现在没有几家企业愿意让自己年轻有为的管理者去哥伦比亚或尼日利亚的企业、政府机构或商学院工作几年。比如国际企业管理服务团，它主要派遣退休人员从事此类工作。我们首先要明白的是，这种工作可以有效开发正在成长中的青年管理者，有助于他们了解跨国企业和全球经济中出现的挑战和机遇。

6）如前所述，我们还可以把在其他机构服务一段时间作为培养未来管理者的理想方式。我们可以系统化地组织精英流动。我们可以首先让管理者在商学院做几年讲师工作，这样可以很好地考查他们的能力，作为决定其管理职业发展的基础依据。

未来的挑战给商学院带来的问题同样艰巨。以下问题也同样值得我们关注和认真思考。

7）最重要的是，未来的挑战让人们对美国商学院目前的发展方向产生了严重的质疑。现在我们的商学院追求的是学术声望，关注的重点是学术性学科，特别是那些被认为"科学"和可以量化的领域。这一点固然是必要的和可取的，但是这种发展方式是否足以解决问题？实践性和专业性对于商学院的发展是否同等重要？商学院是否既要关注能够确定和量化的领域，也要关注商业实践，以及不能确定的和未知的领域？

对商学院的课程设置也需要重新思考。在过去10年中，商学院联合会花费了很大的力气明确课程需求。问题是，我们只能编订那些已知的东西，因为只有过去的经验是确定的，未来的情况我们并不清楚。那么，过去的东西，以前被认为是重要学科的领域，现在是否应当决定商学院的教学和组织，以及在很大程度上由此形成的思想和研究呢？抑或是，我们现在应当更加灵活，充满想象力，积极实验和开发全新的、完全不同的专业领域、教学领域和研究领域？

8）新挑战提出的是商学院未来应当具备怎样的作用和使命的问题。

在过去 50 年中，商学院逐渐成为美国学术界规模最大的学院。与此同时，商学院开始进入商业活动的中心位置。尽管如此，商学院希望实现哪些目标以及应当实现哪些目标，至今仍是尚未明确的问题。这种模糊的状态会继续下去，还是要我们必须仔细权衡做出选择？

具体来说，商学院的作用是培养员工还是领导者？传统情况是我们一直都在培养后者，但这样做能否满足未来需要？

商学院的任务是开发工具，还是开发政策，还是开发愿景？以前我们一直都是在开发工具，这种情况是否符合未来需要？

商学院究竟是职业学院还是专业学院？它关注的目标是提供有效商业活动所需的技能吗？还是说它也要成为职业的良知？从传统情况来看，我们的商学院很大程度上一直都在培训技能。它是否也必须成为一个领导者？

9）最后，商学院应当成为商业学院还是管理学院？

很多学院，包括纽约大学工商管理研究生院在内，其名称都是两者兼而有之，称自己是商业管理学院。实际上，我们主要还是"商业技术学院"。当然，未来我们会继续提供技术教学，因为学生需要了解商业管理工具及其使用方法。但是要应对未来的挑战，我们必须更多地向着"商业学院"的方向发展。关于商学院教育一直有个颇为讽刺的说法，即商学院除了商业不教什么都教，这个说法其实不无道理。未来这一趋势必须加以改变。

与此同时，我们是否也要朝着"管理学院"的方向转变呢？换言之，我们是否也要成为为社会其他重要机构培养和开发领导者的学院？这些机构在很大程度上需要管理者具备和企业管理者完全相同的知识和概念。因此，商学院的教育范围延伸到这些机构难道不合理吗？毕竟，企业是当今社会首个出现的大型组织机构，也是最早面对大规模管理问题、人力资源使用问题，以及成本分配和分析问题的机构。实际上，凡是需要人们共同协作的组织机构都要面对同样的问题和挑战。

尽管如此，每当我们试图把商学院的教育范围延伸到其他机构时，这种努力总是以失败告终。很多学校都自诩为"商业和公共管理学院"，但实际上它们只关注商业教育。这样做是否必要？是否正确？未来是否会继续下去？或许真正的区别不在于企业和其他机构之间的界限，而是在于政策制定机构（如政府）和实施机构（如企业）之间的界限。换言之，商学院的教育范围延伸到医院、教育机构的管理部门、武装部队，以及负责实施行动方案的政府部门（如大部分地方政府机构）是合理的。但是向政策制定机构和决策机构（即人们通常所指的政府）的延伸是不合理的。两者之间存在着区别。

显然，这是一个非常重要的问题，是一个具有深刻影响的问题，同时也是一个高度复杂的问题。

综上可以看出，截至目前我还没有开始对本书提出的问题进行总结，只是挑出几个对我来说非常重要同时又比较困难的问题进行了说明。

对于书中提出的问题，以及与商界和学术界类似的群体提出的关于经济和商业发展方向以及未来商业领导者的培养问题，我并未尝试做出回答。不过我谈到的内容已经明确体现了本书其他作者得出的必然结论：自纽约大学工商管理研究生院首次为职业发展中期的青年管理者推出高级研究生课程以来，美国企业以及来自西方世界的其他企业在过去50年中经历了巨大的变化。商学院的变化并不大，或许还不够大。尽管如此，它在教育、商业、经济和社会中所处的地位和50年前相比有天壤之别。如今，美国商学院正在成为日益重要的"出口"产品。事实证明，商学院已成为促进经济发展和社会发展的一项最为有效的工具。

实际上，商业教育的重大变革时代还远未到来。无论是在企业还是在系统化教学领域，培养未来的企业管理者都是一项亟待完成的重要工作。

但是这并不是未来的任务。对那些忙于预测未来的人来说，2000年距离今天还有 30 多年；对我们这些在企业或商学院的关注培养未来管理者的人来说，2000 年意味着当下。我们现在和未来几年在企业和商学院所做的，将会在很大程度上决定美国的企业和社会在 2000 年的整体表现。我们现在所做的将会在很大程度上确定 2000 年的一个关键品质，即美国未来管理者的愿景、自尊和表现能力。

这部纽约大学工商管理研究生院 50 周年文集讨论的正是我们对未来的愿景，这一愿景要依靠今天的努力才能实现。

本书翻译/审校得到了"纪念彼得·德鲁克翻译基金"的资助。"纪念彼得·德鲁克翻译基金"由杨琳、刘忠东、鲁振华、聂卫华、孙志勇等企业家支持，获得多方资助成立，旨在为德鲁克系列著作的翻译优化工作提供资金支持，以鼓励审译团队精雕细琢、反复考证，为广大读者提供更为准确易读的译本。

纪念彼得·德鲁克翻译基金

发起人：孙志勇　康至军

资助方名单：志邦家居　容知日新　锐捷网络　VeSync　西安华中

《面向未来的管理者》

审译团队名单

译者：毕崇毅

审校者：薛香玲

彼得·德鲁克全集

序号	书名	要点提示
1	工业人的未来 The Future of Industrial Man	工业社会三部曲之一，帮助读者理解工业社会的基本单元——企业及其管理的全貌
2	公司的概念 Concept of the Corporation	工业社会三部曲之一，揭示组织如何运行，它所面临的挑战、问题和遵循的基本原理
3	新社会 The New Society: The Anatomy of Industrial Order	工业社会三部曲之一，堪称一部预言，书中揭示的趋势在短短十几年都变成了现实，体现了德鲁克在管理、社会、政治、历史和心理方面的高度智慧
4	管理的实践 The Practice of Management	德鲁克因为这本书开创了管理"学科"，奠定了现代管理学之父的地位
5	已经发生的未来 Landmarks of Tomorrow: A Report on the New "Post-Modern" World	论述了"后现代"新世界的思想转变，阐述了世界面临的四个现实性挑战，关注人类存在的精神实质
6	为成果而管理 Managing for Results	探讨企业为创造经济绩效和经济成果，必须完成的经济任务
7	卓有成效的管理者 The Effective Executive	彼得·德鲁克最为畅销的一本书，谈个人管理，包含了目标管理与时间管理等决定个人是否能卓有成效的关键问题
8 ☆	不连续的时代 The Age of Discontinuity	应对社会巨变的行动纲领，德鲁克洞察未来的巅峰之作
9 ☆	面向未来的管理者 Preparing Tomorrow's Business Leaders Today	德鲁克编辑的文集，探讨商业系统和商学院五十年的结构变化，以及成为未来的商业领袖需要做哪些准备
10 ☆	技术与管理 Technology, Management and Society	从技术及其历史说起，探讨从事工作之人的问题，旨在启发人们如何努力使自己变得卓有成效
11 ☆	人与商业 Men, Ideas, and Politics	侧重商业与社会，把握根本性的商业变革、思想与行为之间的关系，在结构复杂的组织中发挥领导力
12	管理：使命、责任、实践（实践篇） Management:Tasks,Responsibilities,Practices	
13	管理：使命、责任、实践（使命篇） Management:Tasks,Responsibilities,Practices	为管理者提供一套指引管理者实践的条理化"认知体系"
14	管理：使命、责任、实践（责任篇） Management:Tasks,Responsibilities,Practices	
15	养老金革命 The Pension Fund Revolution	探讨人口老龄化社会下，养老金革命给美国经济带来的影响
16	人与绩效：德鲁克论管理精华 People and Performance: The Best of Peter Drucker on Management	广义文化背景中，管理复杂而又不断变化的维度与任务，提出了诸多开创性意见
17 ☆	认识管理 An Introductory View of Management	德鲁克写给步入管理殿堂者的通识入门书
18	德鲁克经典管理案例解析（纪念版） Management Cases(Revised Edition)	提出管理中10个经典场景，将管理原理应用于实践

彼得·德鲁克全集

序号	书名	要点提示
19	旁观者：管理大师德鲁克回忆录 Adventures of a Bystander	德鲁克回忆录
20	动荡时代的管理 Managing in Turbulent Times	在动荡的商业环境中，高管理层、中级管理层和一线主管应该做什么
21 ☆	迈向经济新纪元 Toward the Next Economics and Other Essays	社会动态变化及其对企业等组织机构的影响
22 ☆	时代变局中的管理者 The Changing World of the Executive	管理者的角色内涵的变化、他们的任务和使命、面临的问题和机遇以及他们的发展趋势
23	最后的完美世界 The Last of All Possible Worlds	德鲁克生平仅著两部小说之一
24	行善的诱惑 The Temptation to Do Good	德鲁克生平仅著两部小说之一
25	创新与企业家精神 Innovation and Entrepreneurship:Practice and Principles	探讨创新的原则，使创新成为提升绩效的利器
26	管理前沿 The Frontiers of Management	德鲁克对未来企业成功经营策略和方法的预测
27	管理新现实 The New Realities	理解世界政治、政府、经济、信息技术和商业的必读之作
28	非营利组织的管理 Managing the Non-Profit Organization	探讨非营利组织如何实现社会价值
29	管理未来 Managing for the Future:The 1990s and Beyond	解决经理人身边的经济、人、管理、组织等企业内外的具体问题
30 ☆	生态愿景 The Ecological Vision	对个人与社会关系的探讨，对经济、技术、艺术的审视等
31 ☆	知识社会 Post-Capitalist Society	探索与分析了我们如何从一个基于资本、土地和劳动力的社会，转向一个以知识作为主要资源、以组织作为核心结构的社会
32	巨变时代的管理 Managing in a Time of Great Change	德鲁克探讨变革时代的管理与管理者、组织面临的变革与挑战、世界区域经济的力量和趋势分析、政府及社会管理的洞见
33	德鲁克看中国与日本：德鲁克对话"日本商业圣手"中内功 Drucker on Asia	明确指出了自由市场和自由企业，中日两国等所面临的挑战，个人、企业的应对方法
34	德鲁克论管理 Peter Drucker on the Profession of Management	德鲁克发表于《哈佛商业评论》的文章精心编纂，聚焦管理问题的"答案之书"
35	21世纪的管理挑战 Management Challenges for the 21st Century	德鲁克从6大方面深刻分析管理者和知识工作者个人正面临的挑战
36	德鲁克管理思想精要 The Essential Drucker	从德鲁克60年管理工作经历和作品中精心挑选、编写而成，德鲁克管理思想的精髓
37	下一个社会的管理 Managing in the Next Society	探讨管理者如何利用这些人口因素与信息革命的巨变，知识工作者的崛起等变化，将之转变成企业的机会
38	功能社会：德鲁克自选集 A Functioning society	汇集了德鲁克在社区、社会和政治结构领域的观点
39 ☆	德鲁克演讲实录 The Drucker Lectures	德鲁克60年经典演讲集锦，感悟大师思想的发展历程
40	管理(原书修订版） Management(Revised Edition)	融入了德鲁克于1974~2005年间有关管理的著述
41	卓有成效管理者的实践（纪念版） The Effective Executive in Action	一本教你做正确的事，继而实现卓有成效的日志笔记本式作品

注：序号有标记的书是新增引进翻译出版的作品